Martin Dörnhöfer

Die Formel der Liebe

Das Geheimnis der Seelenpartner und der Weg zur wahren Liebe

Bitte fordern Sie unser kostenloses Verlagsverzeichnis an:

Smaragd Verlag
In der Steubach 1
57614 Woldert (Ww.)
Tel.: 02684-97848-10
Fax: 02684-97848-20
E-Mail: info@smaragd-verlag.de
www.smaragd-verlag.de

Oder besuchen Sie uns im Internet unter der obigen Adresse.

Deutsche Erstausgabe: Januar 2011

Umschlaggestaltung: preData
Satz: preData
Printed in Czech Republic
ISBN 978-3-941363-35-9

Martin Dörnhöfer

Die Formel der Liebe

Das Geheimnis der Seelenpartner und der Weg zur wahren Liebe

Smaragd Verlag

Über den Autor

Martin Dörnhöfer ist Jahrgang 1974 und lebt in Bayern.

Bis zu seinem 34. Lebensjahr führte er ein durch unser Ego-Weltbild geprägtes Leben, bis er auf seine Seelenpartnerin traf. Diese Begegnung, und die damit verbundene karmische Lernaufgabe, veranlasste ihn, Fragen über den Sinn des Lebens nachzugehen.

Er forschte daraufhin sehr intensiv in den verschiedenen Weltbildern, von Hintergrundpolitik und Quantenphysik bis Spiritualität, um Antworten auf seine Fragen zu finden.

Sein Anliegen ist es, den Menschen zu helfen, die Wahrheit zu erkennen, ihrem Seelenplan zu folgen und ein Leben in Frieden, Glück und Liebe zu finden.

www.formel-der-liebe.de

Widmung

Für meine Dualseele - meine Seelenpartnerin,
die mich auf meinem Weg
immer wieder geschubst hat.

Und für meine Freunde
Nadine, Sarina, Claus und Michael,
die mich auf diesem Weg begleitet haben.

Inhalt

Einleitung

Was ist Liebe?

Noch besser gefragt: Was ist Liebe in unserer Zeit? In einer Zeit, in der sich alte Familienbilder langsam auflösen, in der jeder für sich versucht, selbstständig und unabhängig zu sein. Sie glauben mir das nicht? Sehen Sie sich doch einmal um - im Kollegenkreis, bei Freunden und Bekannten, ja, sogar bei Ihnen selbst. Sie sehen Trennungen, sowohl Arbeitsplatzwechsel und Kündigungen, wie auch Trennungen und Scheidungen im privaten Bereich. Ich persönlich kenne mehr Geschiedene als Verheiratete, mehr Singles, die verlassen wurden oder verlassen haben, als glückliche Paare. Auch kenne ich mehr Menschen, die mit ihrem Job unglücklich sind, als solche, die sagen: „Ich liebe meinen Beruf und meine Arbeit!" Sicherlich könnten Sie jetzt sagen: „Das ist halt so in unserer schnellen Zeit! Jeder versucht doch nur, für sich selbst das Glück zu finden!" Da gebe ich Ihnen sogar recht. Denn sei es der Chef, der die Kündigung ausspricht, weil ihm und der Firma finanziell das Wasser bis zum Hals steht, oder der Angestellte, der aus demselben Grund nicht kündigen will. Beide versuchen, Glück zu erfahren. Das Gefühl, dass einem das Wasser in materiellen Dingen nicht mehr bis zum Hals steht. Materielles Glück. Nur ist das der falsche Weg.

Ich würde Ihnen auch zustimmen, wenn Sie sagen, dass Sie sich nach all den Jahren von ihrem Partner getrennt haben, weil sie sich entfremdet und auseinandergelebt haben. Sie würden sagen, dass sie schon immer gut alleine zurechtgekommen sind und dass Sie sowieso nur enttäuscht werden. Aber das liegt nicht an Ihnen, sondern an den blöden Frauen oder Männern, die nicht wissen, was sie wollen. Sie wollen doch nur glücklich werden, also müssen Sie gehen, denn hier, in dieser Beziehung, sind Sie nicht glücklich! Also wird Schluss gemacht, die Scheidung eingereicht, die Kündigung geschrieben, das Finanzielle geklärt, der Herzschmerz überwunden, und dann wird weitergemacht, immer in denselben Mustern. Wenn ich das schon immer so gemacht habe, und es hat in der Vergangenheit funktioniert, warum sollte ich es dann ändern? Also werde ich mich wieder in eine neue Affäre stürzen, neue Menschen kennenlernen und mein Leben alleine führen. Ist doch OK so, wie es läuft. Nicht wahr?

Nein, das ist nicht OK! Das ist ganz und gar nicht OK! Erkennen Sie es: Das ist das Leben eines Menschen, der versucht, glücklich zu werden, aber komischerweise immer auf die falschen Partner trifft oder sich den falschen Job aussucht. Aber es ist der falsche Weg! So lange wir nicht anfangen, auf unsere Gefühle zu hören, sondern unserem Verstand folgen, ist das der falsche Weg. Ich weiß es deshalb so genau, weil ich noch vor Monaten genauso ein blinder Mensch war, der in der falschen Richtung unterwegs war.

Wissen Sie – ich habe einen guten Job, ein Firmenauto, ich habe eine schöne Wohnung, meine Freunde, eigenes Geld. Ich bin nicht gerade hässlich, was mir immer die Gewissheit gab, dass ich nach einer Trennung wieder leicht jemanden finden würde. Alles in allem ein schönes und erfülltes Singleleben eines 35-jährigen. Aber trotzdem war ich immer auf der Suche nach glücklicher Zweisamkeit – auf der Suche nach der Liebe. Ich fragte mich manchmal, ob es so etwas wie die wahre Liebe überhaupt gibt. Klar war ich verliebt. Die sexuelle Anziehung ließ es mich immer wieder probieren, aber nach den ersten gemeinsamen Erlebnissen kühlte es ab. Irgendwann kam immer der Punkt, an dem der Alltag mit all seinen Lügen, Heucheleien, Wunsch- und Trugbildern in meine Beziehungen Einzug hielt. Plötzlich stritten wir uns um die Farbe der Wand, das Muster der Vorhänge, das Auto, welchen Film wir uns ansehen, das Geld usw. Und je mehr Meinungsverschiedenheiten wir hatten, desto mehr folgten wir dem Weg in die Lüge und Angst.

Ich war die Machtspiele leid, also gab ich um des Friedens willen manchmal nach. Dann versuchte ich, etwas anders zu machen, was ich aber eigentlich gar nicht wollte. Und weil ich es eigentlich gar nicht tun wollte, entstand eine Art Zwang. Ich bin gezwungen, das jetzt zu tun. Ich bin zum Beispiel gezwungen, jetzt einen Anzug anzuziehen, weil ich mit in die Oper muss. Automatisch entwickelt sich aus diesem Zwang dann Angst. Die Angst, dass sie nur deshalb mit mir zusammen ist, weil ich mit ihr in die Oper gehe, weil ich Geld habe, weil ich alles esse, was ich vorgesetzt bekomme usw. Die Angst, dass sie erfährt, dass ich das eigentlich gar nicht will. Wir Menschen sind dann in einer Art Sucht gefangen. Einer Abhängigkeit. Weil unsere Angst uns sagt, das wir verlassen werden. Ironischerweise ist diese Angst, etwas zu verlieren, der Weg, der genau zu dem führt, was wir am meisten fürchten - zu Verlust! Es ist ein Kreislauf, der uns immer wieder von dem fernhält, was wir wirklich wollen: Glück und Liebe.

Aber in diesem Buch finden Sie einen Weg heraus aus diesem Hamsterrad, wenn sie weiterlesen...

Aber ich muss Sie warnen!

Ab der nächsten Seite werde ich Sie duzen.

Ich werde erst alle Faktoren erklären, die für die Liebe schädlich sind. Ich werde Ihre Ängste hervorholen, und ich werde Sie dann mit diesen Ängsten konfrontieren.

Ich werde einen Stein aus dem Fundament ziehen, auf dem Ihr derzeitiges Weltbild sitzt.

Ich werde ihnen zeigen, wie Sie Ihr Hamsterrad verlassen können und dass Sie durch die Verabschiedung Ihrer Ängste auf eine fantastische Reise gehen können. Eine Reise, die Sie zu Glück und Liebe führen kann, damit sich dann durch dieses Wissen ein neues Bewusstsein über die Liebe und unsere Welt bei Ihnen entwickelt.

Wollen Sie raus aus Ihrem Hamsterrad?

Wenn Sie nämlich im Hamsterrad bleiben wollen, klappen Sie das Buch zu. Legen Sie es weg und sagen Sie: „Der Typ, der das geschrieben hat, ist doch nicht mehr ganz dicht.“

Oder Sie lesen weiter...und eventuell kommt am Ende doch etwas Positives dabei heraus.

Die Entscheidung liegt ganz bei Ihnen...

...denn alles beginnt mit einer Entscheidung.

Lügen

Die Wahrheit ist in dieser Zeit so sehr verdunkelt und die Lüge so allgemein verbreitet, dass man die Wahrheit nicht erkennen kann, wenn man sie nicht liebt.

Blaise Pascal, *Gedanken*

Willkommen auf der anderen Seite.

Du hast dich also entschieden, weiterzulesen. Kluge Entscheidung! Freu dich doch – du willst diesen steinigen Weg gehen. Bevor wir fortfahren, werde ich dir mein altes „Ich" vorstellen. Nämlich das „Ich" aus meiner Vergangenheit. Mein altes Single-Ich. Es wird meine Ausführungen begleiten, und zwar mit Situationen aus meiner Vergangenheit, die sich hervorragend zu den einzelnen Kapiteln als Beispiel dafür nutzen lassen, wie es NICHT geht! Damit du nun weitergehen kannst, ist es unerlässlich, dass du die Hintergründe von „meinem" Weg zur wahren Liebe kennst. Daher hat nun meine Vergangenheit das Wort.

Es ist April, endlich Frühling!

Alles wächst und gedeiht, es wird wärmer, man kann das Cabrio auswintern und schon mal eine Runde mit Jacke und Mütze drehen. Und man freut sich auf den Sommer. Und ich wurde wieder einmal verlassen. Mist! Ich frage mich, warum das eigentlich schon wieder passiert. Stimmt etwas nicht mit mir, oder warum haut die schon wieder ab. Weiber, alle gleich... man kann nicht mit ihnen, aber auch nicht ohne sie! Ist aber nicht weiter schlimm.

Wenn ich ehrlich bin, habe ich das kommen sehen. Bereits im letzten Urlaub hat sich das Ende abgezeichnet. Meine jetzige Ex und ich haben Urlaub im Paradies gemacht. Superschön und nicht mehr löschbar aus dem Gedächtnis. Der Strand, die Palmen, das Meer, Hotel direkt am Strand. Essen und Trinken im Überfluss, da alles All Inclusive. Wie im Paradies. Dennoch haben wir in den gesamten zwei Wochen Urlaub im Paradies kein einziges Mal miteinander geschlafen. Das war der Anfang vom Ende. Die ganze Beziehung war irgendwie auf Sand aufgebaut. Als wir uns damals ineinander verliebten, war es wie Feuer, wir waren einfach heiß aufeinander, wir haben nächtelang geredet, uns geküsst und hatten wunderbaren Sex. Aber von diesem Feuer war nichts mehr da... wir standen auf verbrannter Erde.

Also hat sie die Beziehung beendet. Nein, eigentlich waren wir es beide. Ich stellte ihr nämlich folgende Frage: „Liebst du mich noch?" Worauf sie antwortete: „Nicht genug, um eine Beziehung zu führen." Und das war das Ende.

Ja, das war das Ende. Diese oder eine ähnliche Situation hat jeder Mensch auf diesem Planeten schon einmal erlebt. Plötzlich waren keine Gefühle mehr da. Aber warum? Warum werden Gefühle mit der Zeit immer schwächer? Warum verschwindet die Liebe still und leise durch die Hintertür? Und wir sind dann wütend und enttäuscht, wenn wir plötzlich merken, dass sie schon lange weg ist. Um das zu beantworten, muss ich dir noch mehr über meine Vergangenheit erzählen, damit du die Hintergründe noch besser verstehst. Versuche einmal, Beispiele aus deiner Vergangenheit zu finden, in der es dir ähnlich erging, während du weiterliest.

Die Beziehung mit meiner Ex fing ganz harmlos an, zumindest dachte sie das immer. Am Samstagabend, als wir uns kennenlernten, war ich alleine unterwegs. Warum alleine, fragst du? Weil man alleine keine Rücksicht auf andere nehmen muss, und wenn man eine Frau kennenlernen will, ist man alleine viel flexibler. Man muss sich nämlich dann jemanden zum Unterhalten suchen. Und das waren nun mal mehr Frauen als Männer, mit denen ich mich unterhalten habe.

Anja, die Frau, die mir gezeigt hat, was wahre Liebe ist, würde jetzt sagen: „Du Flirter und Aufreißer, du!" Aber sie würde es mit einem Lächeln sagen.

Ich war also an diesem Abend alleine unterwegs, stand an der Bar und hatte alles gut im Blick. Die Leute waren gut drauf, alle so in meinem Alter. Ich genoss meinen Gin und schaute mich nur um. Neben mir entbrannte eine Diskussion über die Tatsache, ob Cola Light oder normale Cola in dem Glas war, das der Barkeeper gerade hingestellt hatte. Nach nur einem Schluck von dem Getränk konnte die junge Frau neben mir erkennen, dass es keine Cola Light war, obwohl doch eine bestellt wurde. Der Barkeeper beharrte aber darauf, dass es sich um Cola

Light handelte. Er zeigte ihr sogar die Flasche. Wie dem auch sei, mich nervte das. Also drehte ich mich um und sagte zu dem Barmann, er solle der Lady bitte eine neue Cola Light bringen. Ich würde zahlen! Meine Stimme war in dem Moment alles andere als süffisant. Und dann sah ich mir die Frau, von der die Cola-Diskussion ausging, erst einmal genauer an. Sie sah richtig gut aus. Donnerwetter! Warum hatte ich sie vorher nicht gesehen? Nachdem sie mich auch kurz gemustert hatte, sagte sie nur: „Danke!“, und lächelte mich an. So kamen wir ins Gespräch. Wie sich herausstellte, war sie von Beruf Flugbegleiterin beziehungsweise Stewardess oder auch „Saftschubse“genannt. Sie machte diesen Witz tatsächlich. Sie konnte über sich selbst lachen, was ich gut fand. Wir unterhielten uns dann den ganzen Abend und verstanden uns super. Wir hatten einen ähnlichen Humor, und unsere Blicke trafen sich öfters. Es hatte gefunkt. Im Laufe des Gesprächs fragte sie mich, warum ich alleine hier wäre. Darauf erklärte ich ihr, dass ein Freund mich versetzt hätte. Ich wollte doch nicht, dass sie dachte, ich ging alleine weg, um in Aufreißermanier eine nach der anderen flachzulegen. Ich hatte nicht die Absicht, sie zu vergraulen, jetzt, nachdem der Abend so schön gewesen war...

Das war meine erste Lüge in unserer Beziehung. Der erste Stein war gelegt. Es gibt ein Sprichwort, das ich aus irgendeinem Film kenne, das passt hier ganz gut: Der Weg zur Hölle ist mit guten Absichten gepflastert.

Eine Lüge am ersten Abend. Auch wenn sie dem

Wunsch entspringt, das schöne Gefühl wieder zu fühlen, was man mit dem Menschen erlebt hat, ist es eine Lüge. Man kann es auch als Notlüge deklarieren. Aber es bleibt trotzdem eine Lüge. In diesem Moment haben wir für den anderen das Denken übernommen. Ich denke: Du wirst mich nicht mögen, wenn du das weißt. Ich denke: Du verlässt mich, wenn ich dir das jetzt erzähle. Genau das ist der Antrieb hinter einer Notlüge. Kennst du das auch? Wie oft haben wir, nur um jemand anderem zu gefallen, eine Notlüge benutzt? Sehr oft! Ich behaupte sogar, dass sie fester Bestandteil des Flirtens ist. Wir wollen uns doch gut darstellen. Und ab diesem Zeitpunkt werden die ersten, wenn auch kleinen Steine gesetzt. Nun wirst du sagen: „Na ja, dann erzähle ich es vielleicht später, wenn wir etwas länger zusammen sind. Dann können wir vielleicht beide darüber lachen.“ Wenn du das denkst, bist du bereits auf dem richtigen Weg. Wenn nur das „vielleicht“ nicht wäre!

Aber warum lügen wir in solchen Situationen? Wir wollen uns präsentieren. Doch woher wissen wir denn, was dem Gegenüber gefällt? Fragen wir es? Nein, weil sich dann automatisch die Angst meldet, es könnte die falsche Antworten geben. Unser Wunsch zu gefallen wird von unseren Vorstellungen geprägt. Durch die Medien wie Fernsehen, Musik, Internet und Werbung wird unsere Vorstellung von uns selbst beeinflusst. Was sehen wir denn in den Medien unserer Zeit? Models, die kein Fleisch mehr auf den Knochen haben und deren Ziel es zu sein scheint, weniger zu wiegen als bei ihrer Geburt. Oder harte Kerle, die immer alles im Griff haben, eine Menge Geld mit links verdienen und deren Muskeln die Frauen nur so dahinschmelzen lassen. Das sind unsere Vorgaben, unsere Ideale, unsere Vorbilder. Wir sehen sie jeden Tag auf Plakaten, Werbetafeln, im Fernsehen, in Musikvideos, Fernsehserien, Filmen, Schaufensterdekorationen, und und und...

In unserer Fantasie können wir so sein wie diese Vorbilder. Wir erwarten automatisch, dass unser Gegenüber genau diese Vorgaben fordert. Also flunkern wir – beim Geld, beim Job, bei den Leistungen früher in der Schule, beim Sexleben usw. Also bei allem, bei dem wir denken, es würde uns bei unserem Gegenüber einen Bonus einbringen. Verrückt, oder? Wir belügen den Menschen, den wir eigentlich haben wollen. Jetzt kann man natürlich sagen, dass der Zweck die Mittel heiligt und diese kleinen Dinge nicht so ins Gewicht fallen. Das stimmt am Anfang sogar, denn da der Flirtpartner von denselben Idealen und Vorbildern geimpft wurde, entsteht hier Anziehung. Am Anfang sieht man einen Menschen seiner Vorstellungen. Und dieser tut alles Erdenkliche, um dieser Vorstellung zu entsprechen. Aber über kurz oder lang werden bei beiden Partnern die Masken langsam fallen, immer mehr unangenehme Seiten treten hervor, und jetzt beweist sich erst, ob man wirklich zusammenpasst.

Ich weiß, was du jetzt sagen willst: Soll ich jetzt beim Flirten nicht mehr flunkern, oder was? Nein! Ohne geht es nämlich eigenartiger Weise auch nicht, denn ohne diese kleinen Lügen, Andeutungen, Verschwiegenheiten und Geheimnisse würde der Flirt nicht so viel Spaß machen.

Es würde die natürliche Neugierde des Menschen nicht ansprechen, und dieser würde dann das Interesse verlieren. Tja, da müssen wir alle durch, wenn wir eine neue Partnerschaft eingehen wollen. Nur, was machen wir dann mit den kleinen Lügen und Geheimnissen? Erst einmal gut verstecken, denn mein Partner liebt mich so, wie ich bin, wie ich jetzt bin. Und wenn ich zugebe, dass ich hier und da eine Lüge erzählt habe, kann es sein, dass er sich aus meinem Leben verabschiedet. Also warum unnötig Staub aufwirbeln? Schlafende Hunde soll man nicht wecken. Willkommen im Hamsterrad!

Ein gutes Beispiel dafür ist Folgendes: Ich habe in einer meiner letzten Beziehungen meine Bildung etwas geschönt. Ich meine damit nicht, dass ich doof bin. Nein, ich meine, dass ich mit meiner Schullaufbahn geflunkert habe. Aber lest selbst. Ich übergebe das Wort wieder an mein altes „Ich" aus der Vergangenheit.

Nachdem wir unsere Telefonnummern ausgetauscht hatten, ging alles seinen natürlichen Gang. Wir telefonierten, verabredeten uns, unterhielten uns, lachten zusammen, küssten uns und wurden schließlich ein Paar. Ständig tauschten wir in unseren Gesprächen Teile unserer Vergangenheit aus. Auf die Frage nach meiner Schulbildung beschönigte ich diese. Warum? Ganz einfach! Hier war nun eine tolle Frau, die Gefallen an mir gefunden hatte. Und ich an ihr. Sie war schön, intelligent, hatte einen tollen Beruf. Wer von uns Männern wäre nicht gerne einmal mit einer Stewardess zusammen, und sei es nur für eine Nacht? Die Tatsache, dass sie ihr Abitur mit Note 1 abgeschlossen hatte und mehrere Fremdsprachen sprach, war mehr als das, was ich zu bieten hatte. Zusätzlich klang noch eine Bemerkung von ihr im Hintergrund: „Ich würde keinen Mann wollen, der nicht eine gute Bildung hat!“ Also flunkerte ich etwas, sodass es bei mir plötzlich eine Schullaufbahn auf dem Gymnasium wurde, und natürlich kam, bevor ich ihr die Lüge gebeichtet hatte, durch einen dummen Zufall die Wahrheit ans Tageslicht. Da war was los...

Interessanterweise suchte ich mir immer solche Frauen, die schön und intelligent waren. Ich genoss die Konversation mit ihnen und den Austausch geistiger Intelligenz. Im Nachhinein betrachtet war ich durch das Zusammensein mit intelligenten Frauen genau auf dem richtigen Weg, aber ich wusste damals noch nicht, was ich anders machen musste, damit es mit der Partnerschaft zu solch einer Frau auch langfristig klappte. Ich wusste noch nichts von den Mechanismen der Liebe.

Jetzt lässt sich die Frage, warum Liebe langsam verschwindet und warum uns unsere Gefühle im Laufe der Zeit verlassen, leichter beantworten. Unsere gut gemeinten kleinen Unwahrheiten verdrängen langsam die Liebe aus unserem gemeinsamen Leben. Mit jedem nicht ausgesprochenen Wort und mit jeder Lüge, entfernen wir uns weiter voneinander, bis wir uns im schlimmsten Fall gar nichts mehr zu sagen haben. Gerade am Anfang einer Beziehung, wenn die Liebe noch nicht so stark ist, ist sie wie eine junge

Pflanze, die gerade versucht zu wachsen. Und Lügen sind für diese kleine Pflanze nicht der geeignete Dünger.

Überlege dir einmal, bei welchen Gelegenheiten du deinem Partner oder Ex-Partner eine (aus deiner Sicht) Notlüge unterbreitet hast. Kaufe dir ein kleines Notizbuch oder ein Heft, und immer wenn dir dazu etwas einfällt, schreibe es dort hinein. Es gab mit Sicherheit viele solcher Momente in eurem gemeinsamen Leben, nicht wahr? Trage das Büchlein immer bei dir, oder habe es in deiner Nähe. Wir werden im Laufe dieses Buches noch viele Entdeckungen machen, und diese schreibst du in dieses Notizbuch. Gute wie schlechte. Du darfst alles mit dem Notizbuch machen: Du kannst durchstreichen, korrigieren, hinzufügen und nachlesen. Das Einzige, was du nicht darfst, ist, bereits beschriebene Seiten herausreißen. Durchstreichen ja, aber nicht herausreißen. Viel Spaß dabei! Ich an deiner Stelle wäre jetzt neugierig darauf, welche kleinen Lügen du in der Vergangenheit anderen aufgetischt hast, nur um vor ihnen besser dazustehen, oder weil du dachtest, sie würde die Wahrheit nicht verstehen.

Solltest du dich jetzt fragen, warum du das machen sollst, dann sage ich nur eins dazu: Müssen tust du gar nichts! Niemand zwingt dich zu irgendetwas. Aber zu einem späteren Zeitpunkt sind alle Erkenntnisse, die du im Laufe dieses Buchs in deinem kleinen Notizbuch sammelst, wichtig, um die Formel der Liebe zu verstehen und, vor allem, um diese dann richtig auf deine ganz private Situation anzuwenden. Aber, wie gesagt: Müssen tust du gar nichts!

Angst

Aus Angst, mit wenigem auskommen zu müssen, lässt sich der Durchschnittsmensch zu Taten hinreißen, die seine Angst erst recht vermehren.

Epikur, *Philosophie der Freude*

Nun, da du weißt, dass die Lüge ein natürlicher Feind der Liebe ist, gehen wir einen Schritt weiter. Woher kommt der Wunsch zu lügen? Aus der Angst heraus! Aus der Angst, etwas zu verlieren oder ertappt zu werden. Aus der Angst, enttarnt zu werden, dass unsere Schwächen zum Vorschein kommen. Und diese Angst kann so stark sein, dass wir uns immer weiter in einem Netz aus Lügen und Halbwahrheiten verstricken, sodass wir dann selbst nicht mehr wissen, was wir erzählt haben. Zu diesem Zeitpunkt geht es nicht mehr um die Lüge an sich. Und die Hintergründe, wie es zu dieser Lüge kam, sind ebenfalls nicht mehr wichtig. Sondern wir tun es nur noch aus Angst, als Lügner enttarnt zu werden. Je mehr Angst, desto mehr Lügen, und je mehr Lügen, desto mehr Angst. Erkennst du es? – Das Hamsterrad dreht sich!

Wovor haben wir Angst? Es gibt die Ängste, die bereits seit unserer Kindheit vorhanden sind. Das Problem ist, dass jeder vor etwas anderem Angst hat. Ich habe zum Beispiel Angst vor Schlangen, vor Gewässern, in denen ich nicht mehr stehen kann, und vor dem Alleinsein. Andere haben zum Beispiel Angst vor Spinnen, vor Nahrungsmangel oder vor dem Tod. Jeder hat vor etwas anderem Angst. Angst hat viele Facetten. Eine von ihnen ist wie eine Stimme, die dir einflüstert, dass du jetzt mit dem Auto nicht so schnell fahren, oder mit dem Typen, der dich angerempelt hat, nicht diskutieren, oder mit diesem Mann nicht nach Hause fahren solltest. Das ist positive Angst. Sie macht unseren Verstand schärfer, sodass wir mögliche Gefahren für Leib und Leben rechtzeitig erkennen und dadurch unseren Körper vor Schaden bewahren können. In unserer Gefühlswelt ist die Angst unser Freund, denn sie warnt uns vor Gefahren und zu viel Unbekümmertheit in unserem Leben. In der Welt des Verstandes kann sich diese Angst beinahe immer als Hindernis herausstellen. Als Hindernis, gefühlstechnisch glücklich zu werden. Diese Ängste erschaffen wir uns selbst. Um das besser zu verstehen, werde ich mein altes „Ich" bitten, dies mit zwei Beispielen aus der Vergangenheit zu verdeutlichen. Zuerst einmal die Ängste, die uns dabei helfen können, vor Schaden bewahrt zu werden.

Als ich neulich in einem Club war, pöbelte mich ein Typ von der Seite an. Er wollte mich provozieren und eine Schlägerei mit mir inszenieren. Ich hatte plötzlich Angst, dass ich die nächsten Tage durch einen Schlauch atmen würde, oder aus der Schnabeltasse trinken musste. Versteht das nicht falsch, ich kann mich verteidigen, aber in diesem Fall hörte ich auf meine Angst und zog mich zurück. Ich verdrückte mich und fuhr nach Hause. Als ich am nächsten Morgen die Zeitung aufschlug, las ich im Polizeibericht, dass es letzte Nacht eine schwere Schlä-

gerei zwischen zwei Männern vor einem Club (rate mal, vor welchem?) in der Innenstadt gegeben hatte. Einer war schwer verletzt, der andere wartete in einer Zelle auf die Anklageerhebung wegen Körperverletzung und versuchten Totschlags. Da wurde mir klar, dass ich derjenige hätte sein können, der im Krankenhaus lag. Da hatte ich echt Glück gehabt.

Diese Angst kam von meinen Gefühlen, meiner inneren Stimme. Man könnte auch sagen, ich hatte kein gutes Gefühl bei der Sache. Und nun ein Beispiel für Angst, die wir uns selbst erschaffen.

Ich konnte mit Geld noch nie umgehen, egal, wie viel ich verdiente, es rieselte mir nur so durch die Finger. So lange ich denken kann, halten sich meine Einnahmen und Ausgaben immer die Waage. Ich konnte nie etwas auf die Seite schaffen. Und so, wie sich meine Karriere entwickelte, entwickelte sich auch mein Gehalt: positiv! Aber in exakt dem gleichen Maß entwickelte sich auch mein Lebensstil. Manchmal lebte ich auch über meine Verhältnisse, aber um das auszugleichen, arbeitete ich härter, hatte damit mehr Erfolg und verdiente wieder mehr Geld. Was heißt das? Das heißt, ich genoss mein Leben in vollen Zügen, ich nutzte die finanziellen Möglichkeiten, die mir mein Beruf brachte, voll aus. Ist doch eine super Sache, nicht wahr? Finanziell so zu leben, als würde es kein Morgen geben. Wen interessieren schon Altersvorsorge und Sparbücher? Eine Rente bekommt meine Generation sowieso nicht mehr.

Aber leider ist diese Lebensweise in unserer Welt gänzlich unerwünscht. Wir sollen uns absichern fürs Alter. Sollen in die Zukunft investieren, obwohl kein Mensch weiß, was die Zukunft wirklich bringt. In unserer Welt bin ich jemand, der unverantwortlich mit seinem Leben umgeht, finanziell nichts auf die Reihe bringt und nicht einmal so viel Geld verdient, um sich etwas auf die Seite zu schaffen. Mit einem Wort: ein Versager! So sieht die Welt – so siehst du Menschen wie mich, die nicht mit ihrem Geld haushalten können. Natürlich ist das alles schön verpackt: der Job, die Wohnung, das Auto, die Klamotten, der Schmuck, der Computer, der Flatscreenfernseher, die CD- und DVD-Sammlung. Alles Statussymbole, die der Welt vorgaukeln, ich hätte viel Geld gespart. Eine einzige große Lüge! Mein ganzes Leben lang. Würdest du einen Menschen heiraten wollen, der nicht mit seinem Geld haushalten kann? Ich redete mir ein, dass das keine Frau will. Und so entstand aus dieser Lüge, aus diesem Trugbild die Angst, jemand könnte die Wahrheit erfahren. Dadurch hatte ich Angst, ich wäre nicht gut genug.

Zweimal Angst! Eine von unseren Gefühlen, und die andere selbst erschaffen und im Verstand verankert. Sie zeigen zwei völlig verschiedene Auswirkungen. Das erste Beispiel ist die Angst, die entsteht, wenn man sich bedroht fühlt. Es ist gut, auf sie zu hören, da sie uns nur helfen will und uns vor Schaden bewahrt. Bei ihr folgen wir unserer inneren Stimme, unserer Intuition. Das zweite Beispiel ist die Angst, die aufgrund einer Lüge entstanden ist. Und sie will uns nicht helfen, sondern ist unser Feind. Sie zieht uns von den anderen Menschen weg, denn wenn ich etwas zu verbergen habe, darf mir keiner zu nahe kommen. Wenn du eine Leiche im Keller hast, wirst du auch fürchten, dass sie entdeckt wird. Also schließt du die Kellertür vorsichtshalber zu, sodass niemand ungefragt in den Keller kommen kann und die Leiche sieht. Genauso schloss ich mich in meiner Traumwelt ein, in der ich mich in meinem beruflichen Erfolg badete und die finanziellen Früchte dieses Erfolgs nutzte, um die Kellertür noch sicherer zu verriegeln. Ich mauerte mein Herz ein, ohne dass ich es merkte. Dadurch suchte ich den Grund für mein erneutes Versagen in einer Beziehung immer bei meiner Partnerin. Sie war schuld, denn ich verstand nicht, was in ihrem Kopf vorging. Ich verstand die Frauen einfach nicht. Und ich suchte noch immer an der falschen Stelle. Ich war in einem riesengroßen Hamsterrad zu Hause.

Mit dieser Angst und den Enttäuschungen wird das Herz weiter zugemauert. Um es besser darzustellen, werden wir in meiner Vergangenheit in die Zeit zurückgehen, in der ich anfing, zu lernen. Langsam zwar, aber stetig. Und ich hoffe, du lernst mit mir.

Mai

Es war wieder mal Schluss. Ich war wieder Single. Ich tat das, was ich immer getan hatte, wenn das passiert war: Ich orientierte mich neu und steckte neue Ziele - meine alleinigen Ziele! Ich beschloss erst einmal, dass diese Stadt, in der ich wohnte, nicht mein Zuhause war. Jetzt, da die Beziehung beendet war, gab es keinen Grund, hierzubleiben. Ich war damals wegen eines Jobs hierhergezogen. Mittlerweile habe ich einen anderen Job, der mir die Möglichkeit einräumt, in jeder Stadt im Umkreis von zweihundert Kilometern zu wohnen. Nach einigen Tagen der Überlegung beschloss ich, wieder in meine Heimatstadt zu ziehen. Da wäre ich auch näher bei meiner Familie und alten Freunden.

Gesagt, getan! Ich fand im Internet eine schöne kleine Single-Galeriewohnung, die gerade komplett renoviert wurde. Also musste ich noch die drei Monate Renovierungszeit warten, bis ich endlich umziehen konnte. In dieser Zeit stürzte ich mich in die Arbeit. Ich hatte erst vor einigen Monaten mehr Führungsverantwortung übertragen bekommen und rechnete mir aus, dass ich etwa ein Jahr Zeit hatte, um mich auf dieser Karrierestufe zu bewähren. Also stürzte ich mich in die Arbeit, denn das lenkte mich von der unsicheren Situation im Privatleben ab. Ich flirtete auch sofort wieder mit Frauen. Es waren nur zwei Wochen vergangen, da hatte ich bereits das erste Date. In Düsseldorf, mit einer Kollegin aus der Firma. Mein Gewissen meldetet sich zwar, aber ich war derart in Aufbruchstimmung, dass ich mir immer wieder sagte: „Mal sehen, wo die Reise hingeht." Ich genoss einfach meine Freiheit, alles tun zu können, was ich wollte. Ich konnte Filme ausleihen, ohne zu fragen, ob der Film auch ihr gefällt. Ich konnte lange wach bleiben, um zu arbeiten, ohne dass jemand sagte, dass ich zu viel arbeiten würde und mit ins Bett sollte. Und ich hatte die Freiheit, das Wochenende mit dieser Frau in

Düsseldorf zu verbringen. Es war ein tolles Wochenende. Getreu meinem Motto – mal sehen wo die Reise hingeht.

Zwei Monate später, als mein Umzug näherrückte, gingen wir aber schon wieder getrennte Wege. Es gab keine Probleme innerhalb der Firma, weil niemand es wusste. Aber damals beschloss ich, nie wieder etwas mit jemandem aus meinem Arbeitsumfeld anzufangen.

An dieser Stelle ein Tipp von mir: Sag niemals nie! Da war schon wieder Angst im Spiel. Angst davor, dass es in der Firma bekannt wird. Angst vor den Konsequenzen, die ich mir in allen Facetten vorstellen konnte, bis hin zur Entlassung. Daher war ich froh darüber, dass sich alles so einfach aufgelöst hatte. Und deshalb sagte ich auch – nie mehr diese Angst. Also verschloss ich mein Herz für die Möglichkeit, je wieder mit einer Kollegin etwas anzufangen. Und damit setzte ich wieder einen weiteren Stein in die Mauer, die ich um mein Herz errichtet hatte. Interessant daran ist, dass jedes Mal, wenn jemand „nie wieder" sagt, er früher oder später mit einer ähnlichen Situation konfrontiert wird. Bei mir war es auch so. Meine Angst vor Konsequenzen in Hinsicht auf Liebe und Beziehung am Arbeitsplatz versperrte mir einige Zeit später die Chance, meinen Gefühlen zu folgen. Also, sag niemals nie!

Ich sagte zum Beispiel noch vor einem Jahr, dass ich nie heiraten wolle. Ich erzählte jedem, auch wenn er es nicht wissen wollte: „Heiraten? Nicht in diesem Leben!" Was glaubst du, habe ich irgendwann in den nächsten Jahren vor? Genau! Du musst dir das so vorstellen: Wenn du „nie“ sagst, kommt in der Zukunft genau diese Situation erneut auf dich zu. Es ist, als würdest du mit diesem „Nie das...“ oder „Nie wieder...“ genau das anziehen, was du nicht willst. So, als würde jemand diese Situation herbeirufen, um dir zu zeigen, dass dein Standpunkt, auf den du dich festgelegt hast, falsch ist. Und es wird immer wieder passieren. So lange, bis du es gelernt hast. Da sind wir wieder bei unserem Hamsterrad. So lange du nicht lernst und deinen Standpunkt änderst, wird sich dein Hamsterrad weiterdrehen, bis du wieder an dem Punkt angelangt bist, an dem du erneut geprüft wirst. Und wenn du dann weiterhin bei deinem Standpunkt bleibst, wirst du wieder und wieder damit konfrontiert. Es ist natürlich jedes Mal eine andere Situation, und es sind auch andere Menschen beteiligt, aber der Grund ist immer der gleiche: Dein „Ich will das nie wieder!“

Also – sag niemals nie!

Schreibe in dein kleines Notizbuch alle Dinge, bei denen du „nie“ gesagt hast, zum Beispiel

- Ich würde nie etwas mit einer Kollegin/einem Kollegen anfangen.
- Ich würde nie Mercedes fahren.
- Ich würde nie einen Mörder als meinen Freund bezeichnen.
- Ich würde nie jemanden töten.

Jetzt sehen wir uns deine und meine Standpunkte einmal etwas genauer an. Ich beschreibe dir, wie ich meine alten Standpunkte über Bord geworfen habe oder aber durch eine besondere Situation gezwungen wurde, meinen Standpunkt aufzugeben.

1. Standpunkt

„Ich würde nie etwas mit einer Kollegin oder einem Kollegen anfangen!"

Warum nicht? Wenn es passt, wenn du dich verliebt hast, wenn du glücklich mit ihm oder ihr bist, warum nicht? Weil es dabei viele Faktoren zu berücksichtigen gibt, nicht wahr? Wie zum Beispiel: Wie wird mein Chef reagieren, was sagen unsere Kollegen dazu, was ist, wenn Schluss ist, ich müsste wahrscheinlich kündigen usw. Das sind alles nur materielle Dinge, die dich daran hindern, diese Beziehung einzugehen. Und wenn du dich doch darauf einlässt, wirst du immer die Angst in dir tragen, dass es falsch sein könnte, denn dein berufliches Leben wird vielleicht dadurch aufs Spiel gesetzt. Also alles, was du bisher erreicht hast. Und genau diese Angst, die du dir selbst erschaffen hast und die du mit dir herumträgst, ist es, die dich blockiert. Du wirst dich nicht voll und ganz fallenlassen können. Und das führt dann unweigerlich zu dem, was du fürchtest: die Trennung und die damit verbundenen Probleme in der materiellen Welt. Somit wurde Angst erfüllt. Man sagt auch: Die Angst war begründet.

Allerdings ist das bei den Ängsten, die wir selbst hervorrufen, die völlig falsche Interpretation. Die Angst wurde nicht bestätigt, sie wurde Realität. Sie hat sich manifestiert. Kennst du das Sprichwort: Hüte dich vor deinen Wünschen, du bekommst sie vielleicht erfüllt? Angst vor Konsequenzen sind wie Wünsche, nur im negativen Sinn. Wenn du ständig vor den Konsequenzen Angst hast, redest du darüber und denkst darüber nach. Angst ist in Wirklichkeit ein Wunsch, und zwar, wie wir es nicht haben wollen. Aber es ist ein Wunsch. Man kann sagen: „Ich wünsche mir, dass wir glücklich zusammen werden, denn die Probleme meistern wir schon." Genauso sagt man: „Ich werde nie mit dieser Frau oder diesem Mann glücklich werden, denn es gibt zu viele Probleme zwischen uns." Der eine Wunsch sagt aus: „Ja, ich werde das...", der andere sagt: „Das werde ich nie..." Und so manifestieren sich unsere Wünsche in unserer Zukunft. Egal, ob gut oder schlecht, wir bekommen das, was wir gewollt haben. Somit ist es sehr wichtig, dass du von deinen verfestigten Standpunkten Abschied nimmst. Sag stattdessen: „Warum nicht?" Oder: „Unter bestimmten Umständen könnte ich mir vorstellen, wieder mit einer Kollegin oder einem Kollegen etwas anzufangen." Die Frau, die Liebe, um die es in diesem Buch geht, arbeitete auch in derselben Firma wie ich. Aber diese Geschichte werde ich euch noch ausführlich erzählen.

Also, noch einmal: Sag niemals nie!

2. Standpunkt

„Ich würde niemals Mercedes fahren!"

Das habe ich früher gesagt. Es waren für mich Prollkisten, alte Opa Autos, und die eingebaute Vorfahrt war mir einfach zu teuer. Mir haben diese Autos nie gefallen. Als dann die A-Klasse herauskam und beim Elchtest umkippte, lachte ich mich kaputt. Mein Standpunkt wurde dadurch erhärtet. Und dann verlor in meiner damaligen Firma ein Außendienstmitarbeiter seinen Führerschein. Der Wagen war geleast und stand ungenutzt auf dem Firmengelände herum. Also fragte mich mein Chef, ob ich den Wagen mit nach Hause nehmen wollte. Ich könnte ihn auch privat nutzen, und der Sprit würde auch von der Firma übernommen. Würdest du da Nein sagen? Und jetzt rate doch mal, was für ein Auto das war. Genau, ein Mercedes A-Klasse! Sag niemals nie!

3. Standpunkt

„Ich würde nie einen Mörder als meinen Freund bezeichnen."

Diesen Satz sagte ich einmal mit vollem Nachdruck. Ich verabscheue Gewalt. Und ich wollte mit gewalttätigen Menschen nie etwas zu tun haben. Jetzt wirst du dich fragen, was jetzt kommt. Habe ich einen Mörder als Freund? Es ist nicht so einfach zu erklären, daher werde ich es durch eine kurze Geschichte aus meiner Vergangenheit erläutern, sodass du es verstehen kannst.

Ich war gerade neunzehn Jahre jung und voller Tatendrang. Ich hatte den Militärdienst verweigert, und meine Arbeit war mir nicht wirklich wichtig. Viel wichtiger waren Autos, Partys, Sex, Alkohol und alles, was Spaß macht. Ich war damals in einer tollen Clique. Wir waren ein bunt ge-

mischter Haufen von Jungs und Mädels, die alle eines gemeinsam hatten: Wir genossen diese Zeit in vollen Zügen.

Irgendwann, an einem Freitagabend, passierte in unserer Stadt ein brutaler Mord an einem 16jährigen Mädchen. Sie wurde nur fünf Meter von einer Hauptstraße entfernt mit über vierzig Messerstichen umgebracht. Das war eine schlimme Sache damals. Ich kannte das Mädchen nicht, aber manche aus meiner Clique kannten sie. Am darauffolgenden Tag trafen wir uns wie fast jeden Abend in unserer Stammkneipe und unterhielten uns über den Mord . Auch über den Mörder, der unerkannt entkommen konnte, redeten wir. Was war das für ein Mensch, der so etwas tat?

Es war cirka zehn Jahre später, ich war bereits vor Jahren aus meiner Heimatstadt weggezogen, da saß ich abends vor dem Fernseher und sah mir die Nachrichten an. Es wurde von einem Mord berichtet, der sich vor zwei Tagen ereignet hatte. Ein gewisser Sebastian K. hatte versucht, seine eigene Nichte zu vergewaltigen und sie anschließend mit einem Messer niedergestochen. Sie konnte sich noch zu einer Straße schleppen und einem Autofahrer sagen, wer es gewesen war, bevor sie starb. Eben eine Geschichte, die zwar schlimm ist, aber in ähnlicher Form jeden Tag in den Nachrichten gesendet wurde. Bis sie ein Bild dieses Mörders Sebastian K. einblendeten. Ich fiel fast vom Sofa. Dieser Sebastian K. war früher in meiner Clique, er war früher ein Freund von mir. Was ist hier denn los? Und sofort kam mir der Gedanke: Hoffentlich hatte er nichts mit dem Mord vor zehn Jahren zu tun. Es dauerte genau zwei Tage, bis die Kripo mich anrief und um ein Gespräch bat. Thema: Sebastian K. vor zehn Jahren. Jeder aus meiner früheren Clique wurde vernommen. Die Kripobeamten erklärten mir, dass Sebastian K. mit ziemlicher Sicherheit für den ungeklärten Mord vor zehn Jahren an dem 16-jährigen Mädchen verantwortlich sei. Sie sagten, er wisse Dinge darüber, die nur der Mörder wissen könnte und fragten mich gleich darauf, ob ich damals mit Sebastian K. befreundet war. Ich, befreundet mit einem Mörder? Mir fiel der Abend in unserer Stammkneipe wieder ein, an dem wir uns im Freundeskreis über den Mord unterhalten hatten. Da saß der Typ genau neben mir. Wir tranken Bier zusammen! Damals war er mein Freund. Aber zu diesem Zeitpunkt war er bereits ein Mörder. Wie konnte ich das übersehen haben? Wir hatten alle nichts gemerkt. Ich antwortete nur: Ja, wir waren befreundet.

Sag niemals nie!

4. Standpunkt

„Ich würde nie jemanden töten!"

Wie ich dir bereits sagte, verabscheue ich Gewalt. Ich habe schon einen Anflug von schlechtem Gewissen, wenn eine Biene in meinem Weinglas ertrinkt. Daher dachte ich immer, dass ich niemanden töten oder absichtlich verletzen könnte. Ich habe aus diesem Grund auch der Bundeswehr den Rücken gekehrt. Aber nun habe ich vor zu heiraten und eine Familie zu gründen. Da macht man sich völlig andere Gedanken. Die Grenzen zwischen Richtig und Falsch verschieben sich. Wenn ich mir vorstelle, dass irgendein Spinner meiner Frau oder meinen Kindern etwas antut, dann muss ich jetzt wahrheitsgemäß sagen: Ich weiß nicht, was ich dann täte. Es wäre möglich. Ich denke, dass dieser Standpunkt so beschrieben werden kann: Im Moment könnte ich niemanden töten, aber wenn ganz besondere Umstände eintreten würden, wäre ich vielleicht in der Lage dazu.

Sag niemals nie!

Und das ist es! Sag niemals nie heißt nichts anderes, als dass du die Ängste, die du selbst erschaffst, nicht von dir weist. Nimm deine eigenen Ängste, die sich darin ausdrücken, was du nie tun würdest, und beschäftige dich mit ihnen. Stell dir die Frage, ob es wirklich absolut unmöglich ist, dass du das tust. Dann wirst du erkennen, dass du unter bestimmten Umständen durchaus dazu in der Lage wärst. Indem du dich mit der Frage beschäftigst, stellst du dich der Angst, die dahinter steht. Du wirst erkennen, dass es nichts gibt, wovor man Angst haben muss. Wir werden uns später noch einmal ausführlicher mit der Angst beschäftigen, da sie eine der wichtigsten und größten Hindernisse ist, die vor deinem Herzen und deiner Liebe zu anderen Menschen aufgebaut sind und dich blockieren. Aber für den Anfang soll dieses erst einmal genügen. Denke nur immer an deine Einstellung und deine Wünsche. Egal, ob positiv und negativ. Wir bekommen das, was wir in unser Leben rufen. Egal, ob mit Angst oder mit Liebe. Wir bekommen immer eine Antwort auf unser Rufen. Das ist das Gesetz der Anziehung.

Jetzt wirst du fragen, was dieses Gesetz der Anziehung ist? Wer dieses Gesetz geschrieben hat und was passiert, wenn man dieses Gesetz missachtet? Also, erst einmal kann man das Gesetz der Anziehung nicht brechen, denn es ist ein Gesetz des Universums. So, wie es auf der Erde die Naturgesetze gibt, ist dieses ein Gesetz des Lebens. Kennst du jemanden, der die Naturgesetze gebrochen hat? Wirklich gebrochen hat? Nein! Hätte mich auch gewundert. Du fragst jetzt natürlich, was das alles mit der Angst und der Liebe zu tun hat? Ich will versuchen, es dir zu erklären.

☆☆☆

Das Gesetz der Anziehung

Die Dinge, die wirklich für dich da sind, streben wie durch Gravitation zu dir.

Ralph Waldo Emerson, *Ausgewählte Texte*

Jetzt wird es kompliziert! Aber es ist wichtig für dich zu verstehen, wie dieses kosmische Gesetz Auswirkungen auf dein Leben und deine Liebe zu anderen Menschen hat. Es gibt sieben Gesetze. Es sind die sieben Gesetze des Lebens. Sie werden auch die sieben Gesetze der Manifestation genannt. Eins davon hast du sicherlich schon einmal gehört – das Gesetz von Ursache und Wirkung, Kausalität. Ich werde an dieser Stelle noch nicht auf die einzelnen Gesetze eingehen, da es hier den Rahmen sprengen würde. Was du aber jetzt verstehen musst, ist das Gesetz der Anziehung – auch das Prinzip der Resonanz genannt. Einfach ausgedrückt: Gleiches zieht Gleiches an.

Stell dir vor, du wünschst dir einen Lottogewinn. Indem du den Wunsch äußerst, ziehen nach diesem Gesetz du und dieser Wunsch sich an. Und wenn du immer weiter an diesen Wunsch denkst und ihn aussprichst, dann zieht ihr euch noch mehr an. Und wenn du daran glaubst, dann zieht ihr euch noch mehr an, bis er in Erfüllung geht.

Jetzt wirst du einwenden: Wenn das so einfach ist, warum sind dann nicht alle, die sich einen Lottogewinn gewünscht haben, jetzt Millionäre? Weil das Ganze auch andersherum funktioniert. Die Tür schwingt in beide Richtungen. In dem Moment, in dem wir etwas Schlechtes denken, wie zum Beispiel: „Ich gewinne sowieso nicht im Lotto, die Chancen stehen hundertzwanzig Millionen zu eins. Das wäre so, als wenn ich irgendwo auf der A7 eine Münze neben die Autobahn lege, in Flensburg als Beifahrer losfahren würde, um dann mit verbundenen Augen aus dem Fenster zu spucken und diese Münze zu treffen!" In dem Moment wird der glückliche Wunsch von einem Lottogewinn vom negativen Wunsch (das klappt sowieso nicht) zurückgedrängt und auch noch mit Argumenten niedergeredet. Das ist es, was alle Menschen machen. Durch negative Wünsche blockieren sie eine glückliche Zukunft, und unsere Medien unterstützen uns wunderbar dabei.

Überlege doch mal, wie eine Werbesendung von den Lottogesellschaften aussieht. Erst wird man aufgefordert, seinen Träumen nachzugeben: Palmen, Strand, Diener, teure Autos, schöne Menschen. Das zeigt die Werbung. Und es ist ja nicht mal so schlecht, damit lässt sich als Wunsch schon etwas anfangen. Aber kaum ist man in diesem Wunschtraum, ist die Werbung beendet. Und dann kommt die Ansage: „Chance eins zu Hundertzwanzigmillionen. Achtung, Glücksspiel kann süchtig machen. Hilfe finden Sie unter..."

Noch bevor der Wunsch richtig formuliert ist, kommen die Gegenargumente und die Angstmacherei. Sie könnten genauso gut sagen: „Die Chancen stehen beschissen, Alter, wenn du spielst, gewinnst du sowieso nicht. Außerdem wirst du süchtig davon, sodass wir dir noch mehr Geld aus der Tasche ziehen können. Du hast KEINE Chance. Also nutze sie!" So wird der glückliche Wunsch im Keim erstickt, aber das Geld für die Lotterie geben wir trotzdem aus, weil wir einen kurzen Blick ins Glück werfen konnten. Und so schließt sich der Kreis der negativen Wünsche wieder. Das erinnert mich an irgendetwas – ja, genau, an das Hamsterrad.

Das Gesetz der Anziehung sagt also aus, dass wir das bekommen, was wir aussenden. Ich habe eine komische Angewohnheit, die ich erst jetzt verstehe. Manchmal, wenn ich eine Wahrscheinlichkeit aufgestellt habe, also eine Feststellung gemacht habe, wie zum Beispiel: „Das Glas fällt gleich herunter!", und es ist tatsächlich gefallen, dann war mein Spruch immer: „Ich hasse es, wenn ich recht habe!" Wenn ich aber etwas Positives gesagt habe, und es hat funktioniert, dann sage ich immer: „Ich liebe es, wenn ich recht habe!" Es ist wie ein Spiegel, der genau das zurückwirft, was wir aussenden. Wir bestimmen durch unsere Gedanken, Wünsche und Prognosen unsere Zukunft. Das ist das Gesetz der Anziehung.

Fassen wir also zusammen: Lügen, auch wenn sie gut gemeint sind, halten uns auf Distanz zu unserem Partner. Unsere Ängste halten uns auf Distanz zu unserem Partner, und negative Gedanken halten uns ebenfalls auf Distanz zu unserem Partner. Somit verpassen wir immer wieder aufs Neue die Chance auf ein glückliches Leben zu Zweit. Jedes Mal, wenn wir uns wieder in dieser Schleife befinden, gibt es keine Möglichkeit aus diesem Hamsterrad herauszukommen. Das heißt, eine Möglichkeit gibt es. Wenn wir etwas anders machen als bisher, dann lernen wir dazu. Und wenn wir dazulernen, entsteht eine Veränderung. Und durch diese Veränderung bewegen wir uns wieder in die richtige Richtung. Stillstand ist der Tod. Bewegung ist Leben.

Indem du dir jetzt deine Notizen ansiehst (die du hoffentlich gemacht hast), deine Lügen, Ängste und Standpunkte und diese mit dem Gesetz der Anziehung vergleichst, kannst du feststellen, welche dieser Aspekte sich schädlich und blockierend auf dein Leben und deine Liebe zu anderen Menschen auswirken. Denkst du zum Beispiel ständig nur an die Arbeit und lässt dich auch im Urlaub nicht richtig fallen, dann bist du im Hamsterrad.

Ist immer wieder derselbe Typ Mensch in deiner Nähe, Menschen, die nicht gut für deine Entwicklung sind, dann bist du im Hamsterrad.

Sind deine Standpunkte derart betoniert, dass du immer wieder nach diesen Standpunkten handelst, bist du im Hamsterrad.

Hast du Angst davor, was passieren könnte, wenn du auf deine Gefühle hörst, dann bist du im Hamsterrad.

Vergiss nicht, du ziehst das an, was du aussendest. Wer Angst und Missgunst aussendet, wird Unglück ernten. Wer Fröhlichkeit und Liebe aussendet, wird Glück ernten. Aber wie kannst du diese Grenze übertreten? Um dir hier einen Weg zu zeigen, muss ich dir davon erzählen, wie ich mein Hamsterrad verlassen habe. Und ich hatte hierbei mit sehr vielen meiner Lügen, Ängste und festen Standpunkten zu kämpfen. Selbst als ich dachte, die Lösung gefunden zu haben, fing der Weg erst richtig an, steinig zu werden. Aber glaube mir, die steinigsten Wege führen zu Glück und Liebe.

Ich traf nämlich auf eine Frau, eine ganz besondere und außergewöhnliche, aber auch ebenso wie ich, verkorkste Frau, die mich im Laufe unseres gemeinsamen Weges zu einer beeindruckenden Entwicklung brachte. Und durch sie lernte ich. Es war ein schmerzhafter Weg, mit Strapazen und Hindernissen behaftet, aber das ist Lernen immer. Vor allem dann, wenn einem eigentlich gar nicht bewusst ist, dass man lernen soll. Ich werde dir diese Geschichte nun erzählen, und ich wünsche dir von ganzem Herzen, dass du durch meine Erzählungen und Ausführungen mehr Verständnis und ein Bewusstsein für deine eigene Liebes- und Lebenssituation entwickelst. Es gibt eine Lösung für jedes Problem, auch die Liebe betreffend. Nur verstehen musst du es. Ich kann dir aber nur die Tür zeigen, durchgehen musst du dann alleine!

August

Irgendwann war der Umzugstag da. Ich hatte Urlaub, und meine Familie und Freunde waren gekommen, um zu helfen. Alles war von mir genau geplant und vermessen worden, und ich wusste genau, welches Möbelstück wohin kommt und welche Möbel ich noch brauchen würde. Geld war mir auch dieses Mal nicht wichtig. Ich wollte mir wieder einmal mein persönliches Reich erschaffen. So, wie es mir gefiel. Nur mir!

Nach dem Umzug gingen wir auf ein Fest in der Stadt, um mal wieder ein bisschen zu feiern. An diesem

Abend traf ich eine alte Bekannte wieder. Sie ist mit meiner Schwester in die Schule gegangen, aber wir kannten uns eigentlich nur vom Sehen. Es war schön, sich mit ihr zu unterhalten. Wir erzählten uns davon, was wir die letzten zehn Jahre so getrieben hatten und wo es uns hinverschlagen hatte. Wir verstanden uns gut. Nach einigen Tagen sendete ich ihr eine SMS, ob wir uns mal wieder treffen könnten. Am Anfang war sie sehr zurückhaltend, da sie erst vor kurzem eine Beziehung beendet hatte. Ich verstand das und ließ ihr Zeit. Der Kontakt schlief wieder ein, was auch darauf zurückzuführen war, dass ich in der Zeit der wahrscheinlich größte Workaholic Deutschlands war. Aber ich war wieder offen für Neues. Neue Freunde, neue Frauen, neues Leben. Ich hatte in dieser Zeit noch andere Flirt- und Sexkontakte, aber nichts, was mein Herz berührt hätte.

Als ich an einem Wochentag von der Firmenzentrale zurück nach Hause fuhr, vereinbarte ich einen Termin mit einem meiner Mitarbeiter. Ich hatte einige Dinge mit ihm zu besprechen. Also traf ich mich mit ihm in einem Restaurant. Er sagte bereits am Telefon, dass er heute in Begleitung erscheinen würde. Eine junge Frau aus der Firmenzentrale wäre den ganzen Tag bei ihm. Ich erinnerte mich wieder an die eMail, in der ich darüber informiert worden war. Wie dem auch sei, ich traf mich mit den beiden. Als ich aus dem Auto stieg, sah ich die kleine Süße zum ersten Mal. Sie war völlig anders, als ich erwartet hatte. Einfach...süß und sexy! Sie hieß Anja! Nach einer freundlichen, aber förmlichen Begrüßung legte ich aber sofort den Schalter um und setzte meine professionelle Arbeitsmaske auf. Ich besprach mit meinem Mitarbeiter alles, weshalb ich mich mit ihm getroffen hatte, und wir tranken einen Cappuccino! In dieser Zeit saß sie mit am Tisch und hörte uns aufmerksam zu. Als wir fertig waren, wollte ich nicht unhöflich sein und begann ein Gespräch mit ihr. Im Laufe des Gesprächs erfuhr ich, wo sie wohnte, was genau ihre Arbeit in der Firma war und dass sie ein wunderbar offenes Wesen und einen fantastischen Humor hatte.

Ich weiß jetzt nicht, wie ich den nächsten Moment beschreiben soll, und ich weiß im Nachhinein auch nicht mehr, wie lange er dauerte, aber irgendwann sagte mein Mitarbeiter: „Hallo, ich bin auch noch da!" Ich habe keine Ahnung, wie lange wir uns anschauten. Die Zeit war für mich einfach stehengeblieben. Es war ein magischer Moment. Als wir nach dem Zwischenruf meines Mitarbeiters aufwachten, gab ich ihr eine Visitenkarte und fragte, ob sie Lust hätte, auf eine Firmenveranstaltung am kommenden Wochenende zu kommen. Ich verabschiedete mich freundlich und ging. Das war alles. Als ich wieder im Auto saß, kamen die Gedanken zurück. Die ganzen festgelegten Standpunkte und Argumente, dass es sowieso nie was werden konnte. Sie wohnte in zweihundert Kilometer Entfernung und war viel zu attraktiv, um sich mit mir einzulassen, sie hatte mit Sicherheit einen Freund. Und sie arbeitete in derselben Firma wie ich. Also: vergiss sie!

An diesem Beispiel sieht man sehr schön, wie unsere festgelegten Standpunkte uns bremsen. Ich redete mir durch meine früheren Erfahrungen und die Angst, hier einen Fehler zu machen, wenn ich diese Frau wiedersehe würde, ein, dass das nichts werden könnte. Erinnerst du dich? Durch meine Erfahrung mit einer anderen Kollegin war mein Standpunkt: nie wieder! Und genau das passierte jetzt wieder. Das konnte ich nicht zulassen. Der Zauber war da. Der Funke war übergesprungen. Aber ich wollte es nicht wahrhaben, denn ich sah nur die negativen Konsequenzen, die sich daraus vielleicht ergeben könnten. Ich wollte meine Gefühle nicht wahrhaben und verschloss mich vor der Möglichkeit, diese Frau besser kennenzulernen. Ich hatte Gedanken wie: Das geht sowieso wieder nicht gut. Du setzt deine Karriere aufs Spiel, und am Ende wirst du genauso enttäuscht wie immer, wenn du dein Herz öffnest. Das war die Botschaft, die ich durch meine Ängste und Standpunkte empfing. Meine Angst hatte wieder die Oberhand. Und ich handelte danach. Ich blieb also in meinem Hamsterrad.

Oktober

Mein "Vergiss sie!" und die Tatsache, dass ich derart mit der Arbeit beschäftigt war, ließ mich nicht weiter darüber nachdenken. Es war ein schöner Moment gewesen, und ich würde ihn immer in Erinnerung behalten. Aber es war nicht möglich, eine Beziehung mit ihr überhaupt in Erwägung zu ziehen. Also machte ich weiter wie bisher. Ich suchte wieder Kontakt zu der Schulfreundin meiner Schwester, die ich vor einigen Wochen auf dem Fest getroffen hatte. Wir verabredeten uns zu einem Spaziergang mit ihrem Hund, und dann trafen wir uns öfters. Alles lief bestens. Meine viele Arbeit machte sich bezahlt, und ich feierte beruflich Erfolge. Außerdem war die Frau gar nicht so schlecht: intelligent, schön, schlank, langes blondes Haar, sie wohnte nur zehn Minuten zu Fuß von meiner Wohnung entfernt, und unsere Eltern kannten sich. Sie war selbstständig und hatte ihr berufliches Leben im Griff. Was wir noch gemeinsam hatten, waren unsere Enttäuschungen in der Vergangenheit in Sachen Liebe. Alles in allem eine super Sache! Es passte genau! Nur fehlte etwas: die sexuelle Anziehung, die ich sonst immer am Anfang einer Beziehung empfunden hatte, war nicht so stark, wie ich es mir gewünscht hätte. Aber ich redete mir ein, dass meine Gefühle in Sachen Sex hier nicht wichtig wären. Bisher war es schließlich so, dass jede Beziehung, die ich auf Grundlage der Sexualität eingegangen war, zur Trennung führte. Also beschloss ich, dieses Mal nicht auf meine Triebe zu hören, sondern auf meinen Verstand. Ich empfand wirklich etwas für diese Frau, und ich sagte mir immer wieder, dass wir noch ganz am Anfang stünden. Wir hatten uns ja noch nicht einmal geküsst. Lass dir und ihr Zeit, dann kommt der Rest von allein.

Alles lief nach Plan, und keinerlei Verwicklungen waren am Horizont zu sehen. Deshalb war der Telefonanruf, den ich einige Wochen später erhielt, auch völlig überraschend. Dieser Telefonanruf änderte mein Leben. Aber erst stürzte er mein perfektes Singleleben mit guten Aussichten auf eine schöne Partnerschaft in ein totales Chaos. Wenn ich Chaos schreibe, dann meine ich Chaos!

Sowohl auf der Gefühlsebene, als auch auf der Seite des Verstandes. Ich war am Sonntagnachmittag zu Hause und genoss das Wochenende, als mein Firmenhandy klingelte! „Hi, hier ist Anja!“ Ich kannte weder die Stimme, noch kannte ich eine Anja. Deshalb war ich auch etwas unsicher, wie ich reagieren sollte. Sie merkte das natürlich und fragte dann sofort: „Weißt du, wer ich bin?“ Ich antwortete wahrheitsgemäß mit: „Nein, im Moment nicht!“ Sie lachte nur und sagte dann: „Erst auf die Firmenveranstaltung einladen, und dann einfach nicht mehr melden!“ Da klingelte es bei mir. Die kleine Süße, die ich durch meinen Mitarbeiter kennengelernt hatte! Die aus der Firma. Ich war mehr als überrascht.

Wir unterhielten uns mindestens zwei Stunden über Gott und die Welt. Es waren tolle zwei Stunden, denn wir waren sofort auf einer Wellenlänge. Es gab keine Begrenzungen oder Richtlinien, an die wir uns halten mussten. Keine Kollegen, die zuhörten, keine Freunde, die bewerteten, und keine Ängste vor einer Abfuhr. Denn ich wollte von dieser Frau ja nichts! Ich sagte zu mir selbst, dass Anja niemals ein Thema in meinem Beziehungsleben spielen würde, daher erzählte ich ihr alles völlig offen und ohne Angst vor Ablehnung. Wir redeten über Freunde, die gemeinsamen Kollegen, die wir kannten, über unsere Essgewohnheiten, Filme, Musik, Autos – einfach alles. Auch über Sex! Unsere sexuellen Erfahrungen nahmen einen großen Part in unserem Telefongespräch ein. Wir telefonierten zum ersten Mal miteinander, aber sie war mir vertraut wie ein bester Freund, den ich seit fünf Jahren nicht mehr gesehen hatte. Ich kann mich noch an meinen letzten Satz erinnern, als wir uns verabschiedeten: „Ich glaube, wir haben die Grenzen bei einem ersten Gespräch weiter ausgedehnt, als jemals jemand vor uns!“ Während des Telefonats waren wir frei von Ängsten und Zweifeln.

Es war einer der seltenen Momente in meinem Leben, in dem ich mir zu keinem Zeitpunkt Gedanken darüber machten wollte und musste, was mein Gesprächspartner eventuell über mich dachte. Es war mir einfach egal! Es war mir egal, ob sie mich mochte oder hassen würde, es war mir egal, ob wir uns wiedersehen würden oder nicht, es war mir egal, was sie über mich dachte. Es war herrlich! Aber sofort, nachdem wir aufgelegt hatten, meldete sich dann auch schon mein Verstand mit all seinen Vorurteilen, Standpunkten und Einschränkungen. Gutes Telefonat, aber vergiss sie. Sie arbeitet in der gleichen Firma, sie wohnt zweihundert Kilometer weit weg, bla, bla, bla..., also entschloss ich mich, dieses Telefonat nicht weiter zu beachten.

An dieser Stelle etwas ganz Wichtiges: Höre auf deine Gefühle und versuche deinen Verstand einfach einmal abzuschalten! Jedes Mal, wenn deine Gefühle etwas wollen und der Verstand dagegenhält, entsteht das, was man als Gefühlschaos bezeichnet. Wir sind dann unausgeglichen und nicht zufrieden mit der Situation. Der Verstand sagt dann: Ist doch alles OK! Kümmere dich um deine anderen Baustellen und höre nicht auf deine Gefühle. Die haben dich in der Vergangenheit immer wieder in die Irre geführt.

Und deine Gefühle werden dadurch unterdrückt. Aber sie wehren sich! Sie bauen etwas auf, was wir als Sehnsucht und Verlangen bezeichnen. Und damit beginnt das Chaos. Die Gefühlswelt sagt: Ich wünsche mir das und das, um glücklich zu sein. Der Verstand hält mit seinen Prinzipien und Dogmen dagegen und sagt: Aber das ist nicht gut für dich! Halte dich an deine Erfahrungen, dann kann nichts schiefgehen. Und natürlich hören wir hier meistens auf unseren Verstand, denn unsere Gedanken können wir beeinflussen, unsere Gefühle nicht. Und das macht uns Angst. Hallo Hamsterrad.

☆☆☆

Verstand und Gefühle

Die Ausübung von Taten gegen das innere Gefühl des Rechts untergräbt die Kraft unserer Wahrheitserkenntnis, sie verwirrt den rechten Sinn der edlen, hohen Einfalt unserer Grundbegriffe und Grundempfindungen.

Johann Heinrich Pestalozzi, *Ausgewählte Schriften*

Verstand und Gefühle – zwei Welten treffen aufeinander. Der Verstand ist immer aktiv, der einzige Zeitpunkt, an dem wir ohne ihn auskommen, ist, wenn wir schlafen. Und selbst dann arbeitet unser Verstand. Er verarbeitet dann alle Informationen und Eindrücke, die sich im Laufe des Tages angesammelt haben. Daher sagen wir auch: Da muss ich erst einmal drüber schlafen. Denn während wir schlafen, wird unsere Festplatte aufgeräumt. Es wird sortiert, und am nächsten Morgen sehen wir manche Probleme, die am Tag vorher noch als unlösbar galten, plötzlich in einem ganz neuen Licht.

Unser Verstand versucht während unserer Schlafphase, Ordnung ins Chaos zu bringen. Er kommuniziert mit unseren Gefühlen und unserem Körper, ohne dass wir darauf Einfluss nehmen können. So gesehen ist der Verstand nicht nur eine Ansammlung von Wissen, sondern ist dafür da, die Ordnung beizubehalten. Aber er ist auch ein Speicher für unsere Erfahrungen. Es gibt Erfahrungen, die sind wichtig für uns. Wenn ein Kind sich an der Herdplatte verbrannt hat, wird diese Erfahrung abgespeichert, und in Zukunft wird es nicht mehr hinfassen. Wir wachsen durch diese Erfahrungen. Aber es gibt auch Erfahrungen, die uns bremsen. Wenn unser Verstand eine Erfahrung erst einmal als negativ einstuft, dann wird er alles dafür tun, damit er diese Erfahrung nicht noch einmal machen muss. Daher gibt es auch diese Schwierigkeiten, wenn unser Verstand die Gefühle nicht wahrhaben will. Wer sich einmal die Finger verbrannt hat, der will nicht noch einmal hinfassen.

Eines meiner Lebensmottos seit vielen Jahren war immer: Jede negative Erfahrung ist eine positive Erfahrung! Ich habe das leider meist nur auf meinen Arbeitsalltag angewendet. Denn mir war immer bewusst, dass diese Erfahrungen wichtig waren, damit mir der Fehler nicht noch einmal passierte. Auch so ein Motto von mir war: Fehler sind erlaubt, aber mache jeden Fehler nur einmal! Das funktioniert in der Arbeitswelt, in der materiellen Umgebung.

In der Welt des Verstandes ist diese Einstellung gewinnbringend und gut. So können wir reifen und entwickeln uns weiter. So lernen wir dazu. Der Verstand handelt dann aus der Erfahrung heraus, und Dinge, von denen wir früher dachten, das schaffen wir nie, sind mittlerweile zur Routine geworden. Wir denken nicht einmal mehr bewusst darüber nach, sondern handeln so, wie unsere Erfahrung es uns in vergleichbaren Situationen in der Vergangenheit gelehrt hat. Und diese Erfahrungen sind es auch, die unser Gefühlsleben im Zaum halten, im positivem, wie auch im negativem Sinn. Wenn wir Wut empfinden, dann sagt unser Verstand, wir sollen uns jetzt nicht gehen lassen, sondern die Fassung bewahren. Wenn wir Liebe empfinden, redet unser Verstand auch mit rein.

Für unseren Verstand ist es sehr schwer, alle Gefühle richtig zu bewerten, da er immer auf die Erfahrungen aus der Vergangenheit zurückgreift. Und jedes Mal, wenn unsere Gefühle sich melden, weil sie uns etwas mitteilen wollen, hat unser Verstand das letzte Wort, welche Richtung wir einschlagen. In Sachen Liebe ist es daher eher hinderlich, auf unseren erfahrungsreichen Verstand zu hören. Dann entsteht das sogenannte Gefühlschaos und die damit verbundenen Auswirkungen in all ihren Facetten.

Wenn ich mich scheiden lasse, verliere ich viel Geld. Wenn ich meinen Job kündige, verliere ich die Sicherheit, die ich mir in all den Jahren hart erarbeitet habe. Wenn ich glücklich sein will, muss ich noch mehr Geld verdienen, also muss ich noch härter arbeiten. Aber unsere Gefühle melden sich und sagen ständig: Ich bin hier nicht glücklich! Und was macht der Verstand? Er ignoriert es oder interpretiert unsere Gefühle falsch. Eben auf Grundlage der vergleichbaren Erfahrungen aus der Vergangenheit. Er braucht immer ein Sicherheitsnetz. Deshalb ist es mit zunehmendem Alter immer schwerer, seine Gefühle auszudrücken, diese zuzulassen und auf sie zu hören. Aber so findet keine Entwicklung statt. Ein Beispiel aus meiner Vergangenheit ist hier ideal, um es zu beschreiben.

Ich war bereits seit über zehn Jahren in der Firma tätig und hatte mich hochgearbeitet. Vom Azubi über den Posten eines Abteilungsleiter zum Projektleiter, bis hin zur oberen Führungsebene. Ich kannte die internen Strukturen, zwischenmenschlichen Besonderheiten und die Firmenkultur aus dem Effeff. Ich war schließlich damit groß geworden. Mein Chef über all diese Zeit war ein guter, wenn auch strenger Lehrer, der mich immer wieder forderte und förderte, aber auch bremste, wenn ich im Begriff war, übers Ziel hinauszuschießen. Klingt nach einem guten Chef, oder? Im Nachhinein betrachtet, war er es auch, aber er war auch oft ein herablassender, wütender Patriarch. Ich hatte in dieser Firma Karriere gemacht, ich war zu 100 Prozent loyal und trug schwierige Entscheidungen immer mit. Ich war glücklich. Regelmäßig, alle drei Jahre, hatte ich die Chance, eine neue Karrierestufe zu erklimmen. Die damit verbundenen Herausforderungen ließen meine Professionalität, meine Erfahrungen und mein Wissen reifen.

Die letzte Position in der Firma, auf der ich beinahe fünf Jahre arbeitete, war am Schluss eine Qual. Ich konnte nach drei Jahren nichts mehr dazulernen. Ich machte alles nur noch aus der Routine und der Erfahrung heraus. Und es sah auch nicht so aus, dass der nächste Karriereschritt kommen würde. Ich wusste, dass ich hier nicht mehr glücklich war. Also musste ich etwas ändern. Aber ich hatte Angst davor, die Firma zu verlassen. Ich hatte so hart gearbeitet und wollte das nicht einfach aus einer Laune heraus wegwerfen. So machte ich weiter...

Als dann noch meine langjährige Beziehung zu einer Medizinstudentin (wir haben zusammen gewohnt) in die Brüche ging, war ich noch mehr in meinem Job gefangen, denn er war das Einzige, was ich im Griff hatte. Ich arbeitete nur noch wie eine Maschine, ohne Emotionen und Leidenschaft – und ich hatte bereits innerlich gekündigt – aber ich hatte wahnsinnige Angst vor diesem Schritt im Außen und der Suche nach einer anderen Tätigkeit.

Bei diesem Beispiel erkennst du, wie meine Gefühle mir ununterbrochen mitzuteilen versuchten, dass ich mich auf einem falschen Weg befand. Aber mein Verstand sagte ständig: Ich habe in dieser Firma Karriere gemacht und zu hart gearbeitet, um das alles hinzuschmeißen. Irgendwann war meine Unzufriedenheit so groß, dass meine Gesundheit darunter zu leiden begann. Ich bekam wieder Neurodermitis. Diese Krankheit hatte ich als Kind und Jugendlicher am ganzen Körper sehr stark und war froh darüber, dass das alles hinter mir lag. Aber von einem Tag auf den anderen hatte ich wieder offene Hautstellen an meinen Händen.

Man sagt, dass unser Körper das Fenster zur Seele ist. Meine Gefühlswelt war derart unausgeglichen und vom Verstand her blockiert, dass meine Seele darunter litt. Manchmal kann unser Verstand wie eine Bremse wirken. Eine Bremse, den richtigen Weg zu gehen. Unsere Gefühle zeigen uns immer den richtigen Weg. Und der Verstand versucht, diese Zeichen zu deuten. Aber er interpretiert oft unsere Gefühle falsch oder versucht, sie aufgrund von vergangenen Erfahrungen oder einfach aus Angst vor dem Ungewissen zu bewerten oder gar zu ignorieren. Diese Tatsache war auch eine Bremse in meiner Beziehung zu Anja...

November

Nach unserem ersten Telefonat sagten meine Gefühle, ich könnte die Frau wieder einmal anrufen. Es war schön, mit ihr zu reden. Wir waren auf einer Wellenlänge. Aber mein blockierter Verstand redete ständig dagegen. Und er hatte einfach die besseren Argumente, die gegen ein erneutes Telefonat oder gar ein Treffen sprachen. Also wendete ich mich wieder meiner Arbeit zu, meinem Singleleben und der Schulfreundin meiner Schwester. Mein Verstand war wieder auf dem Weg, den er für richtig hielt. Das ganze ging cirka zwei Wochen gut, dann fingen Anja und ich an, SMS und eMails auszutauschen. Ich genoss die kleinen Kontakte mit ihr und sagte mir immer: Es sind ja nur SMS-Nachrichten.

Irgendwann kam es zu einem zweiten Telefongespräch. Wenn wir bei unserem ersten Telefonat die Grenzen des üblichen Kennenlernens ausgedehnt hatten, so überschritten wir diese beim zweiten weit: Wir hatten Telefonsex! Beim zweiten Gespräch! Wir waren einfach heiß aufeinander, obwohl wir uns erst einmal gesehen hatten.

Spätestens jetzt war das Chaos perfekt. Meine Gefühle fuhren Achterbahn mit mir, aber mein Verstand sagte ständig: Vergiss sie! Aber da war es schon zu spät, ein Vergessen war nicht mehr möglich. Ich brauchte dringend eine Auszeit.

Ich hatte eine Woche Urlaub vor mir, und diesen Urlaub wollte ich nutzen, um mir über alles klar zu werden.

Das Ziel dieser Woche war klar definiert: Anja vergessen! Also schaltete ich mein Firmenhandy aus, sodass keinerlei SMS-Nachrichten von Anja mich erreichen konnten. Eine andere Nummer hatte sie nicht. Es war eine gute und entspannte Woche, ich erholte mich und gammelte so durch die Tage. Aber genutzt hat es nichts, denn vergessen konnte ich sie nicht. Verdrängen ja, aber vergessen? Keine Chance!

Ich traf mich immer noch mit der Blondine, die ich durch meine Schwester wiedergetroffen hatte. Bei einem gemeinsamen Abendessen mit anschließendem DVD-Abend bei mir zu Hause kam es zu ersten Küssen. Aber auch hier fehlte irgendetwas. Es funkte nicht zwischen uns. Als die Woche um war und ich mein Handy wieder einschaltete, waren zwei Nachrichten von Anja darauf. Warum ich mich nicht mehr melden würde usw. Also hatte ich zwar eine Woche Auszeit bekommen, aber das Problem war noch immer da. Ziel nicht erreicht! Was sollte ich also tun? Mein Verstand gab irgendwann klein bei und genehmigte mir eine SMS.

Hier siehst du, wie die Gefühle immer mehr die Oberhand gewinnen. Ich redete mir immer öfter ein, dass ich diese Frau wiedersehen wollte. Nur wiedersehen, nichts weiter. Einfach einen kleinen, vorsichtigen Schritt weiter. Mein Verstand hatte zwar immer noch Einwände und quakte dazwischen, aber die Argumente waren ausgelutscht. Ihm gingen die Ausreden aus. Stattdessen sagte ich immer wieder: Mal sehen, wo die Reise hingeht! Ich begann, meine Standpunkte und Prinzipien („Nie wieder") und meine Ängste über Bord zu werfen und ließ mich einfach treiben. Ich war neugierig, was passieren würde.

Dieses Kräftemessen zwischen meinem verkorksten Verstand und meiner Gefühlswelt dauerte sage und schreibe drei Monate. Und es war noch nicht beendet. Du wirst jetzt natürlich sagen, das hätte ich auch leichter haben können. Stimmt, aber räum erst mal bei dir auf, bevor du mich belächelst. Überlege doch mal, wann du nicht auf deine Gefühle gehört hast, sondern auf deinen von Erfahrungen geschulten Verstand. Schreibe die Situationen, die du in deiner Vergangenheit findest, in dein kleines Notizbuch. Aha, du hast auch schon oft auf deinen Verstand gehört? Denn merke dir: Wer im Glashaus sitzt, sollte im Keller bumsen!

☆☆☆

Sexuelle Anziehung

Wo das Vergnügen, das Verlangen nach Vergnügen, beharrlich verfolgt wird, ist die Angst ein unvermeidlicher Begleiter.

Krishnamurti, *Vollkommene Freiheit*

Schockiert dich oder gefällt dir der Spruch von der letzten Seite? Womit wir beim Thema sind: Sex, ficken, bumsen, vögeln. Du kannst es nennen, wie du willst, jeder sucht ihn, den fantastischen und welterschütternden Sex. Jegliche Arten von Sex bekommt man, seit die Menschheit aufrecht gehen kann, überall angeboten. Im ältesten Gewerbe der Welt zum Beispiel. Oder in der Neuzeit in Bars und Diskotheken, in denen nach drei Uhr morgens das Wort Resteficken oberste Priorität zu haben scheint. Jeder ist auf der Suche nach körperlicher Intimität.

Aber was ist dran an Sex, dass alle Menschen verrückt danach sind? Manche mehr, manche weniger. Aber alle suchen ihn. Manche Menschen, vor allem Männer, sind nicht auf Liebe angewiesen, um den Sex zu genießen. Frauen benötigen hierzu meist ein gewisses Maß an Vertrauen, aus dem durchaus Liebe entstehen kann. Aber wir alle wollen Sex. Wir alle haben Neigungen und Vorstellungen, die so unterschiedlich sind, dass allein hier die Suche nach dem richtigen Partner schwierig ist. Aber genau das ist meist der Beginn einer Beziehung und der Beginn einer Liebe. Durch Sex wird Vertrauen aufgebaut, eines der grundlegendsten Dinge, die zur Liebe nötig sind.

Die sexuelle Anziehung zwischen zwei Menschen kann so stark sein, dass sie alle Zweifel über Bord werfen, nur um die körperliche Intimität zu spüren. Unser Sexualtrieb ist in der Lage, alle Hürden des Verstandes, egal, ob Angst, Prinzipien oder Blockaden, zu überwinden. Einfach nur durch körperliche Anziehung. Diese schaltet den Verstand beinahe ab, er wird durch die Triebe verdrängt. In einem Fall von starker sexueller Anziehung ist der Verstand nicht mehr in der Lage, dazwischenzureden. Daher werden immer wieder Menschen miteinander schlafen, die es eigentlich nicht dürfen. Sei es, dass sie mit jemand anderem verheiratet sind oder zusammenarbeiten, oder weil sie oder er mit einem Freund beziehungsweise einer Freundin zusammen ist. Oder einfach den viel diskutierten One Night Stand.

Eigentlich nicht dürften? Wer sagt das? Die Kirche, die Erziehung, die Chefetage? Alle, die sich schon einmal über diese Regeln hinweggesetzt haben, haben es wahrscheinlich im Nachhinein bereut. Man wacht am nächsten Morgen auf und fragt sich, was man jetzt wieder verbockt hat. Zu diesem Zeitpunkt kommt der Verstand wieder und redet rein, dass das alles ein Fehler war. Aber getan hat man es trotzdem. Und alle halten es geheim. Niemand soll erfahren, dass man so etwas gemacht hat. Man erzählt es vielleicht noch der besten Freundin oder dem besten Freund.

Wir halten es geheim, um nicht als Schlampe oder Aufreißer zu gelten. Oder als leicht zu haben oder unprofessionell. Wie viele Menschen kennst du, die schon einmal

Sex mit einer Kollegin beziehungsweise einem Kollegen hatten? Drei? Fünf? Also ich kenne sieben, mich mitgezählt. Aber nach einer Umfrage hatte jeder dritte Deutsche schon einmal etwas mit einer Person aus seinem Arbeitsumfeld. Nach der Anzahl der Leute, die ich persönlich gut kenne, müssten es dann eigentlich so um die Dreißig oder Vierzig allein in meinem Freundes- und Bekanntenkreis sein. Fast jeder tut es, aber keiner redet darüber. Was ist dran an der sexuellen Anziehung, dass wir unseren Verstand, der sonst immer mitreden will, einfach ausschalten können? Bevor ich das beantworte, muss ich dir erzählen, wie es bei Anja und mir weiterging. Denn manchmal haben wir uns so sehr unter Kontrolle, dass ein richtiger Kampf zwischen unseren Gefühlen, Trieben und dem Verstand stattfindet.

Dezember

Aufgrund des erneuten SMS-Kontaktes vereinbarten wir ein Treffen. Ich war beruflich in ihrer Gegend unterwegs und checkte in einem Hotel in ihrer Stadt ein. Mit großer Vorfreude und einem gewissen Maß an Nervosität fuhr ich zu ihr und fand erst einmal den Eingang zu ihrem Haus nicht. Ich ging im Dunkeln über die Rasenflächen anderer Leute und dachte schon, sie hätte mir eine falsche Adresse gegeben. Als ich dann klingelte und sie die Tür öffnete, war ich hin und weg. Meine sonst so lockere Art, auf andere Menschen zuzugehen, war komplett verschwunden. Wir unterhielten uns den ganzen Abend, wobei die sexuelle Anziehung derart stark war, dass ich mich unglaublich zurückhalten musste. Ich meine damit, dass mein Verstand mich immer wieder warnte: Nur treffen, du wolltest sie nur wiedersehen, mehr ist nicht drin. Außerdem hat sie riesiges Vertrauen bewiesen, dass sie dich in ihre Wohnung eingeladen hat. Also bleib Gentleman und halte dich zurück.

Irgendwann hielt ich es nicht mehr aus und sagte nur, dass ich jetzt gehen müsste. Beim Hinausgehen machte sie noch eine Wohnungsführung mit mir. Sie zeigte mir ihre Küche, ihr Bad und ihre Besenkammer. Als sie die nächste Tür erreichte, sagte sie nur: „Und das ist mein Arbeitszimmer." Die Tür ging auf, und ich sah ins Schlafzimmer! OK, dachte ich, wie soll ich das jetzt verstehen? Mir gefiel der Spruch, und er machte mich noch mehr an, wenn das überhaupt noch möglich war. Ich ging zur Wohnungstür und drehte mich um. Da stand sie und war so süß und sexy. Nach einem tiefen Blickkontakt sagte ich: „Es ist besser, wenn ich jetzt gehe." Du Idiot, wirst du jetzt sagen! Normalerweise würde ich dir beipflichten, aber mein Verstand war nicht bereit, diese Grenze des ersten Kusses zu überschreiten. Ich konnte mich einfach nicht fallenlassen. Sie lächelte mich an, stimmte mir zu und gab mir einen Kuss auf die Wange. Ich wartete noch, bis sie die Tür geschlossen hatte, legte dann meine Hände über die Augen und atmete tief ein und aus. Glaube mir, ich habe in dieser Nacht nicht eine Minute geschlafen, und die kalte Dusche hat auch nicht wirklich was gebracht.

Das Zusammenspiel von Verstand, Gefühlen und

meinem Sextrieb in der nächsten Zeit als chaotisch zu bezeichnen, wäre eine Untertreibung. Mein Verstand hatte nach diesem Abend immer noch das Sagen. Er behielt die Oberhand und meine Gefühle waren derart enttäuscht, dass ich mich richtig schlecht fühlte. Ich dachte darüber nach, jeden Tag, stundenlang, tagelang. Und meine sexuelle Fantasie unterstützte meine Gefühle. Nun hieß es: Zwei gegen einen. Meine Gefühle hatten einen mächtigen Verbündeten gefunden: meinen Sexualtrieb.

Wie wir festgestellt haben, ist unser Sexualtrieb in der Lage, unseren Verstand zu unterdrücken. Unsere Lust auf körperliche Liebe übernimmt dann einfach die Oberhand. Jetzt war ich in einer Situation, in der meine Gefühle für diese Frau und meine Triebe gemeinsam auf meinen Verstand einhämmerten. Und der gab irgendwann nach. Aber wie es für einen logischen Verstand üblich ist, stellte er eine Bedingung: Wir setzen alles auf eine Karte. Entweder – oder. Nach dem Motto: Wir fallen mit der Tür ins Haus, und ihr werdet dann schon sehen, was ihr davon habt. Alles oder nichts! Es musste eine Entscheidung getroffen werden, damit dieser Kampf endlich ein Ende hatte. Und die Entscheidung musste Anja treffen.

Jetzt siehst du, wie idiotisch sich ein Männergehirn verhalten kann. Und Frauen sagen immer, Männer zu verstehen, sei unmöglich. Wir verstehen uns ja selbst nicht. Unsere Erziehung in Bezug auf Erfolgsstreben, Beruf, Karriere, starkem Verhalten und keine Gefühle zu zeigen ist derart fest in unserem Verstand verankert, dass dieser uns immer und überall im Weg steht. Sobald wir Männer die Gefühle spüren, versucht unser konditionierter Verstand, sie zu kontrollieren. Er hat immer das letzte Wort, er trifft die Entscheidung. Auch wenn er weiß, dass er im Unrecht ist. Wir können nicht anders. Genauso ist es nämlich auch anders herum. Wenn unserem Verstand einfällt, er bräuchte wieder einmal Sex, dann sind ihm Gefühle vollkommen egal. Dann verbündet er sich mit dem Sextrieb, und somit haben die Gefühle nichts mehr zu sagen. Wenn sich dann eine Gelegenheit bietet, wird geflirtet, geackert und manipuliert, was das Zeug hält. Mit nur einem einzigen Ziel: mit dieser Frau Sex zu haben. Das ist der zielbewusste, erfolgsorientierte, alles kontrollieren wollende Verstand eines Mannes. Wir können nicht anders. Erinnerst du dich noch an die Frage: Was ist dran an der sexuellen Anziehung? Sie ist wie das Zünglein an der Wage, das Gewicht, das unsere Entscheidungen in Sachen Partnerschaft und Liebe zum anderen Geschlecht beeinflusst.

Nachdem mein Verstand alle Ängste und Standpunkte Anja betreffend auf Seite geschoben hatte (nur auf die Seite geschoben), war es mir völlig egal, wie die Sache ausgehen würde. Es war mir egal, ob ich danach arbeitslos wäre oder sie sich als nudelholzschwingende Furie herausstellen würde. Ich wollte diese Frau! Meine Gefühle hatten endlich freie Bahn. Genauso wie meine sexuelle Fantasie. Und diese nutzte ich jetzt.

Anja und ich hatten uns immer lustige Mails zugeschickt, lustige Filmchen oder bizarre Power-Point-Prä-

sentationen. Das Internet ist voll davon. Jedenfalls sendete sie mir das polnische Trinkspiel mit dem Hinweis: „Das können wir ja mal spielen!“. Ich wusste, dass sie das nicht ernst meinte, denn auf jedem Feld, auf das man sich würfelt, musste man trinken. Im Endeffekt wären wir nach der halben Spielfeldrunde so betrunken, dass wir nicht mehr unsere Namen wüssten. Ich nahm mir aber das Spielprinzip als Beispiel und entwarf mit Hilfe von Excel ein neues Spielfeld. Mit anderen Aufgaben, die zu erfüllen waren. Nicht nur trinken. Da war zum Beispiel das Feld: Beantworte eine intime Frage, oder das Feld: Stell eine intime Frage. Auch ein Feld: Gib deinem Spielpartner einen Kuss war vorhanden. Ich ließ meiner Kreativität freien Lauf, sodass auch Felder im Spiel waren, wie zum Beispiel: Hast du noch ein Oberteil an? Ausziehen! Oder: Lass deine Hände auf den Rücken binden. Das Spiel und alles, was damit zusammenhängt, war nur auf zwei Ziele hin aufgebaut: Sex und den Beginn einer Partnerschaft. Wie schon gesagt – alles oder nichts!

Erstaunlich hierbei ist es zu sehen, mit welcher Leidenschaft und Zielorientiertheit ich die ganze Sache geplant hatte. Wie eine Strategie. Meine Gefühle, meine Triebe, meine Fantasie, meine Kreativität und auch mein Verstand arbeiteten so präzise zusammen, wie ich es nur von meinem Beruf her kannte. Es ist bei jedem Menschen so. Sobald einmal eine Entscheidung getroffen ist, stehen uns alle unsere Fähigkeiten uneingeschränkt zur Verfügung. Wir sind dann gut vorbereitet und bereit, unser Sicherheitsnetz zu verlassen, um auf ein Abenteuer zu gehen. Denn alles beginnt mit einer Entscheidung.

Überlege dir einmal, welche Gefühle du in einer solchen oder ähnlichen Situation hattest. Zum Beispiel: verliebt, Glück, Freude, Erwartung, Neugierde..... Schreibe sie in dein kleines Notizbuch!

Nun, da ich mich vorbereitet hatte, stand zwischen mir und dem Ziel nichts, rein gar nichts mehr im Weg. Doch, eine Sache noch – Anja! Was würde sie davon halten? Wie würde sie reagieren? Nun...

Wir vereinbarten ein erneutes Treffen. Ich buchte wieder ein Hotelzimmer in ihrer Stadt, wir gingen zum Chinesen und unterhielten uns ungezwungen und frei über alles Mögliche. Ich lenkte das Thema auf den letzen Abend bei ihr und sagte ganz offen, dass ich an diesem Abend richtig heiß auf sie gewesen sei. Ihre Reaktion war – lächeln mit dem Satz: „Ich auch auf dich.“ OK, ich hatte also grünes Licht, die Sache weiter zu vertiefen. Ungeduldig wie ich war, präsentierte ich ihr das Spiel zusammengefaltet in einem Umschlag und sagte, ich hätte das polnische Trinkspiel für sie verändert. Sie schaute erstaunt und sagte nur: „So etwas hat noch nie jemand für mich gemacht.“ Dann legte sie den Umschlag ohne reinzuschauen auf den Tisch und setzte die Unterhaltung fort. Ich war etwas enttäuscht. Wie konnte sie nicht nachsehen, was drin war? War sie denn nicht ein bisschen neugierig? Das bremste meinen Enthusiasmus rapide.

Aber der Abend war, wie immer, wenn wir zusammen waren, wunderschön. Ich genoss es einfach, in ihrer Nähe zu sein. Als wir gegessen hatten, fuhren wir zu ihr nach Hause. Dort angekommen, legte sie den Umschlag auf den Wohnzimmertisch und machte keinerlei Anstalten, sich den Inhalt anzusehen. Na schön, dachte ich. Dann eben nicht. Nachdem wir uns eine ganze Weile unterhalten hatten, ging sie aus dem Zimmer. Ich sagte nur zu mir: Alles oder nichts! Ich machte den Umschlag selbst auf und legte das Spiel offen auf den Tisch. Als sie wiederkam, sagte ich nur: „Dich scheint das ja nicht zu interessieren, oder?" Ich mache es kurz, sie war begeistert, wir spielten das Spiel und machten da weiter, wo wir bei unserem zweiten Telefonat aufgehört hatten. Es war fantastisch. Aber sofort am nächsten Tag ging das Gequake von meinem Verstand wieder los: Jetzt hast du es geschafft! Wieder eine Kollegin! Du lernst echt nicht dazu. Es war bisher ja nur Sex, aber bitte...verliebe dich nur nicht. Das wird nicht funktionieren, bla. bla. bla... Ich war keinen Schritt weiter – meine Triebe sagten „ja", meine Gefühle sagten „vielleicht", und mein Verstand sagte ganz klar „nein!" Warum meine Gefühle plötzlich nur „vielleicht" sagten? Weil mir eine Bestätigung von ihr fehlte, dass auch bei ihr Gefühle für mich da waren. Oder war alles nur sexuell? Jetzt war das Chaos sogar noch größer als vorher...

Was war passiert? Meine Gefühle waren doch an ihrem Ziel angekommen. Aber plötzlich war alles anders. Ich war mir nicht mehr sicher, ob ich den richtigen Weg eingeschlagen hatte. Warum dieser Sinneswandel? Ich hatte wieder Angst davor, einen Fehler gemacht zu haben. Es ist doch so: Jedes Mal, wenn wir uns fallengelassen und unser Sicherheitsnetz kurz aufgegeben haben, klammern wir uns danach an unsere alten Muster und meinen, diese wären allgemeingültig und immer anwendbar. Geht es dir nicht auch manchmal so? An einem Abend trinkst du zu viel und amüsiert dich köstlich auf einer Party oder mit Freunden, und am nächsten Tag hast du ein schlechtes Gewissen, weil du deinen Emotionen freien Lauf gelassen hast. Das nenne ich echt verkorkst. Wovor haben wir eigentlich solche Angst? Vor dem, was andere über uns denken? Oder davor, über die Strenge geschlagen zu haben? Wir sind so in diese scheinbar perfekte Welt integriert, dass ein Ausrutscher uns teurer zu stehen kommen kann. Das redet uns unser Verstand zumindest ein. Und dieser erwartet jetzt eine Bestätigung, dass der Weg richtig ist – er will wieder ein Sicherheitsnetz.

Ich wollte Klarheit über ihre Gefühle zu mir, also versuchte ich bei unserem nächsten Treffen, Informationen darüber zu bekommen. Ich mache es kurz – sie war wie zugemauert. Ich bekam von Anja nicht ein bisschen Entgegenkommen oder einen Hinweis, wie es mit ihren Gefühlen um mich bestellt war. Rein gar nichts! Sie wich mir nur aus. Ich war frustriert. Also lief alles nur auf Sex hinaus. Na schön, wenn sie nur Sex will, dann soll sie auch nichts weiter kriegen. Warum auch nicht, denn der war fantastisch. Mein Ego war jetzt sehr aktiv. Ab diesem Zeit-

punkt war Ruhe im Gefühlschaos. Die Gefühle zogen sich enttäuscht zurück. Mein Verstand sagte: „Scheiß drauf", und mein Sexualtrieb war der lachende Sieger. Wie heißt es: Wenn zwei sich streiten, freut sich der Dritte!

Und hier ist nun das Beispiel, wie idiotisch sich ein Frauengehirn benehmen kann. Wovor hatte sie Angst? Ich verstand gar nichts mehr. Ich war jedenfalls immer noch in meinem Hamsterrad. Ich hatte wieder die Bestätigung, dass jedes Mal, wenn wir versuchen, unseren Gefühlen zu folgen, ein Vorschlaghammer kommt und uns einprügelt, nicht darauf zu hören. Sicherlich ist es so, dass wir dadurch wieder einmal um eine Erfahrung reicher werden, aber im Endeffekt ist es nur wieder die gleiche Erfahrung wie alle vorangegangenen, nur mit einer anderen Person. Unser Herz wird wieder weiter zugemauert, und unser Verstand bekommt seine Genugtuung, recht behalten zu haben.

Aber es hat nur bis zu diesem Moment so ausgesehen. Denn solche Situationen und Missverständnisse entstehen, wenn beide mit ihren Ängsten, Zweifeln und Standpunkten zu kämpfen haben. Das wusste ich aber zu diesem Zeitpunkt noch nicht. Woher auch, wir wussten ja noch nichts voneinander. Ich meine, die wirklich wichtigen Dinge. Also bestätigte mir diese Erfahrung wieder einmal, ich solle nicht auf meine Gefühle hören. Und durch solche Erfahrungen, die unser Verstand abspeichert, entsteht dann eine Angst, dass das alles ist, was man im Leben bekommt: Sex und Arbeit. Arbeit und Sex. Liebe? Was ist das eigentlich? Ich weiß nicht, wie es dir geht, aber ich hatte zu diesem Zeitpunkt keine Ahnung.

Warst du auch schon einmal an einem solchen Punkt? Vielleicht schon mehrmals? Jetzt bitte nicht aufgeben, denn das Ziel ist erreichbar – die wahre Liebe und wie sie sich anfühlt. Hast du ähnliche Erfahrungen schon gemacht? Dann schreibe in dein kleines Notizbuch, wie du darüber denkst. Alle Gefühle, die in dir stecken, wenn du daran denkst. Zum Beispiel: Wenn ich auf meine Gefühle gehört habe und enttäuscht wurde, dann empfand ich: Wut, Mutlosigkeit, Angst, Bestätigung, Verlust und so weiter... Es können auch positive Empfindungen sein: Glück, es hinter mir zu haben, oder: Ich kann mich dadurch besser auf meinen Job konzentrieren.

Alles, was du fühlst oder gefühlt hast...

☆☆☆

Lernen

Das Streben nach Weisheit beginnt mit dem aufrechten Verlangen, etwas zu lernen.

Bibelzitat

Jetzt wirst du dich fragen, warum ich hier ständig über Lügen und Ängste schreibe, die uns im Weg stehen. Über Verstand und Gefühle, und dass wir auf Letztere hören sollen. Und wenn man, wie geschildert, darauf hört und sein Herz öffnet, nur Sex bekommt, dann kann ich dich sehr gut verstehen, wenn du dich fragst, was das soll. Ganz ehrlich, als ich das letzte Kapitel (vor allem das Ende) geschrieben hatte, ging es mir danach auch nicht besonders gut. Ich war derart mürbe, mehr als damals, als ich es tatsächlich erlebt hatte. Es ist aber immens wichtig, dass du verstehst, dass das alleinige Öffnen deines Herzens nicht ausreicht. Es gehört mehr dazu, als dein Herz ein kleines Stück zu öffnen und dich auf ein Abenteuer einzulassen, wenn du die wahre Liebe finden willst.

Ich sagte dir am Anfang, dass es nicht einfach sein würde. Und der Weg, den wir gemeinsam noch gehen werden, ist, wie gesagt, steinig. Denn alles, was bisher geschehen war, war nur zum Aufwärmen. Das richtige Chaos begann erst noch. Ich wusste es zwar zu diesem Zeitpunkt noch nicht, aber ich hatte meinen Seelenpartner gefunden. Ich befand mich in einer karmischen Beziehung. Hört sich doch gut an, oder? Seelenpartner! Karma!

Nun, da wir dabei sind, in den nächsten Kapiteln die Formel der Liebe zu erklären, möchte ich noch kurz erzählen, was in den Monaten geschah, nachdem wir uns unausgesprochen auf eine sexuelle Beziehung eingelassen hatten. Denn erst dann wirst du am Schluss verstehen, was es mit einer karmischen Verbindung auf sich hat.

Januar

Die kommenden sieben Monate waren superschön, denn wir genossen die Zeit miteinander in jeder Minute. Ich hatte die Geschichte mit der kleinen Blondine beendet und mich bewusst für Anja entschieden. Wir waren übereingekommen, dass wir es innerhalb der Firma noch geheim halten wollten, da sie sich intern um eine Beförderung beworben hatte. Und wir wollten nicht, dass unsere firmeninterne Beziehung Einfluss auf die Entscheidung haben würde. Wäre zwar nicht rechtens, aber man weiß ja nie! Es gab keine Reibereien zwischen uns, und keiner von uns beiden musste sich zu irgendeinem Zeitpunkt verbiegen oder sich anpassen. Wir waren einfach wir selbst. Wir unterhielten uns, lachten, und wenn wir überhaupt Meinungsverschiedenheiten hatten, dann konnten wir bereits nach sehr kurzer Zeit darüber lachen.

Die Zeit über den Jahreswechsel, in der wir beide Urlaub hatten, war unser Auftakt in ein neues und wundervolles Jahr. Es entwickelte sich langsam so etwas wie Zuneigung. So dachten wir zumindest, aber in Wirklichkeit waren wir total in einander verknallt. Zu meinem Geburtstag, stand auf der Karte „Ich liebe dich!", und auch in diversen SMS erhielt ich die drei kleinen Worte von ihr. Wir unterhielten uns über eine gemeinsame Zukunft und hatten bereits vage Pläne über die Gründung einer Familie. Dieses Thema ging übrigens von ihr aus. Ich war bereit, ganz ehrlich. Ich hatte meine Traumfrau gefunden. Schluss mit Singlekrieg und Flirtkämpfen. Dass Anja ab und zu von ihrer Spiritualität erzählte und mit Worten wie Reiki, Familienaufstellung und mentaler Verbindung um sich warf, störte mich nicht weiter. Ich verstand zwar damals nicht, was das alles bedeutet, aber ich hörte gerne zu. Sie schenke mir das Buch „Bewusst-Sein", das ich aber nur kurz anlas, dann als für mich völlig unverständliches Zeug einstufte und zwischen die Zeitschriften auf der Toilette legte. Ich nahm mir vor, immer mal darin zu lesen, wenn eine Sitzung anstand.

Wie dem auch sei, alles war wie ein wunderbarer Traum. Ich war am Ziel, eine Beziehung, wie ich sie mir immer gewünscht hatte. Wir konnten nicht mehr ohne den anderen. Das gipfelte dann nach einem halben Jahr in einem gemeinsamen Traumurlaub auf Mallorca. Es war herrlich. Alles in Ordnung und keine dunklen Wolken am Horizont zu sehen. Zumindest für mich nicht. Als wir aus dem Urlaub kamen, kümmerte sich jeder erst einmal um seine Dinge: Job, Freunde, Familie und dergleichen. Wir telefonierten täglich und sahen uns so oft, wie möglich. Bis dann drei Wochen nach unserem Urlaub ein Anruf von ihr kam mit der Bitte, in meine privaten eMails zu schauen.

Ich werde diese eMail nicht im Detail einfügen, denn es sind zwei Seiten voller persönlicher Worte, die mit „Hallo Süßer..." begannen und mit „...bitte dreh nicht durch!" endeten. Die Kernaussage der Nachricht war: Sie wusste nicht, ob sie mich liebte!

Meine erste Reaktion war Unverständnis und Wut. Nachdem ich mit ihr telefoniert hatte und dieses Gespräch nicht wirklich neue Erkenntnisse brachte, wusste ich, dass ich wieder einmal auf das falsche Pferd gesetzt hatte. Ich war total am Boden, sowohl geistig als auch körperlich, und ich hatte zu diesem Zeitpunkt den Glauben an die Liebe gänzlich verloren. Es war bereits zu oft in meinem Leben geschehen, dass ich, nachdem ich mich auf jemanden eingelassen hatte, vor einem Scherbenhaufen meiner Gefühle stand. Ich wollte nicht mehr! Es war vorbei! Ich verabscheute in diesem Moment dieses Gefühl, das wir Liebe nennen, mit jeder Faser meines Körpers. Denn ich empfand nur Schmerz. Für mich war zu diesem Zeitpunkt Liebe gleichbedeutend mit Schmerz.

Juli

Ich versuchte, meine Gefühle und Gedanken zu sortieren. Ich war noch einmal bei ihr, und wir telefonierten in den darauffolgenden Tagen mehrfach. Dabei versuchte ich, durch Fragen und Argumente dahinterzukommen, was das Problem war. Aber Entscheidungen, die eine Frau aufgrund eines Gefühlchaos getroffen hat, lassen sich durch logische Argumentation nicht beeinflussen. Das wusste ich durch die Erfahrungen meiner Vergangenheit. Also drehte ich mich herum und war im Begriff, wieder einmal nach meinem üblichen Muster weiterzumachen: Single, Sex und Party, bis mir die Nächste über den Weg lief. Und zwar schnellstmöglich. Ich sagte mir: Aus der Sache kommst du nur nach vorne wieder raus! Ironischerweise war ich aber auf dem Weg zurück und nicht nach vorn. Erinnerst du dich – ich war im Begriff, mich weiterhin in meinem Hamsterrad aufzuhalten. Aber ich konnte nicht anders, mein Verstand zeigte mir alle alten Muster und Erfahrungen. Und seine Argumentation war lückenlos und plausibel. Nun war ich also wieder am Anfang. Ich war wieder allein! Die Angst, alleine zu sein, hatte sich bewahrheitet. Nur dieses Mal schmerzte es sehr. Stärker als jemals zuvor. Ich war nicht fähig, auch nur einen klaren Gedanken zu fassen. Noch am darauffolgenden Wochenende fing ich an, mich nach einer anderen Frau umzusehen. Die kleine Blonde fiel mir wieder ein: Was sie wohl so trieb?

Und hier siehst du meine wahre Angst: Ich konnte es nicht ertragen, alleine zu sein. Und genauso folgen die meisten in solchen Situationen ihren Ängsten, damit der Schmerz aufhört. Diese Angst ist so übermächtig, dass wir gar nicht in der Lage sind, sie auszuhalten. Wir wollen nur eins – den Schmerz, die Enttäuschung und die Trauer loswerden! Und dafür sind wir bereit, alles zu tun. Dieser Schmerz war dazu da, damit ich lernte. Aber das wusste ich zu diesem Zeitpunkt noch nicht. Aber alles, was uns interessiert, ist, schnellstmöglich den Schmerz zu beenden und unser Leben weiterzuleben. Mit einem geliebten

Partner an unserer Seite. Wir stellen uns nicht einmal die Frage, was schiefgelaufen ist. Klar, wir sind uns keiner Schuld bewusst, denn unser Verstand sagt uns, dass wir doch alles richtig gemacht haben. Ebenso, wie er es uns in seiner begrenzten Sichtweise aus Prinzipien und Erfahrungen darstellt und einredet. Unser Verstand kann nichts dafür, er weiß es einfach nicht besser. Und wir hören auf ihn. Ich am Anfang auch...

August

Ich traf mich tatsächlich mit der kleinen Blonden. Sie freute sich darüber, mich wiederzusehen, und es kam auch zu kleinen Küssen. Ich fühlte gar nichts, ich war derart abgestumpft und zugemauert, dass ich zu keinerlei positiven Gefühlen mehr fähig war. Das Einzige, was ich fühlte, waren Schmerz, Verlust und Trauer! Interessanterweise rief mich Anja in regelmäßigen Abständen immer wieder an. Ihr ging es auch schlecht. Aber ob sie mich wirklich lieben würde, wusste sie nicht. Einer inneren Stimme folgend, kaufte ich mir ein kleines Notizbuch, das ich immer bei mir trug. In dieses Notizbuch schrieb ich alles hinein, was mich bewegte. Alle Gedanken und Gefühle...

Hast du dein Notizbuch noch? Ich hoffe doch sehr. Denn jetzt wirst du das gleiche tun, was ich getan habe: dir Gedanken über deine derzeitige Beziehungssituation machen. Und das schreibst du dann auf. Um es besser zu verstehen, zeige ich dir, wie ich angefangen habe. Ich schrieb erst einmal einen groben Überblick über die letzten Geschehnisse:

Scheiße, geht es mir dreckig! Was passiert hier?

Vor ein paar Tagen sandte Anja mir eine Mail. Sie ist nicht sicher, ob sie mich liebt. Meine erste Reaktion war Wut und Unverständnis. Ich versuchte zu reden und zu argumentieren.

Ich war verletzt und konnte keinen klaren Gedanken mehr fassen. Meine zweite Reaktion war wie immer: Ich wandte mich von ihr ab, geistig und gedanklich. Ich wollte sofort wieder neu anfangen, den Schmerz unter einem Berg aus Affären, Flirts und Experimenten zu begraben.

Aus der Sache kommst du nur nach vorne wieder raus, Martin. Also:

Alte Bekannte angerufen,
Treffen ausgemacht,
geredet, gelacht, geflirtet, geküsst.

ES WAR NICHT MÖGLICH!!! Die ganze Situation war falsch! Ich war falsch! In welcher Scheiße war ich hier?

Was tat ich hier gerade?

Das war der erste Eintrag. Nun stellst du mir wahrscheinlich die Frage, was du schreiben sollst? Da ich deine momentane Situation nicht kenne, kann ich dir nur einen Tipp geben: Schreib einfach, wie es dir geht und was in deinem Verstand so alles durchrauscht, während du auf deine Gefühle achtest oder deiner inneren Stimme zuhörst Ja, du hast richtig gelesen Deiner inneren Stimme zuhören. Einfach nur zuhören und aufschreiben, während du dich mit deinem persönlichen Problem beschäftigst. Deine innere Stimme ist unglaublich weise. Wir sollten eigentlich viel öfter Selbstgespräche führen, aber durch unsere Erziehung und die Konditionierung durch unsere Gesellschaft glauben wir, wir wären bescheuert, wenn wir das tun. Aber wenn du deiner inneren Stimme zuhörst, bist du weder verrückt noch bescheuert, sondern weise!

Noch ein Tipp: Versuche, deine Eintragungen häufig mit einer Frage zu beenden. Denn indem du die Frage stellst, ist die Antwort schon auf der Suche nach dir. Du erinnerst dich: das Gesetz der Anziehung. Über diese letzte Frage kannst du dann in aller Ruhe nachdenken, bis du Antworten darauf hast. Das Interessante daran ist, dass es dir durch die Beschäftigung mit nur einer Frage etwas bessergeht. Denn du hast die Gewissheit, dass du damit letztendlich an dem gesamten Problem arbeitest. Wenn du einen Berg besteigen willst, musst du auch einen Schritt nach dem anderen gehen. In einem Satz nach oben zu springen, geht nicht. Außerdem ist dadurch dein Verstand beschäftigt, sodass er nicht immer irgendeinen alten Quatsch redet und dich total kirre macht. Meine Antwort auf meine Frage: Was tue ich hier gerade?, war mein nächster Eintrag.

Ich lief davon!

Aber wovor?

- *Vor dem Schmerz?*
- *Vor Anja?*
- *Vor Verantwortung?*
- *Vor der Liebe?*
- *Vor einer Situation, die sich meiner Kontrolle entzog?*
- *Vor mir selbst?*

Und hier hatte ich nun eine Antwort und gleich wieder eine Frage und mehrere mögliche Antworten. Du musst nicht immer eine Antwort auf deine Fragen haben, manchmal, so wie hier, reicht es schon aus, diese Fragen überhaupt zu stellen. Dadurch denkst du darüber nach. Der nächste Eintrag erfolgte am folgenden Tag.

Gestern Abend hat mich Anja angerufen!

Es war toll, ihre Stimme zu hören, aber gleichzeitig wühlte es meine Gefühle auf. Ich argumentierte wieder, versuchte zu überreden, zu überzeugen...

Ich wusste zwar, dass es falsch war, aber ich konnte nicht anders. Verdammt! Geduld war noch nie eine meiner Stärken. Aber meine Entschlossenheit war plötzlich stärker als je zuvor. Irgendetwas band mich an diese Frau, und ich wollte wissen, was es war!

- *Ich will kämpfen um sie!*
- *Ich will sie wiederhaben!*

Aber ich habe keine Ahnung, wie! Was brauche ich dafür?

Auch das ist möglich, eine offene Frage. Denn jetzt musst du nicht nur deinen Verstand gebrauchen, sondern deine Kreativität ist ebenso gefragt. Ich machte im Laufe des nächsten Tages Brainstorming und unterstrich danach einfach die Dinge, die mir am sinnvollsten erschienen, um weiterzukommen. Wenn diese Vorgehensweise in meinem Job zu Ergebnissen führte, warum nicht auch hier? Ich machte langsam aber sicher aus dem Versuch, meine Liebe zu retten, eine private Projektarbeit. Ich wollte wissen, was mich so sehr an diese Frau band, und das Ziel war klar definiert: Ich will sie zurück!

Was brauche ich?

- *Mehr Wissen!*
- *Eine Strategie!*
- *Meine Gedanken!*
- *Ausgleich!*
- *Zeit!*
- *Hilfe!*
- *Eine Aufgabe!*
- *Die Möglichkeit, an dem Problem zu arbeiten!*
- *Familie!*
- *Eine erste Entscheidung!*
- *Mit ihr reden!*
- *In Ruhe nachdenken!*
- *Ruhe!*
- *Einen klaren Kopf!*
- *Einen Weg!*
- *Schlaf!*
- *Freunde!*
- *Keinen Kontakt zu ihr*

Und daraus bildete ich dann folgende Sätze:

Ich brauche Zeit, Ruhe und Hilfe, um mir mehr Wissen anzueignen. Dadurch bekomme ich einen klaren Kopf und die Möglichkeit, an dem Problem zu arbeiten. Dadurch ergibt sich die erste Entscheidung: keinen Kontakt mehr zu Anja.

Kennst du das? Brainstorming! Es ist eine fantastische Möglichkeit, um alle Gedanken, auch wenn sie als unwichtig erscheinen, zusammenzutragen. Meist sind die ersten Gedanken die besten. Denn diese sind von unserem Verstand noch nicht in Richtig oder Falsch gefiltert worden. Stell dir einfach die Frage, was du alles dafür benötigen würdest, um dein aktuelles Problem zu lösen. Und dann alles, was dir in den Sinn kommt, aufschreiben. Nicht sofort bewerten, nur aufschreiben. Das Bewerten kommt erst danach.

Solltest du dich jetzt wieder fragen, warum du das machen sollst, dann sage ich nur eines dazu: Müssen tust du gar nichts! Niemand zwingt dich zu irgendetwas. Aber zu einem späteren Zeitpunkt sind alle diese Erkenntnisse, die du in deinem kleinen Notizbuch sammelst, wichtig, um die Formel der Liebe zu verstehen und, vor allem, um diese dann richtig auf deine ganz private Situation anzuwenden. Aber, wie schon gesagt: Müssen tust du gar nichts!

Nun, da ich eine erste Entscheidung hatte, waren alle mit von der Partie: mein Verstand, meine Gefühle, meine Kreativität, alle zogen an einem Strang, genau wie damals, als ich das Spiel für Anja erstellt hatte. Und dennoch fiel es mir schwer, die Kontaktsperre aufrechtzuerhalten. Mein nächster Eintrag in mein Notizbuch war deshalb nicht sehr konstruktiv...

Verdammt, fällt das schwer! Kontaktsperre! Super!
Wie konnte ich nur auf so eine bescheuerte Idee kommen?
Geduld, ruhig, Beherrschung. Da fällt mir Yoda[1] *ein.*

- *Unterweisen kann ich ihn nicht, keine Geduld hat der junge Mensch.*
- *Beherrschung, Beherrschung!*
- *Lernen musst du, Beherrschung zu üben!*

Wie gesagt, nicht besonders konstruktiv. Aber wirkungsvoll, wenn es darum geht, seine eigenen Regeln einzuhalten. Mein Verstand sagte andauernd: Ruf sie an! Rede mit ihr, ihr könnt das wie vernünftige Menschen klären. Wenn du ebenfalls im Begriff bist, deine eigenen Regeln zu vernachlässigst, schreibe in dein Notizbuch, was immer dir auch dabei hilft, durchzuhalten. Und wenn es, wie in meinem Fall, ein kleiner grüner Gnom aus einem Science-Fiction Märchen ist. Aber so unkonstruktiv der Eintrag auch gewesen sein mag, er inspirierte mich zu meinen nächsten Gedanken und somit zu meinen nächsten Eintragungen...

Geduld! War es das – wollte das Leben mir damit Geduld beibringen? Wie hätte ich in der Vergangenheit reagiert?
Ich hätte wahrscheinlich durch meine Ungeduld alles zerstört.

---

1 Meister Yoda aus Star Wars (Anm. des Autors)

Oder ist das Leben nur eine Aneinanderkettung von Tests und Prüfungen, damit unsere Seele reifen kann?

Verdammt! Ich blicke gerade nicht mehr durch.

Wenn ich damals gewusst hätte, wie nahe ich der endgültigen Antwort in diesem Moment war... Aber so einfach war es leider nicht. Ich musste natürlich den langen Weg gehen. Und du gehst hoffentlich mit mir?

Ab dem nächsten Kapitel verabschiedet sich mein altes „Ich“, das immer schön die Geschichten aus meiner Vergangenheit erzählt hat, aus diesem Buch.

Ich war mir mittlerweile der Tatsache bewusst, dass „um sie kämpfen!“ nicht bedeutete, mit ihr zu kämpfen, sondern diesen Kampf musste ich mit mir selbst austragen. Aber dafür brauchte ich mehr Wissen...

☆☆☆

Die Suche

Wer neue Wege gehen will, muss alte Pfade verlassen.

Manfred Grau

Ich beschäftigte mich jetzt schon seit mehreren Wochen mit dem Problem. Ich hatte alles, was ich mir denken konnte, mit einbezogen: Internet, Bücher – vom Schnulzenroman bis Shakespeare – Filme über die Liebe („P.S. Ich liebe dich!“, kann ich empfehlen), bis hin zur psychologischen Fachliteratur hatte ich alles verschlungen, ohne Ergebnis! Das Interessanteste, was die Psychologie zu bieten hatte, war das Prinzip von Distanz und Nähe. Man solle eine Kontaktsperre einrichten, denn dadurch sei der Partner gezwungen, wieder auf einen zuzugehen. Toll, darauf bin ich schon vor Wochen selbst gekommen. Es hatte ja auch funktioniert, sie kam wieder auf mich zu. Aber das eigentliche Problem, ihre und meine Gefühle zu verstehen, und sie dadurch wieder zurückzugewinnen, davon war ich meilenweit entfernt. Selbst eine mathematische Formel hatte ich im Internet gefunden, durch die schottische Wissenschaftler die Liebe errechnen konnten. Das ist sie:

Liebe = ((Attraktivität + Charisma + Pheromone) : 2) + (3 (Karma + Vertrautheit)) : 10) : ((5 – Selbstverständnis) 2+2.

Die jeweiligen Faktoren werden mit Punkten auf einer Skala von eins bis zehn bewertet. Die Pheromone – also die chemischen Boten-Duftstoffe unseres Körpers – werden aber immer bei acht festgelegt.

Ich verstand überhaupt nichts!

Ich fand dann noch ein Interview der Süddeutschen Zeitung mit einem dieser Wissenschaftler. Aber lies selbst:

In dieser Woche ist der schottische Mathematiker James D. Murray von der renommierten Royal Academy in London ausgezeichnet worden. In seinem Festvortrag sprach der Emeritus der Universität Oxford über seine Forschungen zur „Beziehungsmathematik". Gemeinsam mit dem amerikanischen Psychologen John Gottman hat Murray ein Modell entwickelt, mit dem sich überraschend genau berechnen lässt, wie stabil eine Ehe ist.

***SZ:** Hallo, Mr. Murray, nehmen wir an, ich wollte heiraten. Sie würden mir also sagen können, ob meine Ehe hält?*

***Murray:** Ich nicht, aber die Mathematik mit ziemlicher Sicherheit, ja. Doch Sie wollen das gar nicht wissen, glauben Sie mir. Paare mit Heiratsabsichten möchten keine Prognose über ihre Chancen. Die möchten träumen. Daher wird meine Methode vor allem von Ehetherapeuten in den USA genutzt.*

***SZ:** Aber in Versuchen sollen Ihre Vorhersagen Traumquoten gehabt haben.*

Murray: *Stimmt, ich war selbst erstaunt. Wir haben 700 Paare in den USA über zehn Jahre wissenschaftlich begleitet, etwa die Hälfte von ihnen hatte sich nach dieser Zeit getrennt. In 94 Prozent aller Fälle waren unsere Berechnungen richtig. Bei denen, von denen wir ausgerechnet hatten, dass sie sich scheiden lassen, betrug die Trefferquote sogar 100 Prozent. Falsch lagen wir nur bei wenigen Paaren, bei denen wir vorhersagten, dass die Ehe trotz großer Probleme halten würde, die sich aber dann trennten.*

SZ: *Und die Testpaare wussten von Ihrer Vorhersage?*

Murray: *Nein, unsere Vorhersagen haben wir natürlich für uns behalten. Die Paare sollten sich nur miteinander unterhalten. Fünfzehn Minuten lang.*

SZ: *Und das soll als Grundlage für eine so weitgehende Prognose reichen?*

Murray: *Die Probanden durften wählen, ob sie über Geld, Sex, Erziehung oder auch die gemeinsame Einrichtung reden wollten. Fünfzehn Minuten zu einem Schlüsselthema sind eine lange Zeit, in der von den Partnern alles Relevante gesagt wird. Beide beginnen danach, sich zu wiederholen.*

SZ: *Das klingt ernüchternd.*

Murray: *Ja, das mag sein. Im Versuch sollte sich das Paar gegenübersitzen und während der Unterhaltung anschauen. Eine Kamera dokumentierte alles, ein anderes Gerät zeichnete den Pulsschlag der Probanden auf. Außerdem saßen sechs Psychologen hinter einer Spiegelwand und verteilten unabhängig voneinander Punkte für* *bestimmte Reaktionen wie Wut oder Verständnis, die sie aus Mimik und Wortwahl ableiteten.*

SZ: *Und das lässt sich erkennen?*

Murray: *Die Ergebnisse der sechs Beobachter waren nahezu identisch. Ähnliche psychologische Methoden wendet man bei Verhören für kriminalistische Gutachten an. Glauben Sie mir: Selbst meine achtjährige Enkelin kann Reaktionen in Gesichtern lesen. Ich habe das getestet!*

SZ: *Hat die Kamera nicht gestört?*

Murray: *Ich denke nein. Die Probanden hatten so klare Standpunkte zu ihren Themen, dass sie schnell in Fahrt kamen und die Beobachtung binnen Kürze vergaßen.*

SZ: *Welche Reaktionen fallen am meisten ins Gewicht?*

Murray: *Wer mit Verachtung auf seinen Partner reagiert, erhält die meisten – nämlich vier – Minuspunkte. Zuneigung gibt die Höchstzahl von vier Pluspunkten. Mit Wut oder Traurigkeit erzielt man auch Miese, wer diese Gefühle aber mit Toleranz oder Humor pariert, liegt im Plus.*

SZ: *Und dafür muss man Punkte verteilen? Lässt sich das nicht so erkennen?*

Murray: *Ich habe versucht, die Gespräche einzuschätzen. Damit lag ich selbst bei den positiven Unterhaltungen daneben. Die Mathematik hatte fast immer Recht. Es klingt lächerlich. Das dachte ich auch, als mein Partner, ein Psychologe, mich bat, ein mathematisches Modell zur Beziehungsanalyse zu entwickeln.*

SZ: *Wie muss man sich das vorstellen?*

Murray: *Die Punkte werden für jeden Partner addiert. So hat jeder Wortbeitrag am Ende einen bestimmten Wert. Man erhält zwei Verlaufskurven, die etwa wie der Aktienindex aussehen. Zudem können wir aus den Daten errechnen, in welchem Maße sich beide beeinflussen. Jede positive Beeinflussung erhöht den Sicherheitswert für die Ehe. Mathematisch gesehen muss man sich das wie zwei Quadratgleichungen vorstellen, von der man erst nur die Ergebnisse kennt. Naja, vielleicht doch ein wenig komplizierter.*

SZ: *Mr. Murray, haben Sie dieses Modell je auf Ihre Ehe angewendet?*

Murray: *Nein, wozu auch? Ich bin seit fast 50 Jahren sehr glücklich verheiratet. Man kann doch spüren, ob es passt.*

Das ist unsere Wissenschaft! Ein mathematisches Prinzip wurde entdeckt, aber der Wissenschaftler selbst wendet es nicht an, weil er auf seine Gefühle hört die er nicht erklären kann. Eine Erklärung für den normalen Menschen, und damit eine Anwendbarkeit in der Praxis des normalen, täglichen Lebens, fehlte. Es war nicht praxistauglich. Er selbst sagt nur:"Man kann doch spüren, ob es passt!" Zehn Jahre Forschung, und dann diese Aussage. Es war ernüchternd.

Ab diesem Zeitpunkt drängte sich mir der Verdacht auf, dass ich an den falschen Stellen suchte. Ich war frustriert! Der einzige Lichtblick war, dass Anja mich besucht hatte. Sie war für zwei Tage bei mir, und wir gingen ganz zwanglos miteinander um. Sie mochte mich, das spürte ich deutlich. Sie fühlte sich auch wohl in meiner Gegenwart, aber trotzdem sagte sie immer wieder, dass sie ihre Gefühle für mich nicht richtig einordnen können. Was blockierte sie nur? Ich war kurz davor aufzugeben. Wenn ich nur nicht ständig an sie denken müsste. Verdammt, ich hatte doch früher nicht solche Schwierigkeiten, mir einfach eine Neue zu suchen.

Was war das, was mich an dieser Frau festhielt? War das Liebe? Die wirkliche Liebe? Wenn ja, dann steckte ich wirklich in Schwierigkeiten! Wie viele Dichter, Denker und intellektuelle Freigeister vor mir waren schon auf der Suche nach einer Erklärung über die Liebe gewesen. Und hatten sie eine gefunden? Wenn ja, dann hatte ich sie in meinen wochenlangen Recherchen übersehen. Oder ich hatte sie nicht verstanden. Vielleicht war das Prinzip "Liebe" auch zu hoch für mich? Ich fragte dann einfach mal so im Freundes- und Bekanntenkreis herum, was für jeden Einzelnen die Liebe ist. Da war echt alles dabei. Von Äußerungen wie „keine Ahnung“ bis „wunderschön“. Von „Biologisch gesehen ist die Liebe ein Witz!“ bis „Wenn du die Liebe spürst, dann weißt du es!“ Die beste Erklärung war: „Wenn man nach mehr als sechs Monaten Beziehung noch Schmetterlinge im Bauch hat!“

Toll! Ich war in einer Sackgasse gelandet. Ab diesem Zeitpunkt veränderte ich meine Strategie, denn die Suche im Außen führte zu nichts. Also suchte ich in mir. Wenn es Liebe war, die mich an diese Frau band, dann musste ich es auch erklären können, oder? Ich schrieb also in mein

Notizbuch erst einmal Zitate über die Liebe. Einfach um währenddessen in mich hineinzuhören. Hintergrundmaterial hatte ich nach meiner Recherche ja genug.

- *Einen Menschen zu lieben, heißt: einzuwilligen, mit ihm alt zu werden.*
- *Liebe ist der Wunsch, etwas zu geben, nicht zu erhalten.*
- *Weder Zeit noch Distanz können die wahre Liebe besiegen.*
- *Liebe ohne Eifers...*

Das führt zu nichts, Martin!!!

OK! Gedanken, die ich Anja gerne sagen würde:

- *Du warst zwar nicht die erste Frau, die ich geküsst habe, aber:*
- *Ich möchte, dass du die letzte bist.*
- *Du bist einzigartig.*
- *Du bist verkorkst, aber das ist mir egal.*
- *Ich weiß übrigens, wenn du an mich denkst.*

Woher eigentlich?

Woher wusste ich, wann sie an mich dachte? Es stimmte tatsächlich. Ich konnte es spüren. Ich wusste nicht wie oder warum, aber ich war mir sicher, dass es so war. Das war erst einmal die letzte Frage, die ich in das Buch schrieb, denn ich musste darüber nachdenken. Und außerdem musste ich auf die Toilette. Dort nahm ich den Packen Zeitschriften und suchte eine Lektüre. Dabei fiel mir das Buch in die Hände, das Anja mir vor Monaten geschenkt hatte. Bewusst-Sein! OK, ich war mittlerweile bereit, alles zu versuchen. Ich mache es kurz – ich hatte das

Buch innerhalb von einem Tag durch. Ich war wach! Eine andere Beschreibung kann ich dir zum jetzigen Zeitpunkt nicht anbieten. Aber mir ging in vielerlei Hinsicht ein Licht auf. Ich hatte einen neuen Ansatz für meine Suche entdeckt, nein, ich hatte ein riesiges Themenfeld, eine Welt, die auf eine Erforschung wartete – die Welt der Spiritualität!

Gleich am nächsten Morgen fuhr ich in die Innenstadt, suchte mir eine größere Buchhandlung und steuerte die Esoterikabteilung an. Ich liebe Buchhandlungen, ich könnte mich stundenlang darin aufhalten, aber die Themenregale Esoterik und Spiritualität hatte ich nie aufgesucht. Als ich ankam, wusste ich, warum, denn alle Frauen in meiner näheren Umgebung sahen mich an, als käme ich von einem anderen Planeten. Männer sind hier wahrscheinlich nicht oft, dachte ich mir. Ich las mich durch die komplette Palette an vorhandenen Büchern hindurch und war fasziniert davon, welch vielfältige und umfangreiche Sachliteratur es zu den verschiedenen Themen gab.

Als ich nach über zwei Stunden mit einer kleinen Auswahl von sechs Büchern an die Kasse ging, schaute die Kassiererin mich kurz an, dann die Bücher, und dann wieder mich. Darauf fragte sie mich, und das ist kein Witz: „Haben Sie Irgendwelche Probleme?“ Ich hielt ihrem Blick stand und antwortete nur: „Nein! Und Sie?“ Irgendwie war mir das Verhalten der Frau sogar verständlich, zwar unprofessionell, aber verständlich. Ich meine, wenn ich gestern noch einen Freund getroffen hätte, der mit Büchern zu Themen wie Aura-Energie, Seeleninkarnation, Engel- und

Lichtwesenchanneling und höherem Bewusstsein aus einer Buchhandlung gekommen wäre, hätte ich ihn dasselbe gefragt. Aber das war gestern gewesen. Heute ist ein völlig anderer Tag. Ein spannender und aufregender Tag.

Als ich wieder zu Hause war, setzte ich mich gemütlich auf meinen Balkon, schenke mir Kaffee ein, nahm eines der Bücher und begann zu lernen. Das Buch, das ich mir als erstes als Lektüre vornahm, war „Das Kybalion – Die sieben Gesetze des Lebens". Ich wählte dieses Buch deshalb aus, weil ich Respekt vor der Welt der Spiritualität hatte. Ich meine, alles was ich bisher darüber wusste, war ein verklärtes Bild, das wir alle durch Erziehung, Kirche und Gesellschaft mitbekommen haben. Unsere Erziehung sagt aus, dass unser Verstand und die Wissenschaft die obersten Prinzipien unserer Gesellschaft darstellen. Wissen, Leistung und Bildung sind der Garant für ein sorgenfreies Leben. So stellte sich die Welt für mich bis dahin dar. Die Kirche, die für spirituelle Fragen in unserer Gesellschaft zuständig sein sollte, hatte stark an Glaubwürdigkeit eingebüsst. Für mich war die christliche Kirche nichts weiter als eine Sekte. Mir stellte mal jemand die Frage, ob ich an Gott glaube. Ich antwortete: „Ja, ich glaube an Gott, aber nicht an die Kirche!" Ich hatte den Eindruck, dass die Kirche nur an ihrem eigenen Machterhalt interessiert war. Geld und Macht. Auch die Botschaften, die sie verbreitete, waren mir zu dogmatisch. Gut und Böse. Hell und Dunkel. Wir sollen beten und glauben, damit wir Erlösung erlangen. Erlösung wovon? Dem Tod? Dem Teufel?

Nächstenliebe – auch so eine Forderung unserer religiösen Institution. Dabei hatte die Kirche in ihrer eigenen Geschichte oft genug das Gegenteil bewiesen. Mord, Folter und Kriege! Und das im Namen des Glaubens. Alles sehr unglaubwürdig. Aber leider war mein Verstand darauf konditioniert. Auf diese Bilder von Luzifer, Erzengel mit Flammenschwertern und was weiß ich noch alles. Um es ohne Umschweife zu sagen: Ich hatte Angst davor, die Welt der Spiritualität zu erforschen, ohne zumindest mit den Gesetzen dieser Welt vertraut zu sein. Also las ich die Gesetze des Lebens. Oder nennen wir sie lieber „Prinzipien".

Ich gebe zu, dass ich mich am Anfang schwertat, diese Prinzipien ganz zu verstehen, aber eines war mir gleich vertraut: Das Prinzip von Ursache und Wirkung. Die Wissenschaft nennt es „Kausalität". Es sagt aus, dass nichts zufällig geschieht. Im Universum hat alles eine erkennbare Ursache. Wenn etwas zufällig zu geschehen scheint, dann bedeutet das nur, dass die Ursache unerkannt bleibt. Im Lexikon wird Zufall definiert als: „Etwas, das unvorhersehbar geschieht, ohne erkennbares menschliches Einwirken oder sichtbare Ursache. Die angenommene, unpersönliche, absichtslose Steuerung unberechenbarer Ereignisse." Interessant ist schon das Wort „Zufall", „Zu-Fall" – es fällt einem zu.

Ich dachte darüber nach, wann in meinem Leben sich solche Zu-Fälle ereignet haben könnten. Eigentlich ständig. Es war nur mit Zufall zu beschreiben, dass ich Anja kennengelernt hatte. Es war mit Zufall zu beschreiben, dass ich mal ein Preisausschreiben gewonnen hatte. Ach, du meinst, das war Glück? Nein, es ist mir zu-gefallen, und ich war dann über den Gewinn glücklich.

Auch dachte ich über ein scheinbar zufälliges Ereignis nach, das ich vor einigen Wochen erlebt hatte. Es war kurz nachdem Anja mir diese Mail geschrieben hatte. Ich war auf der Autobahn unterwegs zu einem Mitarbeiter und fühlte mich furchtbar. Die Wunde „Anja" war gerade wenige Tage alt, und ich war mit meinen Gedanken total durcheinander. Aus irgendeinem seltsamen Grund fuhr ich von der Autobahn ab, um in den Ort zu fahren, in dem Anjas Mutter wohnte. Er lag weder auf meinem Weg, noch wusste ich, was ich dort wollte. Bei ihrer Mutter klingeln? Nein, das würde ja so aussehen, als ob ich mich bei Mama ausheulen wollte. Ich sagte mir einfach: Fahr mal hin. Ohne Grund! Eigentlich völliger Quatsch, aber ich hatte noch etwas Zeit, sodass ich einfach eine andere Strecke nahm. Als ich dort ankam, wusste ich nicht, was ich dort sollte. Ich entschloss mich weiterzufahren. Gerade als ich in die Straße von Anjas Mutter einbog und wenden wollte, kam sie aus der Garage. Oh nein! Sie hatte mich gesehen. Was sollte sie denn jetzt denken? Also, Augen zu und durch, dachte ich. Denn wenn ich jetzt einfach davonfahre, ist das mehr als unhöflich.

Ich hielt also an, und wir begrüßten uns freundlich. Ich sagte ihr, dass ich mich mit einem Mitarbeiter treffen, und nur wenden wollte, als ich sie gesehen hätte. Die darauffolgende Konversation drehte sich auch um Anja. Ihre Mutter wusste von unseren Problemen und konnte sich das Verhalten ihrer Tochter auch nicht erklären. Alles sehr belanglos und vorsichtig. Aber etwas sagte sie, das mir im Gedächtnis geblieben ist: „In meiner derzeitigen Beziehung bin ich wie ein Vogel auf seiner Hand. So lange ich sitzenbleibe, bin ich mit ihm zusammen."

Nachdem wir uns verabschiedet hatten, fuhr ich zur Hauptstraße. Ich hatte Zeit verloren und würde den Termin mit meinem Mitarbeiter wahrscheinlich nicht einhalten können. Gerade wollte ich ihn anrufen, um ihm zu sagen, dass es ein paar Minuten später würde, als er an mir vorbeifuhr. Ja, genau der Mitarbeiter! Auch er hatte sich verspätet. So trafen wir uns scheinbar zufällig in einem Gebiet von cirka eintausend Quadratkilometer und hatten plötzlich genug Zeit, uns gemeinsam auf den späteren Kundentermin vorzubereiten. Zufall? Oder Zu-Fall?

Während ich über diesen Tag nachdachte, erschien das Bild vor meinem inneren Auge. Ein Vogel sitzt auf einer offenen Hand. Ich zeichnete das Bild in mein Notizbuch.

In den darauffolgenden Tagen dachte ich immer wieder über dieses Bild nach. Ein Vogel sitzt auf einer offenen Hand. Ich hatte keine Ahnung, wie ich dieses Bild bewerten oder beurteilen sollte, aber es tauchte immer wieder vor meinem inneren Auge auf. In der Zwischenzeit hatte ich angefangen, ein weiteres Buch zu lesen, aber es fiel mir sehr schwer, mich zu konzentrieren, denn Anja war allgegenwärtig. Unser letztes Treffen lag nur einige Tage zurück, und ich konnte noch immer ihre traurigen Augen vor mir sehen, als sie sich verabschiedet hatte.

Ich wollte jetzt endlich wissen, wie die Sache ausgeht. Und dafür war mir mittlerweile jedes Mittel recht. Also machte ich einen Termin bei einer Kartenlegerin. Wenn ich schon die Welt der Spiritualität erforschen wollte, dann wurde es Zeit für ein bisschen mehr Entdeckermut. Sie legte Tarotkarten. Meine Frage war klar: Werden Anja und ich wieder zusammenkommen? Sie ließ mich mischen und legte dann die Karten aus. Und ab diesem Zeitpunkt fühlte ich mich wie Alice im Wunderland. Die gute Frau stellte mir keine persönlichen Fragen, konnte mir aber anhand der Karten Dinge sagen, die einfach zutrafen. Jetzt wirst du sagen: Jaaa, die Aussagen waren wahrscheinlich so allgemein gehalten, dass ich sie für meine Zwecke interpretiert hatte. Quasi nur das Gehörte mit meinen Vorstellungen ergänzte. An dieser Stelle ein ganz klares „Nein!“ Die Aussagen waren weder allgemein, noch interpretationsfähig. Sie stimmten einfach.

Wenn du diese spirituellen Medien und Kartenleger als Abzocker ansiehst, dann frage ich dich, warum du diesen Standpunkt hast? Hast du eine solche Erfahrung schon einmal gemacht? Wenn nein, warum verurteilst du dann etwas, was du nicht kennst? Und mehr abzuzocken, als es die Versicherungen, Großkonzerne, die Banken und unsere Steuerregierung tun, ist gar nicht möglich. Nur, das ist für uns normal. Menschen mit medialen Fähigkeiten haben eine Gabe, und nur weil wir es nicht verstehen, fällen wir ein negatives Urteil. Das ist ein Standpunkt. Und dieser Standpunkt wurde mir in dieser Situation widerlegt.

Als wir zum Kern der Frage kamen, verdunkelte sich

ihr Blick. In den folgenden Ausführungen hörte ich zum ersten Mal, dass Anja und ich Seelenpartner seien, die ihr Karma noch nicht aufgelöst hätten. Es sollte ein langer und schwieriger Weg werden, aber wenn wir es schaffen würden, stünde einer glücklichen Liebesverbindung nichts mehr im Weg. Langer und schwieriger Weg – wem erzählte sie das! Anja und ich hätten angeblich beide sogenannte „Blockaden“, die sich in unserem Verhalten in Beziehungen ausdrückten. Ich war fasziniert von der Klarheit und Überzeugtheit ihrer Aussagen. Am Ende der Sitzung fragte sie mich, ob ich spirituell wäre. Ich antwortete: „Warum fragen Sie?“ Darauf sagte sie, ich sollte dies unbedingt weiter verfolgen, denn sie würde sehr viel von mir empfangen. Ich fragte nach, was das bedeutete, und sie sagte mit einem Lächeln: „Du bist sehr stark in deiner Spiritualität!“

Nach diesem Erlebnis war mein Anja-Problem noch komplizierter geworden. Ich hatte zwar eine Antwort erhalten, aber diese warf gleichzeitig neue Fragen auf. Die Antwort war klar: Wir kommen zusammen, wenn wir es beide schaffen, unser Karma aufzulösen. Und da lag das Problem! Was zum Teufel war eigentlich Karma? Und welche Blockaden sollte ich haben, die einer glücklichen Beziehung mit Anja im Weg stünden? Wenn es nach mir gehen würde, würden wir morgen heiraten. Ich hatte keine Blockaden! Und war meine angeblich starke Spiritualität der Grund dafür, dass ich wusste, wann Anja an mich denkt? Ich war echt verwirrt und entschied mich, erst einmal weiteres Wissen anzusammeln. Also besorgte ich mir selbst Tarotkarten, um zu verstehen, was es damit auf sich hatte. Ich bin halt ein Mensch, der erst einmal alles selbst ausprobieren will, bevor er „Ja und Amen“ dazu sagt. Also legte ich mir die Karten. Und als Zukunftskarte kam – der Tod! Alles klar, das fängt ja gut an, dachte ich. Aber die Aussagen, die ich dann in einem Buch dazu nachlesen konnte, hatten nichts mit dem Sterben zu tun. Als Überschrift wurde Transformation, Befreiung und Abschluss angeführt. Die Kernaussage war: „Loslösen von Altem, Großreinemachen, Abschied, Verwandlung. Wir können jetzt nichts mehr festhalten. Eine tiefgreifende Veränderung findet statt. Es ist eine radikale Transformation, und es geht nicht um den körperlichen Tod, sondern um eine umwälzende innere Ablösung. Alles Alte und Verbrauchte muss jetzt gehen.“

OK, es stand also eine radikale Veränderung an. Nun, die hatte ich zu diesem Zeitpunkt auch nötig. Aber diese kam anders, als ich erwartet hatte. In den nächsten Tagen beschäftigte ich mich sehr intensiv mit den Tarotkarten. Es soll an dieser Stelle reichen, wenn du weißt, für was sie eingesetzt werden. Es gibt drei große Einsatzbereiche. Zum einen als Hilfe, um Ziele, Entwicklungsmöglichkeiten, Wünsche und Potenziale besser zu erkennen. Des Weiteren als Spiegel des eigenen Bewusstseins und der spirituellen Entwicklung, und dann noch als Orakel, um mögliche Ergebnisse in bestimmten Angelegenheiten selbst zu erspüren. Alles eine schöne Sache, die auch Spaß machte, aber die Tarotkarten brachten mich letztlich auch nicht weiter.

Die Formel der Liebe

Liebe ist die stärkste Macht im Universum.

Interessanterweise sind es nur zwei einfache Faktoren, die für diese unglaubliche Kraft nötig sind.

Ich war fix und fertig. Mein kleines Privatprojekt stand vor dem Aus, denn ich hatte mich in den unendlichen Themenfeldern der spirituellen Welt verlaufen. Ich hatte mich mit den Prinzipien des Lebens beschäftigt und die Tarotkarten kennengelernt. Ich hatte noch Bücher über Engel-Channeling, ein Interview mit dem Engel des Wandels („Wer hat Angst vorm schwarzen Mann", übrigens ein sehr gutes Buch) und Bücher über Seeleninkarnation und das Prinzip der Resonanz gelesen, aber ich war meinem Ziel nicht nähergekommen. Letztendlich beschäftigte mich nur noch eine Frage: Was ist Liebe? Und ich wollte mich nicht mehr mit irgendwelchen Redewendungen oder Umschreibungen zufriedengeben.

Auch die Erklärungen in den spirituellen Büchern waren nicht ausreichend hilfreich. Ich hatte zwar begriffen, dass Angst und Liebe einander beeinflussen und Liebe die höchste Schwingungsfrequenz der Schöpfung darstellt (das erkläre ich dir später), aber das genügte mir nicht, denn es brachte mich keinen Schritt weiter, um Anja und mir beziehungsweise unserer Beziehung zu helfen. Ich wollte die Liebe mit dem Verstand begreifen, denn mein Herz und meine Gefühle waren offensichtlich nicht in der Lage, mir das Prinzip „Wahre Liebe" ausreichend zu erklären. Ich wollte es so verstehen, dass ich es mit einfachen Worten auch erklären konnte.

Die letzten zwei Urlaubswochen hatte ich nur an diesem Problem gearbeitet. In diesen und den Wochen davor hatte ich tonnenweise Wissen in mein Gehirn gestopft, beinahe so, als würde ich für eine Prüfung lernen. Das Problem war nach wie vor, dass die Trennung von Anja sich immer noch wie ein Nagel in mein Herz bohrte. Warum konnte ich diese Frau nicht hinter mir lassen? Ich hatte in den letzten sechs Wochen beinahe acht Kilo abgenommen, was aber nicht heißen soll, dass mir das gut stand, denn ich hatte vorher Idealgewicht. Ich wollte aufgeben, mein Leben wieder ruhiger angehen lassen und den Rest meines Urlaubs nutzen, um ein bisschen auszuspannen. Also ging ich im Wald spazieren, machte Sport oder fuhr Cabrio, also Dinge, die man im Urlaub machen sollte. Auf jeden Fall war ich alles andere als erholt und zog eine Projektbilanz: Unterm Strich ein absoluter Fehlschlag. Die Investitionen waren verschwendet worden. Ich hatte zwar ein erweitertes Bewusstsein entwickelt, ich nenne es „aufwachen“, durch das ich die Welt zukünftig mit anderen Augen wahrnahm. Aber das war alles! Nun, das musste dann ja wohl genügen, oder?

Solltest du dich jetzt fragen, wie sich ein erweitertes Bewusstsein anfühlt, dann kann ich dir im Moment nur folgende, zugegebenermaßen sehr einfache Erklärung anbieten: Unser Gehirn nimmt über unsere Sinne in jeder Sekunde 40 Milliarden Bits an Informationen auf, von denen wir aber nur 2000 Bits davon bewusst wahrnehmen.

Unser Gehirn filtert sozusagen die Informationen, bevor es sie an unser Bewusstsein weitergibt. Es funktioniert ähnlich wie ein Sieb, das nur bestimmte Informationen durchlässt, die in dieser Situation wichtig für uns sind. Wenn die Maschen dieses Siebs aber erweitert werden, kommen plötzlich noch viel mehr Informationen an, die wir bewusst wahrnehmen. Wir sind dann in der Lage, Sinneseindrücke und Zusammenhänge ganz anders wahrzunehmen und zu bewerten, so, als würden wir uns von der Froschperspektive in die Vogelperspektive begeben. Wir haben den Eindruck, einen besseren Überblick über die Geschehnisse um uns herum zu erhalten. Der Geist ist offener für Neues. Und wir werden neugierig darauf, mit dieser neuen Sichtweise die Welt zu erkunden. Sehr neugierig sogar!

Wenn du jetzt auch neugierig geworden bist, dann habe bitte Geduld, denn es gibt einen Schlüssel zu diesem erweiterten Bewusstsein. Aber dazu später mehr...

Wie ich schon sagte, das musste dann ja wohl genügen. Ich packte alles zusammen, verstaute die mittlerweile stattliche Anzahl von Büchern im Regal und warf meine Notizen in einen Karton. Dabei fand ich mein kleines Notizbuch unter einem Stapel Bücher. Nachdem ich mit dem Aufräumen fertig war, nahm ich es mit auf den Balkon, setzte mich hin, genehmigte mir ein Glas Wein und eine Zigarette und genoss den Sommerabend. Es war ein wunderschöner Abend, denn die Sonne war gerade dabei, hinter dem Horizont zu verschwinden und tauchte den Himmel in ein schönes helles Rot, während sie genau zwischen einer Lücke in den Wolken auf meinen Balkon schien. Es regnete leicht, und ich konnte riechen, wie die Natur durchatmete. Ich erinnere mich noch genau, wie ich das Wissen, das ich mir in den letzten Wochen angeeignet hatte, zunutze machte. Ich erkannte die Elemente des Lebens um mich herum. Erde, Wasser, Luft, und Feuer (die Sonne). Mir fiel einer meiner Lieblingsfilme ein, „Das fünfte Element“ von Luc Besson. Und genau das fehlte an diesem Abend. Das fünfte Element: die Liebe! Ich machte dann noch folgenden Eintrag in mein Notizbuch, mit der festen Absicht, dass dies nun endgültig das Ende meiner Suche und der Beziehung von Anja und mir wäre.

Weißt du, Anja,

Ich liebe dich dafür, dass dir kalt ist, wenn es 20°C sind.

Ich liebe dich dafür, dass du dich am liebsten von Sushi ernähren würdest.

Ich liebe dich dafür, dass du richtig sauer wirst, wenn dir etwas Blödes passiert.

Ich liebe dich dafür, dass du mich immer beobachtest.

Und ich hasse dich dafür, dass du nicht aus meinem Herzen verschwindest. Aber selbst dafür liebe ich dich.

Aber ich weiß nicht, was Liebe wirklich bedeutet, deshalb...

...mach's gut!

Ich klappte das Buch auf und fing an, von Seite eins darin zu lesen. Nachdenklich blätterte ich durch meine Notizen der letzte Wochen, und viele Erinnerungen kamen in mir auf, aber das Notizbuch nützte mir auch nichts mehr, denn eine logische Antwort auf die Frage "Was ist Liebe?"

hatte ich nicht gefunden. Ich blätterte Seite für Seite durch, bis ich bei der Zeichnung mit dem Vogel auf der offenen Hand ankam.

Ich fragte mich, warum ein Vogel auf einer Hand sitzenbleibt?

Weil er offensichtlich keine Angst verspürt und Vertrauen hat.

Weil die Hand offen ist. Weil die Hand loslässt.

Und warum versuchte die Hand nicht, ihn festzuhalten?

Weil die Hand offensichtlich ebenfalls Vertrauen hat, dass der Vogel nicht wegfliegt...

Ich musste einen Stift holen, denn meine Gedanken begannen plötzlich auf Hochtouren zu laufen. Ich begann damit, an die Zeichnung Notizen zu machen...

Der Vogel hat Vertrauen = sitzenbleiben – dort bleiben, wo man sich wohlfühlt = keine Angst mehr = Loslassen

Die Hand lässt los (Loslassen) = keine Verlustangst mehr = Vertrauen.

Loslassen und Vertrauen!

Gibt es noch etwas anderes, was die Liebe ausmacht?

Ich machte ein kleines gedankliches Experiment und überlegte mir, was einer Beziehung alles im Weg stehen kann.

Eifersucht = Besitzdenken = Verlustangst

Lügen – Entstanden aus Angst zu verlieren = Verlustangst

Und wenn diese Faktoren weggelassen werden.

Keine Eifersucht = Vertrauen = Keine Verlustangst = Loslassen

Kein Besitzdenken = Loslassen = Keine Verlustangst = Vertrauen

Keine Lügen = Loslassen = Vertrauen

Keine Angst = Loslassen = Vertrauen

Ist Liebe Loslassen und Vertrauen?

Wenn ich den ganzen schmalzigen Quatsch weglasse, dann bleiben nur diese beiden Eigenschaften übrig, die nötig sind. Mir fielen keine anderen mehr ein, denn alles lässt sich unter einem der beiden Faktoren einordnen. Und die beiden Eigenschaften ergänzen sich und bilden sozusagen einen Kreis. Das eine geht nicht ohne das andere. Je mehr Vertrauen ich habe, desto mehr kann der andere loslassen, je mehr der andere loslässt, desto mehr Vertrauen habe ich. Die Angst ist das Hemmnis zwischen den beiden Faktoren. Das Element Angst verhindert, dass sich die beiden Faktoren „Loslassen“ und „Vertrauen“ einander annähern. Und je näher diese Faktoren „Loslassen“ und „Vertrauen“ sich kommen, nein, je mehr sie sich überschneiden, desto mehr Liebe entsteht.

Ich war überrascht. Könnte es wirklich so einfach sein?
Loslassen = Vertrauen = Liebe
Gegendarstellung
Kein Loslassen = kein Vertrauen = keine Liebe

Ich war mir nicht sicher, ob ich damit richtig lag, deshalb wollte ich es meinem Verstand bildlich darstellen. Also zeichnete ich einen Kreis und begann damit, diesen Kreis mit diesen Faktoren zu beschriften...

Ich stellte mir vor, dass die Fläche des Kreises 100 Prozent Liebe darstellt. Dann ging ich davon aus, dass ein Mensch nur zu 50 Prozent seiner Ängste losgelassen hat, genauso, wie er nur 50 Prozent Vertrauen hat. Denn wir haben festgestellt: Vertrauen = Loslassen. Und der andere hat ebenfalls 50 Prozent losgelassen, also somit ebenfalls 50 Prozent Vertrauen. Ist ja logisch, wenn ich jemandem nicht vertraue, wie kann ich erwarten, das er mir vertraut? Unser Partner ist immer unser perfektes Spiegelbild. Er spiegelt das wider, was wir bereit sind zu geben. Nach dem Prinzip der Resonanz, also nach dem Gesetz der Anziehung, zieht Gleiches immer Gleiches an.

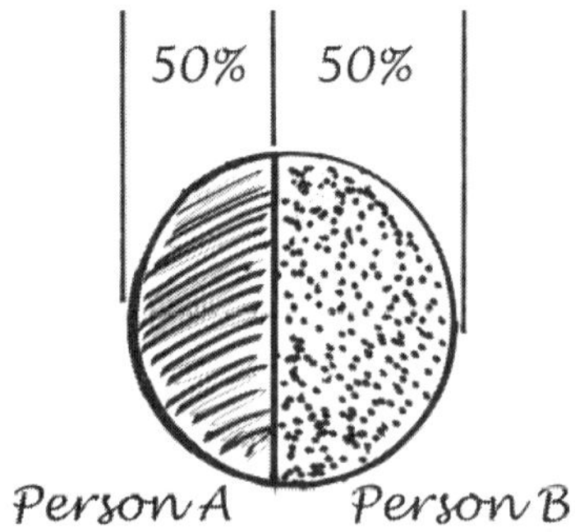

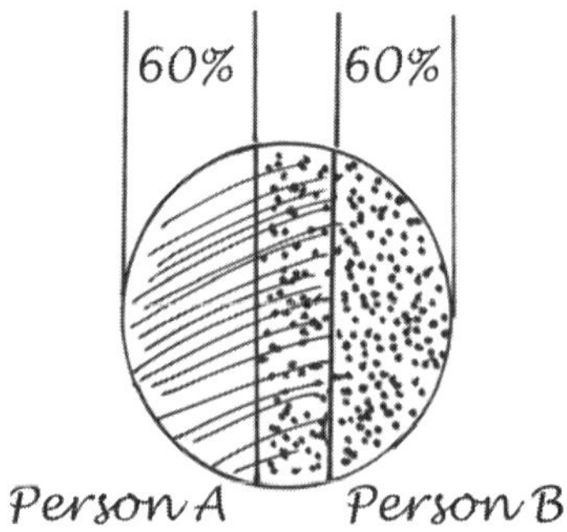

In der rechten Grafik haben beide zu 60 Prozent losgelassen, und somit hat jeder gleichviel Vertrauen. Hier beginnt bereits eine Überschneidung. Diese Überschneidung ist die Liebe, die vom jeweils anderen erwidert wird. Wenn jetzt beide Personen zu 100 Prozent ihre Ängste loslassen und somit zu 100 Prozent Vertrauen zum anderen haben, sieht das so aus:

Beide decken sich zu 100 Prozent. Der Kreis, dessen Fläche die mögliche Liebe darstellt, wird voll ausgenutzt, das heißt, die Liebe wird voll und ganz gelebt und erwidert.

Für die Mathematiker unter euch hier die Formel:
(100 Prozent Vertrauen) x (100 Prozent Loslassen) = ein Ganzes.
(100 Prozent) x (100 Prozent) = 1

Mein Kopf war leer...

Ich musste also nur alle meine Ängste gegenüber Anja loslassen und würde dadurch Vertrauen gewinnen, und gleichzeitig würde Anjas Vertrauen wachsen, und ihr wäre es somit möglich, ihre Ängste loszulassen. Ich hatte eine mögliche Lösung gefunden! Ob es allerdings funktionieren würde, konnte ich nur herausfinden, indem ich das Ganze in die Praxis umsetzte.

☆☆☆

Das Spiel der Wahrheit

Das Wahre ist eine Fackel, aber eine ungeheure; deshalb suchen wir alle nur blinzelnd, so daran vorbeizukommen, in Furcht sogar, uns zu verbrennen.
Johann Wolfgang von Goethe, *Maximen und Reflexionen*

Jetzt bist du wieder dran! Hast du dein Notizbuch noch? Im Laufe dieses Büchleins hast du alle deine Lügen, Ängste, Standpunkte und Gefühle, positive wie auch negative, darin zusammengetragen. Auch hast du dir Gedanken darüber gemacht, was an deiner derzeitigen Beziehungssituation nicht stimmt, und deine Gefühle dazu erforscht. Jetzt wird es Zeit, diese Informationen zu nutzen und von der Theorie in die Praxis zu treten. Dazu musst du Folgendes tun: Du musst dich nackt ausziehen! Nein, nicht die Kleidung, wir wollen hier die Liebe finden und nicht nur Sex! Ich meine damit, einen Seelenstrip hinlegen. Alles beichten. Die Wahrheit sagen. Dich deiner Angst stellen. Durch deine Angst hindurchgehen. Einfach ehrlich zu dir selbst und deinem Partner sein. In einem Satz – ausziehen bis auf den blanken Po! Daraus ergeben sich vier mögliche und logische Zukunftsszenarien.

Möglichkeit 1

Durch das Loslassen der Ängste kommen Wahrheiten ans Tageslicht, mit denen der Partner nicht umgehen kann. Er kann die Wahrheit nicht ertragen, und die Beziehung wird beendet. Wenn das geschieht, macht das aber auch nichts, denn dann war es nicht der oder die Richtige.

Möglichkeit 2

Es werden noch Informationen zurückgehalten, weil man glaubt, der Partner könne damit nicht umgehen. Somit verbleibt man in der Angst, und die Liebe kann nicht zu 100 Prozent erreicht werden.

Möglichkeit 3

Alleine durch das Loslassen von Angst werden sich die Qualität der Beziehung und die Liebe, die beide füreinander empfinden, entscheidend verbessern. Miteinander glücklich werden ist dann nicht mehr nur möglich - es ist unvermeidlich! Denn man kennt seinen Partner dann ja in- und auswendig, und zwar mit allen Schattenseiten. Man braucht sich gegenseitig nichts mehr vorzumachen.

Möglichkeit 4

Ich habe mich getäuscht, und das ganze Prinzip ändert gar nichts an der Beziehung.

Dazu muss ich noch etwas sagen: Wenn du das glaubst, also Möglichkeit vier, dann frage dich einmal, warum die katholische Kirche seit Jahrhunderten die Beichte abnimmt? So gesehen eine gute Sache. Man erzählt es. Aber der falschen Person. Eben nicht dem, den es betrifft. Du kannst es genauso gut deinem Friseur erzählen. Die Angst, dass der Partner es erfährt, oder unser schlechtes Gewissen, wie wir es nennen, bleibt trotzdem erhalten.

Aaahh, daher das Beichtgeheimnis! Ganz schön clever, die Kirche! Und für dieses Müllabladen gibt man dann eine Spende. Man braucht dafür nicht einmal eine Person seines Vertrauens. Man weiß, der Priester ist an sein Beichtgeheimnis gebunden, und für das Abladen des ganzen Mülls macht man seine Geldbörse auf. Das nenne ich eine gute Marketingstrategie!

Unterm Strich ist das Prinzip des Beichtens nur dazu da, dass man sich besser fühlt. Genau wie die Armee von Seelenklempnern, die es heutzutage gibt. Die gleiche Marketingstrategie, nur von der Psychologie in der modernen Gesellschaft neu aufgelegt. Ich sage nur: ärztliche Schweigepflicht. Jeder will nur daran verdienen. Sorry, aber ich sehe das so. Merkst du was, ich bin ehrlich. Ein gutes Gefühl. Allerdings muss ich hierbei anmerken, dass ich damit vor allem die Psychiatertätigkeit in den USA meine. Dort geht jeder, der „etwas auf sich hält“, zu einem Seelenklempner. Dennoch ist die Psychologie für die Menschen, die wirklich Hilfe benötigen, ein Segen. Fakt ist: Wenn wir es erzählen, dann fühlen wir uns dafür zwar besser, aber die Tatsache, dass wir es nicht demjenigen erzählen, den es betrifft, verhindert die Liebe zu diesem Menschen.

Was ist also zu tun? Du musst eine Entscheidung treffen! Eine Entscheidung darüber, ob du dich vor deinem Partner seelisch ausziehst oder nicht. Ob du die Wahrheit ans Licht bringst, oder ob du weiterhin deiner Angst folgst. Eigentlich hast du diese Entscheidung schon einmal getroffen, und zwar am Anfang dieses Buches. Denn da warst du neugierig, was kommt, und hast umgeblättert und weitergelesen. Ich habe dich zwar gewarnt, aber du wolltest nicht hören. Und jetzt bist du hier und weißt, was du zu tun hast, um die wahre Liebe kennenzulernen. Durch diese Tür musst du jetzt durchgehen. Aber bevor du das tust, werde ich dir einige Werkzeuge erklären, die diese ganze Sache etwas, sagen wir mal, persönlicher, romantischer und auch liebevoller erscheinen lässt. Du kannst natürlich jetzt, da du es weißt, losmarschieren zu deinem Partner, ihn mitten im Alltag überfallen und ihm alle Lügen und Geheimnisse erzählen, die du in der Vergangenheit gesagt beziehungsweise verschwiegen hast. Du kannst ihn auch anrufen oder eine Mail schreiben. Oder eine SMS! Spürst du die Angst davor, das einfach so zu tun? So unpersönlich und direkt? Also, ich habe sie gespürt. Deshalb habe ich mir etwas anderes überlegt, denn wenn du das so einfach und unpersönlich tun würdest, dann passiert Folgendes: Möglichkeit eins! Dein Partner ist weg. Wäre ja auch verständlich, denn er weiß noch von gar nichts. Nichts von Loslassen und Vertrauen und Liebe. Zumindest nicht mit dem Verstand. Und er kann sich auch nicht darauf einlassen. Du würdest ihn damit nur überrumpeln. Er wüsste nämlich nicht, dass man auch etwas dafür bekommt, wenn man seine Angst loslässt. Woher auch?

Die einfachste Möglichkeit wäre es, ihn dieses Buch lesen zu lassen, allerdings kenne ich die Menschen, und da ich selbst einer bin, vor allem die Männer. „Mein Verstand hat immer recht! Ach, wie gut das niemand weiß, dass ich Rumpelstilzchen heiß!“

Erinnerst du dich, Anja hat mir das Buch „Bewusst-Sein“ geschenkt. Sie war mit Sicherheit enttäuscht, weil ich es monatelang auf der Toilette liegengelassen hatte. Versetzt euch einmal in die Situation, eurem Partner dieses Buch zu geben, mit der Bitte es zu lesen, damit eure Liebe stärker wird. Für 90 Prozent der Fälle kann ich euch die möglichen Antworten schon jetzt sagen: "Ich habe jetzt keine Zeit dafür! Ich bin momentan im Stress! Ich muss erst noch das Auto saubermachen! Ja, nach der Sportschau vielleicht!" Usw. usw. usw. Lacht nicht! Frauen sind auch nicht viel offener, wenn es darum geht, etwas zu tun, was sie nicht interessiert. Aber das ist der Preis der Emanzipation, den wir alle zahlen müssen!

Also, was können wir noch tun? Ich überlegte mir folgende Strategie - als Erstes dachte ich daran, das Ganze wieder wie eine Art Spiel aufzuziehen. Es hatte ja schließlich schon einmal funktioniert. Durch mein selbst entworfenes Sexspiel hatte ich Anja schließlich dazu bekommen, sich überhaupt auf mich einzulassen. Also ein Spiel. Allerdings musste ich mir über die Faktoren des Spiels erst einmal Klarheit verschaffen. Als Erstes brauchte ich ein Ziel. Was wollte ich mit diesem Spiel erreichen? Dass ich keine Angst mehr hatte und Anja alle Lügen und Peinlichkeiten meiner Vergangenheit sagen konnte, und das am besten so, dass ich sie nicht verlieren würde. Und in diesem Moment waren sie da, alle Ängste, die ich immer vor meinen Freundinnen verheimlicht hatte, weil ich Angst hatte, sie würden mich nicht lieben oder gar verlassen, wenn sie das alles erfahren würden. Alle Ängste, die ich so lange in mir vergraben hatte. Sie waren allgegenwärtig, und ich hatte sie hervorgeholt.

Ich überlegte mir, dass dieses Spiel überall gespielt werden können muss, denn ich wusste nicht, in welcher Situation ich Anja wiedersehen würde und ob ich genug Zeit hätte, mit ihr zu reden. Zum Beispiel beim Spazierengehen oder beim gemütlichen Plausch auf der Couch. Oder aber im Restaurant...nein, zu öffentlich! Dazu mussten wir allein sein. Aber trotzdem musste es ohne viel Drum und Dran möglich sein. Kein Spielbrett, keine Spielfiguren, keine Würfel. Außerdem musste es ohne viel Regeln und Erklärungen auskommen. Das Schlimmste wäre, erst einmal eine Gebrauchsanleitung vorzulesen.

Ich erinnerte mich an ein Spiel, das jeder von uns schon einmal in seiner Kindheit oder Jugend gespielt hatte. Flaschendrehen – Wahrheit oder Pflicht. Perfekt! Allerdings ohne die Flasche. Zu zweit würde das auch keinen Sinn machen. Aber das Frage-Antwort Prinzip war anwendbar. Also waren die Regeln ganz einfach: abwechselnd eine Frage stellen, unter dem Motto: Welche Frage wolltest du mir schon immer stellen, hast dich aber nie getraut? Und jede Frage muss wahrheitsgemäß beantwortet werden. Stell dir bitte vor, du spielst das mit deinem Partner. Hast du Angst vor gewissen Fragen? Oder hast du das Misstrauen, dein Partner lügt dich an, wenn du ihm eine bestimmte Frage stellst? Stell es dir vor, und hör auf deine Gefühle in diesem Moment, auf deine innere Stimme.

Spürst du auch das Unbehagen in der Magengegend? Das ist deine Angst! Du willst nicht loslassen, und du hast kein Vertrauen in deinen Partner. Und jetzt musst du diese Angst nehmen und eine Entscheidung treffen. „Ja, ich werde es ihr/ihm sagen!" Als Argumentation kannst du noch hinzufügen: „Denn es ist unvermeidlich, um wirklich glücklich mit ihr/ihm zu werden!" Und das willst du doch, oder? Wenn du das nicht willst, dann bleibst du in deiner Angst. Du bleibst in deinem Hamsterrad. Versteh bitte, dass die Entscheidung, es zu tun, der erste große Schritt aus deinem Hamsterrad ist. Alles beginnt mit einer Entscheidung! Um wahrhaft glücklich zu werden, ist es UNVERMEIDLICH!

Wir reden hier nicht darüber, deinem Chef die Meinung oder einem Menschen in der S-Bahn zu sagen, dass er nach Schweiß riecht. Nein, wir reden davon, dem Menschen, der dir am nächsten steht, reinen Wein einzuschenken. Die meisten Paare schlafen jede Nacht zusammen in einem Bett – nebeneinander oder aufeinander! Aber es gibt Dinge, die können sie sich nicht sagen. Und diese Leute sprechen dann von Liebe? Von wahrer, VORBEHALTLOSER Liebe? Sorry, jetzt bin ich ehrlich: Das ist keine Liebe, sondern Abhängigkeit. Es ist eine Sucht! Klingt hart, ist aber so. So lange du Angst hast, bist du im Hamsterrad gefangen, bis zum Ende! Bei mir war es so, dass das Ende dann irgendwann kam. Und als Schluss gemacht wurde, kamen die körperlichen und geistigen Entzugserscheinungen: Liebeskummer, Sehnsucht, usw. Erinnere dich, ich habe acht Kilo abgenommen, denn ich war auf Entzug! Auf Entzug von der Droge „Anja". Ich war abhängig!

Also, räum deinen Keller auf und zerre deine Leichen ans Tageslicht. Wie gesagt, du musst sie nicht der ganzen Welt zeigen, aber der Partner an deiner Seite hat ein Recht darauf zu erfahren, wer du wirklich bist. Das ist nur fair, denn dasselbe wünschst du dir doch auch von ihm: Offenheit und Vertrauen!

Da fällt mir die Jerry Springer Show ein, kennst du sie? Da sitzen Menschen auf der Bühne und beichten ihrem Partner ihre Verfehlungen. So weit ist das gut. Aber diese ganze Show ist darauf ausgelegt, dass der andere vollkommen ausflippt. Ich meine, dort gibt es sogar Sicherheitsleute, um die beiden zu trennen, während sie versuchen, sich die Köpfe einzuschlagen. Und das Publikum trägt einen großen Teil dazu bei, dass die Sache eskaliert. Sie grölen und schreien mit nur einem einzigen Zweck: Sie wollen Blut sehen! Das ist Amerika, das ist die westliche Zivilisation, das ist unsere Kultur. Dieser Mensch geht durch seine Angst hindurch und gesteht seine Fehler, die er gemacht hat, ein. Und was bekommt er dafür? Hass, Wut, Unverständnis, Prügel und eine gesamte Fernsehnation, die auf ihn spuckt. Und wir TV-Zombies sehen das und sagen: „Wie bescheuert muss man eigentlich sein, um die Wahrheit zu sagen?" Zugegeben, im Fernsehen damit herauszurücken ist wirklich dumm, aber diesem Menschen bleibt offensichtlich nichts anderes mehr übrig. Er braucht das Geld, das ihm der TV-Sender für seine „Show" bezahlt.

Jetzt kannst du natürlich die Augen davor verschließen und sagen: „Das ist doch alles nur gestellt. Nichts davon ist real." OK, ich weiß nicht, ob es real ist. Aber was ich weiß ist, dass die Menschen, die das sehen, darauf konditioniert werden, Hohn, Spott und Erniedrigung zu erfahren, wenn sie die Wahrheit sagen. Also lassen sie es. Nur nicht mit der Wahrheit herausrücken, sonst ergeht es mir so wie den Leuten im Fernsehen. Plötzlich ist es nicht wichtig, ob es im Fernsehen real ist oder nicht. Durch unsere Angst wird es real, und zwar bei uns! Aber zumindest dem Partner an deiner Seite musst du die Wahrheit sagen. Denn er hat es verdient, genau wie du.

Nun, da das Fernsehen als mögliche Plattform definitiv ausscheidet, gehen wir zurück zu unserem Spiel der Wahrheit. Es sei denn, du willst ins Fernsehen. Aber das ist deine Entscheidung. Denn alles beginnt mit einer Entscheidung!

Da das Grundgerüst feststand, fragte ich mich, wie ich das Ganze beginnen sollte. Das Frage-Antwort-Prinzip war einfach. Die Regel, immer die Wahrheit zu sagen, war auch einfach. Aber wie sage ich es ihr? Ich durfte nicht mit der Tür ins Haus fallen und mich auf Antworten mit Ja und Nein beschränken. Mir war klar, dass ich zu vielen Antworten, die ich vielleicht geben musste, eine entsprechende Erklärung abliefern musste. Was wäre denn, wenn ich in diesem Moment nicht die richtigen Worte finden würde? Also baute ich die Möglichkeit ein, einen sogenannten Joker zu ziehen. Dieser Joker hatte zwei Vorteile. Erstens würde ich Zeit gewinnen, um meine Antwort richtig zu formulieren, und zweitens würde ich um eine Antwort nicht mehr herumkommen. Denn wenn sie mich zum Beispiel fragen würde, mit wie vielen Frauen ich geschlafen hatte (was sie übrigens tatsächlich getan hat), und ich würde „Joker" sagen, würde sich Anja diese Frage sehr genau merken, denn offensichtlich steckte dahinter eine Antwort, die ich erst noch ausformulieren musste. Ich konnte nicht mehr raus aus der Sache, hatte aber Zeit, darüber nachzudenken. Und damit nicht bei jeder zweiten Frage jeder nur Joker rufen würde, gab es davon nur einen für mich und einen für Anja. So lange also der Joker noch nicht beantwortet war, konnte ich oder sie nicht noch einmal den „Joker" ziehen. Damit hatte das Ganze meiner Meinung nach eine gewisse spielerische Leichtigkeit. Ich dachte mir, dass es uns damit sehr viel leichterfallen würde, mit manchen ernsten Themen umzugehen. Ich nahm wieder mein kleines Notizbuch zur Hand und schrieb die festgelegten Regeln auf.

Spiel der Wahrheit
Frage-Antwort Spiel (abwechselnd)
Was wolltest du mich schon immer einmal fragen?
Die Antwort muss der Wahrheit entsprechen.
Ein möglicher „Joker" pro Teilnehmer, der später beantwortet werden kann, aber auf jeden Fall beantwortet werden muss!
So lange ein Joker noch nicht ausreichend beantwortet wurde, ist es nicht erlaubt, eine andere Frage nach hinten zu stellen.
Der Joker kann nur vom Fragesteller wieder freigegeben werden, wenn dieser eine für ihn zufriedenstellende Antwort erhalten hat.

Das ist also das Spiel der Wahrheit. Zumindest eine Variante. Denn als ich weiter darüber nachdachte, verunsicherte mich eine Tatsache total: Welche Themen würden kommen? Da ich nicht wusste, was Anja interessieren würde, konnte ich mich auch schlecht vorbereiten. Aber auf meine Fragen, die ich ihr stellen wollte, darauf konnte ich mich vorbereiten. Und ich wusste sehr genau, was ich von ihr wissen wollte. Ich legte erst einmal die Themenbereiche fest und formulierte dann die Fragen. Hier eine kleine Auswahl, die du beliebig verändern und erweitern kannst.

	Liebe	*Vertrauen*	*Geld*	*Erotik*	*Sexleben*	*Ziele/ Wünsche*
Frage 1	*Was ist für dich Liebe?*	*Keine Frage stellen! Antwort vorgeben:*	*Wie viel Geld hast du?*	*Was ist dein Fetisch?*	*Wie viele Männer hattest du?*	*Wo willst du in 5 Jahren sein?*
Frage 2	*Warst du schon mal richtig verliebt?*	*Du vertraust mir, sonst würdest du dieses Spiel nicht*	*Wie viel verdienst du?*	*Was magst du bei unserem Sexleben gerne?*	*War einer vor mir besser?*	*Willst du Familie?*
Frage 3	*Wer war er?*	*mitspielen.*		*Was magst du gar nicht?*		*Wie viele Kinder willst du wirklich?*
Frage 4						*Wovor hast du Angst?*

Und jetzt werde ich etwas vorgreifen. Interessanterweise bezogen sich Anjas Fragen anfangs auch auf diese Themen. Also: Wenn du dich auf diese Themenbereiche mit Fragen vorbereitest, bereitest du dich gleichzeitig auch auf mögliche Antworten vor. Denn es interessierte uns beide das Gleiche am anderen. Meist, wenn wir eine Frage beantwortet hatten, kam als Nächstes die Frage: "Und du?" Denn wenn man in einem bestimmten Thema einmal drin ist und eine Frage beantwortet hat, will man ebenfalls eine Antwort zum selben Thema haben. Ist die Neugier nicht leicht zu steuern? Mir war das vorher nie so bewusst, aber es ist so. Oder greift hier das Gesetz der Anziehung?

Ich stellte mir dann die Frage, was ich machen sollte, wenn sie sich nicht darauf einlassen würde. Ich würde mit dem Loslassen meiner Ängste nicht vorwärtskommen, wenn sie nicht mitspielte. Aber ich wollte das durchziehen! Ich hatte eine Entscheidung getroffen. Denn alles beginnt mit einer Entscheidung! Wenn sie nichts erzählen wollte, dann eben nicht. Denn ich traf die Entscheidung, ihr in diesem Fall anzubieten, eine Geschichte zu erzählen, und zwar die Geschichte meines Lebens, mit allen versteckten Leichen im Keller. Ich hatte mich entschieden loszulassen, ohne eine Gegenleistung dafür zu erwarten. Denn die Sache war klar: Diese Frau musste wissen, wer ich wirklich bin. Sie wusste nicht, ob sie mich liebt? Dann werden wir die Wahrheit eben herausfinden, und zwar mit der Wahrheit! (Und wieder das Gesetz der Anziehung: Wahrheit zieht Wahrheit an.) Egal, wie die Sache ausgehen würde, ich hatte nichts zu verlieren. Entweder sie liebt mich, wie ich bin, oder sie ist nicht die Richtige! So einfach ist das! Und sollte sie sich nicht für meine Geschichte interessieren, dann war sie gleich zweimal die Falsche, denn sie interessierte sich dann ja offensichtlich nicht für mich als Person. Wie schon gesagt, ich hatte nichts zu verlieren. Und das hast du auch nicht!

Nimm bitte dein Notizbuch zu Hand.

Verwende jetzt deine Ängste, Standpunkte, Lügen, Gefühle und Gedanken, also alle Informationen, die du während des Lesens gesammelt hast, um deine Fragen zu formulieren. Stelle als Erstes genau die Fragen, die dich an deinem Partner am meisten interessieren. Benutze dazu zum Beispiel eine Tabelle, wie ich es getan habe. Oder formuliere die Fragen aus oder schreibe Stichpunkte auf, wie du magst. Und dann ergänzt du diese Fragen mit denen, vor denen du Angst hast. Fordere sie heraus! Lass los! Indem du dich mit diesen Angstfragen auseinandersetzt, passieren drei Dinge:

1. Du kannst dich darauf vorbereiten und eine mögliche Antwort formulieren.
2. Du beschäftigst dich mit deinen Ängsten und holst sie hervor. Du wirst merken, dass sie bei genauer Betrachtung gar nicht so schlimm sind, wie du dachtest.
3. Du hast dadurch die Möglichkeit, eine Entscheidung zu treffen. Eine Entscheidung, deine Angst loszulassen. Denn alles beginnt mit einer Entscheidung!

Meine Entscheidung war auch gefallen und ein Treffen vereinbart. Es konnte also losgehen.

Am Samstagabend war es dann soweit. Anja kam zu mir, damit wir das Wochenende zusammen verbringen konnten. Ich hatte alles vorbereitet, und wir machten es uns am frühen Abend in der Abendsonne auf meinem

Balkon gemütlich. Ich hatte Angst davor, alles loszulassen! Ich war nervös, hatte ich doch diesen ganzen Ballast schon so viele Jahre mit mir herumgetragen. Aber meine Entscheidung stand fest. Alles oder nichts!

Nachdem wir gemütlich gegessen hatten, erzählte ich ihr, dass ich mich heute sozusagen nackt ausziehen werde. Bevor sie etwas erwidern konnte, sagte ich ihr, dass ich Angst davor hätte, dass sie bestimmte Dinge erfährt, ich aber wollte, dass sie alles über mich wüsste. „Was zum Beispiel?“, fragte sie, ohne mich lange erklären zu lassen. Also entschied ich mich, meine größte Angst auf den Tisch zu legen. Im Laufe unseres Zusammenseins kamen von ihr immer wieder Äußerungen über Geld. Kleine versteckte Spitzen und Andeutungen, dass ich doch einmal bei ihrer Mutter vorbeifahren, und mein Sparbuch mitnehmen sollte und dergleichen...

„Was denkst du, wie viel Geld ich habe?“, fragte ich ohne zu überlegen. „Weiß nicht!“, sagte sie. Ich holte Luft, und sagte dann: „Ich habe mit Geld nie umgehen können, meine Ausgaben waren fast immer deckungsgleich mit meinen Einnahmen, und...“ Bevor ich fortfahren konnte, lachte sie nur und meinte: „Schon klar, du hast halt gelebt!“ Ich war derartig perplex, dass ich nicht mehr wusste, was ich sagen sollte. Ich war so erleichtert, als wäre ein großer Felsbrocken von meinem Herzen gefallen.

„Warum erzählst du mir das?“, wollte sie wissen. „Weil du das wissen musst, wenn wir unseren Weg gemeinsam fortsetzten wollen, Süße!“, sagte ich lächelnd. Und dann berichtete ich ihr in groben Zügen von meiner Entdeckung der Formel und dem Spiel der Wahrheit, das ich mir ausgedacht hatte.

Nachdem sie alles gehört hatte, schaute sie mich erstaunt an und sagte nur: „Und du machst dir Sorgen darüber, eine Familie ernähren zu können?“

Wir haben dieses Spiel dann nicht gespielt, denn es war gar nicht nötig. Meine Wahrheit war so etwas wie ein Katalysator zu einem Gespräch über unsere Lügen, Geheimnisse und Ängste. Wir hatten den kompletten Abend bis tief in die Nacht hinein nur ein Thema: unseren gemeinsamen Seelenstrip! Und das Beste daran war: Wir haben uns dabei köstlich amüsiert. Es war herrlich! Wir haben ganze Wagenladungen von Müll abgeladen. Ich liebte Anja an diesem Abend mehr als jemals zuvor.

Als wir dann nachts im Bett lagen und uns aneinanderschmiegten, sagte sie kurz, bevor sie einschlief: „Du hast mich zurückgeholt.“ Es hatte funktioniert! Der Praxistest war bestanden. Wir waren wieder zusammen.

☆☆☆

Evolution

Die Evolution besteht nicht darin, dass man immer heiliger oder immer gescheiter wird, sondern immer bewusster.
Satprem, Sri Aurobindo oder *Das Abenteuer des Bewusstseins*

Bevor wir jetzt gemeinsam unseren Weg fortsetzen, erlaube mir an dieser Stelle einen Hinweis: Die Formel hatte bei Anja und mir funktioniert, aber wie ich im Laufe des Buches bereits erwähnt habe, hatten wir das, was man eine karmische Verbindung nennt. Wir waren Seelenpartner, die eine gemeinsame Aufgabe erfüllen mussten. Auf den nächsten Seiten werde ich stärker in die spirituelle Welt vordringen, denn zu verstehen, wie wir unser Karma aufzulösen hatten, wäre durch andere Mittel nicht möglich gewesen. Bei dem Versuch, das zu erklären, würde die Wissenschaft und die materielle Welt versagen. So dachte ich zumindest. Nun, ich suchte trotzdem eine Antwort... Und zwar eine, die ich wieder meinem Verstand erklären konnte.

Solltest du bereits ein erweitertes Bewusstsein erlangt haben und mit der Spiritualität und ihrem Weltbild vertraut sein, kannst du es wahrscheinlich kaum erwarten, weiterzulesen. Sollte das noch nicht der Fall sein, gebe ich dir einen Rat: Spiele das Spiel der Wahrheit und gehe durch deine Ängste hindurch, stelle dich ihnen, denn in den meisten Fällen ist das der Moment, in dem sich das Bewusstsein zum Bewusst-Sein entwickelt. Zum bewussten Sein!

Erinnerst du dich an den Schlüssel zu einem erweiterten Bewusstsein? Ich nenne es, wie schon erwähnt, „aufwachen“. Deine Ängste und Geheimnisse der Person zu sagen, die es betrifft, das ist der Schlüssel. Deine Ängste loszulassen ist der Schlüssel zu einem erweiterten Bewusst-Sein. Unter dieser Sichtweise ist das folgende Bibelzitat von Jesus besser verständlich. Er sagte:

„Die Wahrheit wird euch befreien.“

Verurteile auch nicht deinen Partner für eine Wahrheit, die dir vielleicht nicht passt. Im Gegenteil, habe Respekt vor seinem Mut, sich dieser Lüge oder Angst zu stellen. Bewundere ihn dafür und folge seinem Beispiel. Er will dir nur damit beweisen, dass er zwar einen Fehler gemacht hat, er dir aber trotzdem vertraut, dass du damit umgehen kannst. Manchmal kann es zum „Aufwachen“ auch schon genügen, die feste Entscheidung zu treffen, seine Ängste und Lügen der betreffenden Person mitzuteilen. Manchmal genügt das, denn alles beginnt mit einer Entscheidung. Allerdings musst du diese Entscheidung dann auch umsetzen.

Ich empfehle dir an dieser Stelle noch einmal, dich mit deinen Ängsten zu konfrontieren, bevor du weiterliest. Denn durch dieses Anschauen deiner Lügen, deiner Ängste, durch deine Reise ins Ich, kannst du den weiteren Weg wirklich „bewusst“ verstehen und ihn auf deine ganz persönliche Situation anwenden.

„Befreie dich aus deinem Hamsterrad!"

Solltest du dich entscheiden weiterzulesen, verspreche ich dir schon jetzt, dass ich versuchen werde, meine Ausführungen so allgemeinverständlich wie möglich zu gestalten. Ich möchte dich bitten, dass du versuchst, deine Erziehung durch Kirche und Gesellschaft auf die Seite zu schieben, um offen für das zu sein, was ich dir darüber erzähle. Sei offen für Neues und Außergewöhnliches. Sei neugierig und aufgeschlossen wie ein Kind. Unvoreingenommen und vorurteilsfrei. Du musst es nicht sofort glauben, aber zumindest in Erwägung ziehen.

Du musst wissen, dass ich während meiner Recherche nach der Formel der Liebe über unsere Welt vieles gelernt habe, was mich staunen ließ und mir verdeutlichte, dass unser Universum nur auf Energie aufgebaut ist. Das Universum ist Energie, die schwingt. Durch diese Energieschwingungen entsteht Materie. Zum Beispiel ist die Energieschwingung bei einem Stein niedriger als bei Luft. Je niedriger die Schwingungen der Energie, umso fester erscheint uns die Materie. Auch unser Körper besteht aus Energieschwingungen. Das nennt man Manifestation. Energie manifestiert sich in Materie. Liebe ist die höchste Schwingung im Universum. Sie ist die göttliche Energie, zu der sich alles hingezogen fühlt. Deshalb lernen unserer Seelen, um auf die nächst höhere Schwingungsebene zu gelangen. Wenn du dich mit deiner Seele unterhalten könntest, und du würdest ihr die Frage stellen, warum bin ich hier, auf dieser Welt, in diesem Leben, dann würde deine Seele darauf antworten: „Du bist hier, damit ich lernen kann.“ Du musst es dir wie eine Karriereleiter vorstellen. Je höher wir auf dieser Leiter, also in unseren Schwingungen, steigen, umso mehr nähern wir uns der höchsten Energieschwingung: Liebe und somit Gott. Und dieses Aufsteigen in die nächste Schwingungsebene ist Evolution. Denn Evolution findet nicht nur psychisch statt, sondern auch geistig und spirituell.

Hast du dich schon einmal gefragt, warum wir in unserer abendländischen Kultur zwei verschiedene Schöpfungstheorien haben? Da ist zum einen die Kirche und die Bibel, in der es heißt, Gott hätte den Menschen erschaffen, und dieser wurde dann aus dem Paradies verbannt. Zum anderen haben wir die Wissenschaft, die erklärt, wir stammen vom Affen ab, und unsere Spezies hat sich über viele Milliarden Jahre der Evolution vom einzelligen Organismus zu dem entwickelt, was wir heute sind.

Ich erinnere mich noch wie heute: In der Schule, zweite Stunde, Religionsunterricht. Schöpfung in sieben Tagen! Dritte Stunde: Biologie. Evolution über Jahrmillionen! Ich fragte mal unseren Religionslehrer, was jetzt richtig wäre. Die Antwort war ungeheuer befriedigend: „Das hängt davon ab, was du glaubst.“ Von diesem Moment an war mir klar, dass meine Lehrer nur totes Wissen weitergaben, das sie selbst nicht ausreichend erklären konnten. Von diesem Moment an interessierte mich die Schule so viel wie ein umgefallener Reissack in China. Ich fing irgendwann damit an, selbst eine Antwort zu suchen. Nun, ich habe bei meinen Recherchen eine einfache Antwort gefunden, die an dieser Stelle vorläufig erst einmal ausreichen muss: Gott hat die Evolution erschaffen! Die Wissenschaft nennt diese Schöpfung Urknall. Seitdem besteht unser Universum aus Energie. Die Wissenschaft ist sich dieser Tatsache seit Albert Einstein bewusst.

Aber wie kam es eigentlich zu dieser Trennung von Wissenschaft und Spiritualität? Am Beginn des zweiten Jahrtausends befand sich die Menschheit im Mittelalter. Zu dieser Zeit war die Kirche die mächtigste Institution, die es gab. Sie hatte einen ungeheuren Einfluss auf die Menschen jener Zeit. Ihr Wort war Gesetz. Die einfachen Menschen, zum Beispiel Bauern, Handwerker oder Händler, hatten auch keine Möglichkeit, diese Institution in Frage zu stellen, so lange sie nicht der lateinischen Sprache in Wort und Schrift mächtig waren. Die Kirche hatte durch diesen Wissensvorsprung Macht über das Volk. Diese Realität, die die Kirche erschuf, die Richtung, die sie vorgab, war eine rein spirituelle. Und sie sorgte dafür, dass jeder an seinem angeborenen Platz verblieb. Wer als Sohn eines Bauern aufwuchs, der wurde Bauer. Und das Wissen um die Heilige Schrift war nur denjenigen vorbehalten, die auch dazu auserwählt wurden. Das Weltbild der Menschen jener Zeit war auf eine einfache und simple Entscheidung hin aufgebaut: Entweder man folgte den kirchlichen Dogmen und konnte so Erlösung erlangen, oder aber man war verdammt, für die Ewigkeit in der Hölle zu schmoren. Durch dieses Weltbild festigte die Kirche ihre Macht, denn nur, wenn die Menschen den kirchlichen Vorgaben Folge leisteten, konnten sie auf ein schönes Leben nach dem Tod hoffen. Alles wurde mit Gott oder dem Teufel in Verbindung gebracht, vom Sonnenschein bis zum Hagelsturm, vom sanften Regen bis zum Erdbeben. Es existierte keinerlei Wissen über die Naturgesetze oder die Prinzipien in unserer Atmosphäre, durch die sich das Wetter ändert. Alles wurde durch die spirituellen Glaubenssätze von Gott und Teufel definiert. Gut und schlecht.

Diese Weltsicht wurde zu Beginn des 14. Jahrhunderts langsam aufgeweicht. Immer mehr sahen die Menschen jener Zeit, wie sich die Kirchenvertreter über ihre eigenen Regeln hinwegsetzten. Das Nicht-Einhalten des Keuschheitsgelübdes oder Korruption, wenn hohe Beamte oder Adelsherren sich über die Gebote hinwegsetzten, zum Beispiel. Die Menschen jener Zeit beobachteten den zunehmenden Verfall der Kirche, ihrer einzigen Verbindung zu Gott, bis ins 15. Jahrhundert, und der Unmut nahm dadurch zu. Es führte zwangsläufig zu einem Punkt: Rebellion! Martin Luther übersetzte die Bibel aus dem Lateinischen und forderte die Ablösung von der katholischen Kirche. Es wurde eine neue Kirche gegründet mit dem Grundsatz, dass alle Menschen freien Zugang zu den Heiligen Schriften haben sollten und diese selbst und frei interpretieren dürfen.

Stell dir das einmal vor, seit Jahrhunderten waren die Kirche und ihre Dogmen die Wahrheit in der Welt, und plötzlich verloren sie ihre Glaubwürdigkeit! Diese Abspaltung hatte bis zum Ende des 20. Jahrhunderts Einfluss auf die Menschen. Meine Urgroßmutter, die ich noch kannte, hätte es nie verstanden, dass ich mit einer Katholikin zusammen war. Noch vor 50-60 Jahren war es auf dem Land verpönt, jemanden aus einer anderen Konfession zu heiraten.

Während dieser kirchlichen Revolution entstand eine Art Vakuum. Woran sollten die Menschen noch glauben? Es muss eine beängstigende Zeit gewesen sein. Alles, was über Jahrhunderte als wahr und richtig angesehen wurde, war plötzlich infrage gestellt worden. Es wurden Forscher ausgesandt, um die Welt als Individuum und freier Geist besser verstehen zu können. Kolumbus, Kepler, Galileo Galilei, um nur einige zu nennen. Das war die Geburtsstunde unseres wissenschaftlichen Zeitalters.

Mit der Zeit der Entdeckungen und Forschungen etablierten sich neue Glaubengrundsätze in unserer Gesellschaft. Das gesamte Weltbild wurde durch die wissenschaftlichen Erkenntnisse, dass die Erde keine Scheibe oder nicht der Mittelpunkt des Universums ist, infrage gestellt. Die Menschen brauchten einen neuen Glauben, denn die Kirche mit ihren spirituellen Aspekten lag falsch. Die Wissenschaft lieferte unwiderlegbare Beweise dafür, was richtig und was falsch war. Durch diese Beweise entwickelten die Menschen den Glauben, dass nichts so wichtig ist wie der Verstand und die materielle Welt, die sie anfassen, sehen und erkunden konnten. Auf einmal war Gott nicht mehr der Schöpfer und steuerte die Geschicke der Welt und seiner Bewohner, sondern jeder glaubte nur noch an das, was er mit seinem Verstand auch greifen und begreifen konnte. Und diese Denkweise ist uns bis in die heutige Zeit erhalten geblieben; nein, sie wurde sogar verstärkt. Durch unsere Technologien haben wir uns zum alleinigen Herrscher über diese Welt aufgeschwungen. Wir glauben nur das, was wir sehen oder mathematisch nachrechnen können. Und selbst dann sind wir nicht zu 100 Prozent überzeugt.

Du brauchst einen Beweis? Eine Frage: Glaubst du an Leben auf anderen Planeten? Ich weiß ja nicht, wie du das siehst, aber ich habe vor Jahren einmal ein Rechenexempel aufgestellt. Allein in unserer Galaxie gibt es 100 Milliarden Sterne wie unsere Sonne. Und im gesamten Universum gibt es über 100 Milliarden Galaxien ähnlich unserer Milchstraße. Und wir glauben, wir wären allein? Sorry, aber das ist schon allein mit mathematischer Wahrscheinlichkeitsrechnung widerlegbar. Trotzdem würde es ein Großteil unserer Kultur erst glauben, wenn sie dieses Leben sehen würde. Obwohl unsere allerheiligste Mathematik uns das Gegenteil zu sagen versucht, glauben wir nur das, was wir sehen und begreifen können. Genauso, wie die Menschen vor 1000 Jahren nur das glaubten, was ihnen gesagt wurde. Aber es gibt noch sehr viel mehr! Denn genau wie vor 500 Jahren, sind die Erde und unsere Gesellschaft im Begriff, sich zu wandeln. Der Weg, den wir bis hierher gegangen sind, war sinnvoll und wichtig in unserer Evolution. Aber wenn wir allein auf unseren Verstand hören, wenn wir diesen Weg weitergehen, dann werden wir diese Welt zerstören. Schau dich einmal um, unser Unmut nimmt immer weiter zu. Jeder ist unzufrieden und beginnt immer mehr damit, die Überwachungsgesellschaft zu verachten. Wir Menschen sind nicht auf der Welt, um überwacht und kontrolliert zu werden. Es hat damals nicht funktioniert, und es wird in Zukunft auch nicht mehr lange funktionieren. Je mehr Menschen aufwachen, je mehr sich ihr Bewusst-Sein entwickelt, umso mehr werden die Glaubenssätze, der materielle Glaube an Technik, Wissenschaft und Politik, in Frage gestellt. Genau wie vor 500 Jahren.

Wusstest du, dass der Kalender der Maja am 21.12.2012 endet? Der Wandel zum Beginn des dritten Jahrtausends ist in jeder großen Prophezeiung enthalten. Nostradamus ist nur einer von vielen. Aber die Welt wird nicht untergehen. Nein, wir werden in ein neues Zeitalter eintreten, in dem wir die beiden Welten von Verstand und Gefühl zusammenführen werden. Wir werden in Zukunft das spirituelle Wissen um Gott und die Energien des Universums mit dem Wissen um unsere technologischen Errungenschaften, die wir erreicht haben und noch erreichen werden, verbinden. Das ist unser nächster Schritt in der Evolution.

Das Wissen um diesen bevorstehenden Evolutionsschritt lässt mich mittlerweile die Welt mit völlig anderen Augen sehen. Auf jeden Fall wünsche ich dir viel Spaß auf unserem neuen Weg, und nun folge mir in die wunderbare Welt der Spiritualität und des Beginns eines neuen Zeitalters.

Ein neuer Weg

Aber auch noch eure beste Liebe ist nur ein verzücktes Gleichnis und eine schmerzhafte Glut. Eine Fackel ist sie, die euch zu höheren Wegen leuchten soll.

Friedrich Nietzsche, *Also sprach Zarathustra*

Anja und ich waren wieder zusammen, und ich genoss unsere Zweisamkeit. Es war wie vorher, aber sie konnte noch immer nicht sagen, dass sie mich liebte. Ich fühlte insgeheim, was ich zu tun hatte, aber ich war noch nicht bereit für diesen Schritt. Für den Moment war es wunderbar, wieder in ihrer Nähe zu sein. Für drei Wochen ließen wir keine Gelegenheit aus, uns zu sehen. Während unserer gemeinsamen Zeit machte ich bei der Erforschung meiner eigenen Spiritualität eine Pause. Für drei Wochen entwickelte ich keinerlei neues Wissen und neue Erkenntnisse über uns und unseren Platz im Universum. Ich musste erst einmal das verarbeiten, was sich mir in den letzten Wochen alles offenbart hatte.

Um zu verstehen, was mich an dieser Frau so faszinierte, muss ich dir von einem gemeinsamen Erlebnis berichten. Ich will es einmal vorweg nehmen – mit ihr wurde es wirklich nie langweilig...

Wir vereinbarten, das kommende Wochenende zusammen bei ihr zu verbringen, und ich freute mich auf zwei ruhige und schöne Tage mit guten Gesprächen, gemütlichem Essengehen und Sex. Ich hatte eine harte Arbeitswoche hinter mir und wollte mich einfach nur ausruhen. Ich war am Freitagabend spät dran, aber das machte nichts, denn sie besuchte noch eine Freundin. Als ich ankam, war es bereits zehn Uhr, aber sie war noch nicht zu Hause. Also rief ich sie an. Sie sagte, sie wäre aufgehalten worden und würde in fünf Minuten da sein. Also setzte ich mich auf die Gartenmauer und wartete, und wartete, und wartete... Nach dreißig Minuten war meine Laune nicht mehr die beste. Dann klingelte das Telefon. Anjas Nummer! Aber eine Freundin von ihr war dran und sagte, Anja sei noch auf dem Fest, und ich solle doch vorbeikommen. Ich hatte weder die richtigen Klamotten an, noch fühlte ich mich zu der Zeit dazu berufen, unter Menschen zu gehen. Mit einem Zähneknirschen fuhr ich dann hin und musste sie erst einmal eine Viertelstunde lang suchen. Ich war einfach nicht in Stimmung, heute noch Party zu machen, aber was sollte ich tun? Ins Auto setzen?

Naja, der Abend war dann doch ganz interessant, sodass mein Ärger schnell verflogen war. Auf dem Nachhauseweg sagte ich ihr: „Mit dir wird es nicht langweilig, Süße!“ Mir gefiel das irgendwie, es brachte die Dinge in Wallung. Ich wurde durch ihre chaotische Art buchstäblich mitgerissen, und mein Leben gewann dabei an Farbe und Erfahrung. Am Samstag hatte sie etwas mit Freunden ausgemacht, aber da jemand aus der Firma dabei war, konnte ich nicht mit, denn wir hielten es noch immer geheim. Sie hatte nämlich mittlerweile die Chance, die Karriereleiter nach oben zu steigen, und ich wollte ihr diese Möglichkeit nicht vermasseln. Also ging sie am Samstagabend alleine weg. Ich blieb zu Hause in ihrer Wohnung, schaute DVDs und trank eine Flasche Wein. Irgendwann schlief ich dann auf dem Sofa ein. Um zwei Uhr morgens kam sie nach Hause und eröffnete mir, dass noch Freunde kämen! Wie bitte? Ich war betrunken, hatte eine Sofakissenfrisur und wollte einfach nur ins Bett. Zumal es in der Wohnung nicht so aussah, als würden wir Gäste empfangen können. Aber ich musste darüber lachen. Also brachten wir die Wohnung auf Vordermann, und ich verschwand im Bad. Für die ganze Geschichte hatten wir gerade einmal fünfzehn Minuten Zeit. Aber wieder war es ein schöner Abend. Ich musste mit Verwunderung feststellen, dass mir das gefiel, dieses Chaos-Managment. Ich sagte zu ihr: „Mit dir wird es wirklich nie langweilig!" Ich liebte sie dafür, dass sie ein wenig positives Chaos in mein Leben brachte. Und ich dachte, ich wäre am Ziel. Bis zu diesem einen Wochenende.

Es war ein Fest in Anjas Stadt, und da ich den Freundeskreis bereits kannte, ging ich mit. Es sollte ein schönes Wochenende werden mit Party, Alkohol und guter Laune. Als wir uns am Freitagabend bei Freunden trafen, um dann als gesamte Gruppe auf das Fest zu gehen, kam ein neues Gesicht zur Gruppe dazu. Ich kannte ihn bisher nur von Fotos: Anjas Ex-Freund, mit dem sie vor mir eine vierjährige Beziehung geführt hatte. Ich war offen, aber ich fühlte mich plötzlich unbehaglich. Wir gaben uns zur Begrüßung kurz die Hand und stellten uns mit Namen vor. Ich bin ein Mensch, der grundsätzlich offen auf andere Menschen zugeht, aber in diesem Fall spürte ich Unbehagen. Ich deutete meine Gefühle als vom Verstand kontrolliert und beeinflusst, denn er hatte mir ja nichts getan. Ich kannte ihn gar nicht, außer von Anjas Erzählungen. Anja schaute mich an und fragte: „Alles OK?“ Ich tat es mit einem Lächeln ab und meinte nur: "Alles bestens!" Ich redete mir in diesem Moment ein, dass mein Verstand ein Problem damit hätte, dass er früher einmal mit Anja zusammen gewesen war. Also feierten wir noch cirka eine halbe Stunde bei Anjas Freunden, um dann zum Fest zu laufen. In dieser gesamten Zeit gingen ihr Ex und ich uns aus dem Weg. War mir auch recht so.

Als wir beim Fest ankamen, war die Party schon voll im Gang. Leider kann ich euch nicht mehr darüber berichten, was an diesem Abend noch alles geschah. Das nächste, was mir in Erinnerung ist, ist, dass ich auf dem Kindersitz hinten in einem Auto saß mit Leuten, die ich nicht kannte. Aber Anja saß neben mir. Ich hörte nur, wie sie die Fahrerin anwies, in welcher Straße sie uns absetzen sollte. Anjas Adresse! Als wir in der Wohnung waren, fiel ich sofort ins Bett und schlief ein.

Am kommenden Morgen wachte ich bereits vor acht Uhr auf. Was war gestern alles? Irgendwie fehlte mir die Erinnerung an diesen Abend. Hatte ich wirklich so viel getrunken? Ich weiß doch, was ich vertrage! Aber offensichtlich hatte ich einen Filmriss! Das ist mir bisher nur einmal in meinem Leben passiert, da war ich siebzehn, und am darauffolgenden Tag hatte ich einen Kater, dass ich dachte, ich würde sterben. Aber an diesem Morgen ging es mir gut, etwas durcheinander zwar, aber körperlich ging es mir wirklich gut. Ich tat die Sache als nicht wichtig ab, und wir verbrachten einen schönen Tag zusammen. Am Abend trafen wir uns wieder bei ihren Freunden. Als wir händchenhaltend auf das Haus zugingen, saßen einige Leute auf der Terrasse. Auch ihr Ex-Freund! Sie zog die Hand weg. Ich sprach sie darauf an, aber sie meinte nur, sie hätte das nicht absichtlich gemacht. Wir hatten auch keine Zeit, die Sache weiter zu vertiefen, denn ich wollte hier vor ihren Freunden keine Diskussion darüber beginnen. Außerdem glaubte ich ihr. Ich vertraute ihr schließlich.

Der zweite Abend lief genauso ab wie der vorangegangene. Wir feierten auf der Terrasse und gingen dann auf das Fest. Und wieder kann ich dir nicht sagen, was an diesem Abend alles gewesen ist. Ich habe bis heute keinerlei Erinnerung daran, was passiert ist, mit wem ich geredet oder wie viel ich getrunken habe. Die erste Erinnerung ist, dass Anja und ich uns zu Fuß auf dem Weg nach Hause befanden. Wir diskutierten über die Tatsache, dass sie mich nicht lieben würde. Ich wollte eine Antwort von ihr. Ich war wütend und aufgebracht, war enttäuscht und verletzt. Nachdem ich vor Wut meine Jacke über eine Hecke in einen Garten geworfen hatte, weiß ich noch, wie ich Folgendes sagte: „Ich kann nicht mit einer Frau zusammen sein, die nicht weiß, ob sie mich liebt. Das würde mich zerstören.“ Als wir dann zu Hause waren, gingen wir sofort ins Bett und schliefen ein.

Am kommenden Morgen fragte ich mich, warum ich an zwei Abenden in Folge einen Filmriss hatte, es mir aber körperlich gut ging. Es widersprach all meinen Erfahrungen, die ich im Laufe meines Lebens mit Alkohol gemacht hatte. Ich versuchte, mich auf den Abend zu konzentrieren, aber da war nichts. Gar nichts!

Hattest du schon einmal Erinnerungslücken? Interessant an der Tatsache ist, dass, wenn man keine Erinnerung an etwas hat, auch keine Emotionen über diesen Zeitraum existieren. Für mich hatte an diesen beiden Abenden nichts stattgefunden. Keine Gedanken, keine Gefühle, keine Bilder, keine Erinnerungen. Nichts! Man kann es schwer darstellen, aber am Nächsten kommt folgende Erklärung: Was immer an den beiden Abenden passiert ist, es hat für mich nicht stattgefunden. Nicht einmal als Beobachter. Es ist so, als wäre ich gar nicht auf diesem Fest gewesen. Aber ich bin ja hingegangen, das weiß ich noch. Alles sehr eigenartig!

Ich hatte auch keine Zeit, weiter darüber nachzudenken, denn Anja war aufgewacht. Ich mache es kurz – nachdem wir geredet und Anja mir erneut gesagt hatte, dass sie ihre Gefühle mir gegenüber nicht einordnen könnte, war ich am Boden. Wir unterhielten uns über die Diskussion, die ich auf dem Weg nach Hause begonnen hatte, dass ich nicht mit einer Frau zusammen sein könnte, die mich nicht liebte. Sie sagte dann: „Vielleicht bin ich nicht in der Lage, zu lieben!“ Also gab es nur eine logische Maßnahme: Wir vereinbarten eine Auszeit, aber eine, in der ich nicht auf sie warten würde. Wenn ich in der Zwischenzeit jemand anderen kennenlernen würde, dann war das eben so. „In vino veritas“, dachte ich. Im Wein liegt die Wahrheit. Der Alkohol hatte mich dazu gebracht, eine Diskussion mit Anja zu beginnen. Ich wusste, dass dieser

Tag kommen würde, aber ich wollte es mir bisher nicht eingestehen. Also fuhr ich nach Hause, und war einfach nur kaputt. Es war vorbei, obwohl ich doch alles versucht hatte. Wir hatten unsere Ängste losgelassen und konnten nicht voneinander loskommen. Ich verstand es nicht. Ich wusste zwar jetzt, was Liebe ist, aber offensichtlich waren Anja und ich noch nicht bereit dafür. Vielleicht hatte sie recht, vielleicht war sie wirklich nicht dazu in der Lage, Liebe zu empfinden. Wenn das der Fall war, dann war meine Formel falsch.

Am darauffolgenden Tag war ich bei einem Mitarbeiter, und wir legten diverse Maßnahmen fest, wie die weitere Vorgehensweise in einem Projekt sein sollte. Er blickte mich an und fragte mich, ob alles OK sei. „Ja, warum?“, fragte ich ihn. „Weil deine Hände zittern, Chef!“, sagte er. Es stimmte, meine Hände zitterten, aber ich schob es auf den Kaffee, den ich getrunken hatte. Aber irgendetwas stimmte nicht. Ich hatte so etwas wie einen Gedankenblitz: Könnte das womöglich von irgendwelchen Drogen kommen? Die Gedanken waren sofort wieder verschwunden. Hatte ich Drogen genommen? Die beiden Abende waren nicht in meiner Erinnerung vorhanden. Ich konnte diesen Gedankenfetzen nicht bestätigen. Hattest du so ein Erlebnis schon einmal, Gedankenblitze? Ja? Dann höre auf sie! Nachdem ich abends zu Hause war, sandte mir Anja eine SMS:

Hi, du, ich hoffe, es geht dir den Umständen entsprechend gut. Ich habe von verschiedenen Leuten vom Fest schlimme Dinge gehört, die du gesagt beziehungsweise getan hast. Ich habe dich trotzdem sehr gern, aber es ist besser, wenn wir uns nicht mehr sehen. Ich wünsche dir alles Gute. Von Herzen, Anja.

Wie? Was? Was ist los? Was habe ich getan? Was ist passiert? Ich rief sie an. Sie erzählte mir, dass verschiedene Leute, die ich überhaupt nicht kannte, ihr berichtet hätten, was ich alles getan hätte. Ich sollte Frauen angegrabscht, Männern Schläge angedroht, Frauen mit derben Sprüchen angemacht haben, und, und, und...

Was sie mir erzählte, war so furchtbar, dass ich es nicht glauben konnte. So war ich nicht, so bin ich nicht, und so werde ich auch nie sein! Es widersprach völlig meiner Persönlichkeit, die ich seit meiner Kindheit mit mir herumtrage und die sich im Laufe der Jahre zu dem entwickelt hat, was ich heute bin. Ich konnte das nicht getan haben! Aber Anja meinte nur, dass sie es von verschiedenen Leuten gehört hätte, die nichts miteinander zu tun hätten. Ich verstand die Welt nicht mehr! Ich konnte mich nicht an das Geringste erinnern. Bis heute nicht! Und ich werde es wahrscheinlich auch nie! Ich hatte zu diesem Zeitpunkt auch keine Erklärung dafür. Jetzt eine ernstgemeinte Frage: Wenn dein Partner so etwas machen würde, und er würde als Erklärung nur abgeben, dass er sich an nichts erinnern kann, würdest du ihm Glauben schenken? Eben! Anja auch nicht.

Noch am selben Abend fuhr ich ins Krankenhaus, um einen Drogentest machen zu lassen, denn es war die einzig logische Möglichkeit für mich. Die anderen Möglichkeiten wollte ich mir gar nicht ausmalen: schizophren, geisteskrank, verrückt...Dr. Jekyll und Mr. Hyde? Erst einmal musste ich jedem erklären, vom Pförtner bis zum Oberarzt, dass ich den Drogentest freiwillig machen wollte. Sie blickten mich alle an, als ob ich nicht mehr ganz dicht wäre. Doch vielleicht stimmte das sogar, aber genau das wollte ich ja herausfinden. Ich habe dazu einmal einen Satz gelesen: So lange du dir die Frage stellen kannst, ob du verrückt bist, bist du es nicht! Aber ich war mir da nicht so sicher.

Der Arzt erklärte mir dann, dass er nur einen Urintest machen könnte. Und wenn die Drogeneinnahme bereits mehr als 36 Stunden zurückläge, und ich in der Zwischenzeit uriniert hätte, würden sie nichts mehr feststellen können. Eine Blut- und Haaranalyse konnte nur in der Gerichtsmedizin der Uni-Klinik erfolgen. Aber dazu müsste ich den Weg über die Polizei gehen. Wie bitte? Das ist unser deutscher Überwachungsstaat! Wenn jemand nur für sich selbst wissen will, ob ihm irgendwelche Drogen verabreicht wurden, dann will der Staat das auch wissen. Die absolute Kontrolle!

Na schön, dachte ich, ich will wissen, was gespielt wird. Also fuhr ich zur Polizei. Mittlerweile hatte ich mich wieder etwas beruhigt und überlegte mir, welche Auswirkungen dieser Schritt haben würde. Wenn sie etwas in meinen Haaren fänden, dann würde die Polizei wissen wollen, wann ich diese Drogen genommen und wer sie mir gegeben hatte. Ich hatte aber keinerlei Erinnerung! Die einzige

Möglichkeit wäre es, eine Anzeige gegen Unbekannt zu erstatten. Aber dann würden sich die Räder unseres Justizsystems anfangen zu drehen. Ich malte mir aus, wie der gesamte Freundeskreis von Anja von der Polizei befragt wurde. Superpeinlich! Außerdem wäre derjenige, der mir die Drogen verabreicht hatte, schön blöd, das zuzugeben. Also war ich der Verlierer. Ich war raus aus dem Spiel. Ich fuhr nach Hause, setzte mich die ganze Nacht auf meinen Balkon und rauchte eine Zigarette nach der anderen. Ich dachte immer wieder über die Situation nach, aber ich drehte mich im Kreis, denn ohne die fehlenden Erinnerungen konnte ich das Puzzle nicht zusammensetzen. Ich hatte Anja wieder verloren und wusste nicht einmal, warum. In dieser Nacht löschte ich ihre Telefonnummer aus meinem Handy.

Zwei Tage später bekam ich die Quittung für die Strapazen der letzten Wochen. Die Wochen des Liebeskummers, die Tatsache, dass ich acht Kilo abgenommen hatte, die Suche nach einer Erklärung für die Liebe, das Wochenende, an das ich mich nicht erinnern konnte, die Möglichkeit, dass ich zu Mr. Hyde mutierte, wenn ich Alkohol trank, und die Tatsache, dass alles umsonst gewesen war, weil ich die Frau verloren hatte, die ich liebte, alles führte unweigerlich zu einem Punkt – ich bekam einen Gehörsturz! Der Arzt sagte: „Das kommt von psychischem Stress! Hatten Sie in letzter Zeit viel Stress?“ Ha, ha, dass ich nicht lache! Nachdem ich Infusionen bekommen hatte, verordnete der Arzt mir Ruhe. Absolute Ruhe! Also klinkte ich mich aus meinem Job aus, schaltete das Telefon ab und legte mich hin. Ich musste meine Gedanken sortieren und traf eine Entscheidung: Ich wollte meine Gedanken sortieren, indem ich sie aufschrieb – und dann begann ich mit diesem Buch.

Einige Zeit später wollte ich endlich wissen, was an dem besagten Wochenende passiert war. Ich war die Lücke in meinem Gedächtnis leid. Ich wollte wissen, ob ich diese ganzen Dinge wirklich gesagt und getan hatte und wer oder was dafür verantwortlich gewesen war. Um eine Erklärung zu finden, nutzte mir die materielle Welt der Wissenschaft und Technik, also die Welt des Verstandes, wenig. Denn ich spürte, dass ich dadurch meine ganz persönliche Büchse der Pandora öffnen, und alles nur noch schlimmer werden würde. Zur Polizei zu gehen war keine Option, auch mit Anja darüber zu reden nicht, denn sie glaubte mir sowieso nicht. Offensichtlich hatte ich ja alle diese Dinge wirklich getan. Blieb nur noch der Weg in die spirituelle Welt. Vielleicht würde ich dort eine Antwort finden. Ich hatte die Formel der Liebe ja auch durch meine Recherchen auf diesem Gebiet entdeckt. Ich wollte auch kein Sicherheitsnetz mehr, denn ich war bereit, alles zu lernen, was nötig war, um eine Erklärung für meine Situation zu erhalten.

Erinnerst du dich noch, dass ich Angst hatte, ohne das Wissen um die Gesetze des Lebens diese Welt zu erforschen? Die Bilder von Luzifer, Engeln, Dämonen und dergleichen waren damals der Grund dafür. Ich hatte damals die Bilder, die mir mein Verstand durch meine Erziehung zeigte, vor Augen. Mittlerweile waren diese Bilder nicht mehr existent. Sie wurden durch meine Recherchen durch Bilder und Wissen ersetzt, die mich sehr viel offener mit den Möglichkeiten spielen ließen, die meine Spiritualität mir bot. Ich dachte kurz darüber nach, eine Hypnose machen zu lassen, aber dadurch würden eventuell nur die fehlenden Erinnerungen zurückkommen, aber die Ursache dafür würde mir dennoch verborgen bleiben. Mir kam sogar der Gedanke, dass ein anderes böses Wesen in der Zeit meiner Amnesie Kontrolle über meinen Körper hatte. Dieser Gedanke machte mir Angst. Ich entschied mich, zu einem Medium zu gehen, denn ich wollte Antworten.

Es war ein ganz normales Haus in einer Neubausiedlung. Ruhig und beschaulich, der Nachbar mähte den Rasen, und alles war so...normal. Ich weiß auch nicht, was ich erwartet hatte, vielleicht ein altes Hexenhaus oder dergleichen. Mein Verstand hatte das Bild wieder aus meiner Erziehung und Erinnerung geholt und dadurch eine Vorstellung geformt. Aber dieses Haus war normal und modern und ich hätte nie gedacht, dass hier jemand wohnt, der als Medium mit höheren Wesenheiten kommunizieren kann. Nachdem mich Sabrina, eine hübsche junge Frau Anfang Dreißig, freundlich begrüßt hatte, bot sie mir an, mich zu setzen. Und als ich darauf wartete, dass es losging, sagte sie plötzlich: „Erzengel Michael ist gerade gekommen und meint, dass du einige Fragen hast." Ich war etwas verwundert, aber ich fühlte mich wohl in meiner Haut, so, als wäre die Tatsache, dass ein Engel erscheint, um mit mir zu sprechen, das Natürlichste auf der Welt. Ich war offen und angstfrei, so, als würde ich abends gemütlich auf dem Balkon sitzen und mir keine Gedanken machen. Und daraufhin folgte durch Sabrina meine erste Unterhaltung mit einem Engel.

Ich: *Ja, die habe ich. Ich würde gerne wissen, ob Anja und ich wieder zusammenkommen?*

Sabrina: *Michael lacht und sagt, du gibst nicht auf, bevor du eine Antwort hast.*

Ich: *Ja, das stimmt. Ich liebe sie.*

Sabrina: *Michael sagt, ihr seid eine Dualseele. Ihr seid zusammengekommen, um voneinander zu lernen.*

Ich: *Ja, das weiß ich, aber ich weiß nicht, was eine Dualseele ist.*

Sabrina: *Michael lächelt wieder, und er sagt, dass ihr in einer karmischen Beziehung einander lehrt und prüft. Aber wenn dieser Lernprozess beendet ist und jeder seinen Teil der Aufgabe gelernt hat, dann werdet ihr wieder zusammenkommen. Ihr habt beide einen Seelevertrag unterzeichnet.*

Er sagt auch, dass das nicht die Frage ist, weshalb du gekommen bist.

Ich: *Ja, das stimmt! Ich hatte vor einiger Zeit ein Erlebnis, an das ich keinerlei Erinnerungen habe, und ich möchte gerne wissen, was und warum es passiert ist?*

Sabrina: *Michael sagt, dass du zu diesem Zeitpunkt unter dem Einfluss eines chemischen Stimmungsmachers gestanden hast. Dieser hat dein Verhalten so verändert,* *dass du Dinge getan und gesagt hast, die nicht deinem wahren Selbst entsprechen.*

Ich: *Was war das für ein Stimmungsmacher? Eine Droge?*

Sabrina: *Ja. Michael sagt, dass es diese Droge bei uns in den Musikhäusern* (Diskotheken) *zu beschaffen gibt. Sie verändert die Persönlichkeit eines Menschen, und dieser glaubt dann, er wäre sexuell potent und schön. Und dementsprechend waren auch deine Handlungen. Man hat, nachdem die Droge ihre Wirkung verliert, keinerlei Erinnerungen an das Gesagte oder das Getane.*

Ich: *Wie bin ich mit dieser Droge in Kontakt gekommen?*

Sabrina: *Michael sagt, jemand hat sie dir in dein Getränk getan.*

Ich: *Und wer war das?*

Sabrina: *Engel dürfen die Namen der Menschen nicht nennen, aber Michael sagt, es war ein Mann, den du aus früheren Seelenleben kennst.*

Ich: *Aus früheren Seelenleben? Wie soll ich das verstehen?*

Sabrina: *Du hast eine sehr alte Seele, sagt Michael, die schon viele Male inkarniert ist. Dieser andere Mann war in einem früheren Leben einmal dein Freund. Aber er war auch für deinen Untergang verantwortlich. Man könnte sagen, er ist dein Erzfeind, auf den du schon viele Male in anderen Leben getroffen bist.*

Ich: *Mein Erzfeind! Warum hat er das getan, mich unter Drogen gesetzt, meine ich?*

Sabrina: *Michael sagt, er hat Neid empfunden, dass du mit deiner Seelenpartnerin zusammengekommen bist. Er beansprucht sie für sich.*

Ich: ...

Sabrina: *Er hat dieses, was er mit dir getan hat, auch schon mit anderen Menschen gemacht. Auch mit Frauen, sagt Michael. Er sollte damit aufhören, sonst kommt jemand zu Tode.*

Ich: *Warum sieht das Anja nicht? Warum glaubt sie mir nicht wirklich?*

Sabrina: *Es ist Teil ihrer Aufgabe. Sie muss durch diese Lüge hindurchsehen und erkennen, dass ihr Martin nicht so ist, wie es ihr dargestellt wird, sagt Michael. Er sagt auch, dass du diesen Mann noch einmal treffen wirst.*

Ich: *Soll das heißen, meine Aufgabe ist es, ihm zu erklären, er soll das sein lassen?*

Sabrina: *Michael sagt, du wirst ihm wieder begegnen.*

Ich: *Na schön... ich bin erleichtert darüber, dass es eine weltliche Erklärung für meinen Gedächtnisverlust gibt. Ich hatte schon die Befürchtung, dass ein dunkles Wesen meinen Körper übernommen hat.*

Sabrina: *Michael sagt, dass diese Wesen gar nicht an dich herankommen, denn du schwingst zu hoch für sie. Du und deine Seelenpartnerin seid Kristallwesen. Eure Seelen sind sehr alt und weise, wobei deine Seele die ältere ist.*

Ich: *Ich verstehe! Ich habe noch eine andere Frage an Michael. Ich habe vor kurzem aus einem unerfindlichen Grund damit angefangen, ein Buch zu schreiben. Und das Schreiben fällt mir wirklich leicht. Warum?*

Sabrina: *Michael lacht gerade, und er sagt, dass das eine deiner Aufgaben ist.*

Ich: *Eine meiner Aufgaben? Wie darf ich das verstehen?*

Sabrina: *Du hast viele wichtige Aufgaben in diesem Leben zu erfüllen, aber diese ist jetzt.*

Er verneigt sich gerade vor dir, Martin.

Ich: *Wer? Michael?*

Sabrina: *Ja, er hatte die Hände vor sich und hat sich verneigt. Das tut er sehr selten.*

Ich: *Ich weiß ehrlich nicht, was ich jetzt sagen soll... außer Danke!*

Sabrina: *Er dankt dir! Und er sagt, dass du in deinen Schwingungen höher steigen sollst. Denn je höher die Schwingung ist, in der du dich befindest, desto mehr Liebe wirst du empfinden, und du wirst diese Liebe auch anziehen.*

Ich: *Ich verstehe! Nun..., ich habe zwar noch so viele Fragen, aber ich denke, das genügt mir erst einmal, denn meine Frage wurde beantwortet. Danke, Sabrina!*

Ich drehte mich herum und sagte in den Raum hinein: „Danke, Michael! Für alles!“

Sabrina: *Er lacht und findet es sehr schön von dir, dass du jetzt noch einmal auf ihn zugegangen bist.*

Ich hatte in meinem bisherigen Leben noch keine Erfahrung, die außergewöhnlicher war als diese. Du kannst das jetzt glauben oder nicht. Ich jedenfalls glaube daran. Interessant an diesem Gespräch war, dass Michael meine

Frage nach dem Hintergrund einer Dualseele nicht ausreichend beantwortet hat. Er wechselte sogar das Thema, indem er mich auf meine andere Frage, wegen der ich eigentlich gekommen war, hingewiesen hat. Fast so, als wollte er das Thema Anja, Dualseele und unsere gemeinsame Aufgabe nicht weiter vertiefen. Also, was ist eine Dualseele, und was steckt dahinter? Vielleicht könnte ich dadurch eine Antwort auf die Frage finden, was unsere, also Anjas und meine, gemeinsame Aufgabe ist und wie wir es schaffen, diese zu erfüllen? Denn wie sollen wir eine Aufgabe erfüllen, wenn wir nicht einmal wissen, was die Aufgabe ist?

Interessant war auch, dass ich gegen die Person, die mir die Drogen in den Drink getan hat, keinen Groll hegte. Ich war nicht wütend auf sie. Wenn überhaupt, dann war ich wütend auf mich selbst. Ich weiß noch genau, wie ich darüber schmunzeln musste und dabei dachte: Interessanter Schachzug, mein Freund! Auch kann ich mich noch genau erinnern, wie ich mich an diesem Abend gefühlt habe. Ich war zum ersten Mal seit Wochen wieder gelöst und entspannt. Ich habe, im Bett liegend, noch ein wenig darüber nachgedacht und den Gesprächsverlauf in mein Notizbuch geschrieben, damit mein Verstand die ganze Geschichte mit der Zeit nicht verändert beziehungsweise Worte hinzufügt oder weglässt. So konnte ich es immer wieder nachlesen, damit ich es so, wie es war, in Erinnerung behalten konnte. An diesem Abend fühlte ich mich pudelwohl.

Ich weiß auch nicht, ob ich wirklich eine Botschaft von Erzengel Michael bekommen habe, denn einer Wesenheit, die über unsere beschränkte Vorstellungskraft hinausgeht, einen Namen zu geben, ist ein sehr menschlicher Versuch der Personifizierung von etwas, das man nicht erklären kann. Da ich es aber ebenfalls nicht erklären kann, werde auch ich weiterhin bei „Michael“ bleiben.

Bei meinen Nachforschungen fand ich auch eine Erklärung dafür, was für eine Droge es gewesen sein musste – K.O. Tropfen oder „Liquid Ecstasy“, flüssiges Ecstasy, wie die Partydroge auch genannt wird. Die Opfer, meist Frauen, nennen sie auch Vergewaltigungsdroge.

☆☆☆

Die Suche geht weiter

Auf einmal war es ihm klar, dass die Suche der einzige Grund des bisherigen Nichtfindens gewesen war; dass man da draußen in der Welt nicht finden und daher nie haben kann, was man immer schon ist.

Paul Watzlawick, *Vom Schlechten des Guten*

Ich war wieder auf der Suche. Aber dieses Mal war die Tatsache, dass ich Anja nicht mehr sehen würde, nicht mehr so schmerzhaft, wie es noch vor einigen Wochen der Fall gewesen war. Wenn du dir die Trennungsschmerzen, die ich damals empfunden habe, als einen schrillen Ton vorstellen kannst, ähnlich einem „I", der in den Ohren wehtut, so war es mittlerweile zu einer Art Hintergrundrauschen geworden. Oder, besser gesagt, zu einem weniger schmerzhaften Ton, ähnlich eines „A". Es tat nicht mehr so weh, von ihr getrennt zu sein. Aber dennoch konnte ich sie nicht vergessen. Wenn ich an sie dachte oder merkte, dass sie an mich dachte, war das nicht mit einem Gefühl der Trauer oder Gleichgültigkeit verbunden, sondern manchmal eher mit einem Gefühl von Verständnis und Freude. Es war verrückt, aber es war so.

Ich wollte natürlich wissen, was Dualseelen sind und was hinter einer karmischen Verbindung steckt. Mein Gespräch mit Michael hatte meine Kräfte wieder mobilisiert, weiterzusuchen. Ich wollte einfach verstehen, in welcher Situation meines Lebens ich mich gerade befand und welche Aufgaben ich zu erledigen hatte, von denen der Engel gesprochen hatte. Interessanterweise las ich aber erst ein Buch über Engel-Canneling, also darüber, die Lichtsprache der Engel zu verstehen und zu deuten. Es interessierte mich in diesem Moment einfach mehr. Und dieses Buch brachte mich auf eine Reise des Lernens und der praktischen Anwendung, die ich mir vor einigen Monaten in meinen kühnsten Träumen nicht ausgemalt hätte. In dem Buch, das die Autorin in Zusammenarbeit mit mehreren Engeln geschrieben hatte, indem sie ihre medialen Fähigkeiten verwendete, waren es die Engel selbst, die das Wort an den Leser richteten. Ich lernte in diesem Buch vieles, das mir dabei half, einen größeren Überblick über Dinge zu erhalten wie mein Chakrensystem, Meditation, Engel und meinem Emotionalkörper, und wie diese Dinge in Zusammenhang mit allem stehen, was um uns herum existiert. Als ich eine Meditation durchführte, in der ich meinen Emotionalkörper, also meine Gefühle, erforschen wollte, passierte etwas Außergewöhnliches: Ich konnte meine innere Stimme hören, als ob ich mich mit jemandem unterhalten würde. Ich formte in Gedanken eine Frage und bekam sofort und ohne Pause eine Antwort darauf. Du kannst es auch als Selbstgespräch bezeichnen, nur ohne Worte.

Sicher wirst du jetzt denken: Jetzt spinnt er total! Mag sein, denn am Anfang dachte ich auch, ich würde nur mir selbst antworten, da ich die Antworten auf meine Fragen schon kannte. Und genau das ist der Punkt! Ich stellte meiner inneren Stimme diese Frage und bekam prompt die Antwort. „Natürlich kennst du die Antwort, sie ist bereits in dir, wenn du die Frage stellst. Ich bin du, ich bin deine innere Stimme, die dir immer zuflüstert und versucht, dich auf den richtigen Weg zu bringen. Jedes Mal, wenn du Tagträume, plötzliche Gefühlsänderungen oder Gedankenblitze empfängst, war ich das, der dir zeigen wollte, wo es weitergeht. Aber du hast lange nicht hingehört, manchmal ja, manchmal nein, aber jedes Mal war ich das. Dein erfahrungsgetränkter Verstand stand dir oft im Weg und wollte nicht hinhören. Stattdessen hast du immer wieder das gemacht, was du immer schon gemacht hast. Verstehst du, ich bin du! Nicht irgendjemand Fremdes, sondern du selbst! Ich will dir helfen, dein Hamsterrad gänzlich zu verlassen. Du bist schon weit gekommen, aber höre auf deine innere Stimme und deine Gefühle!"

OK, dachte ich, wenn ich schon verrückt werde, dann aber richtig. Sofort kam die Antwort, so schnell, dass mein Gedanke noch nicht einmal ausgesprochen hätte werden können. „Du bist nicht verrückt!" Dann erkläre mir mal, liebe innere Stimme: Was ist eine duale Seele? Sofort, ohne Pause die Antwort: „Das weiß ich nicht, denn du hast dir dieses Wissen noch nicht angeeignet. Ich bin du, wie kann ich dann etwas wissen, was du noch nicht gelernt hast?" Gutes Argument! „Ja, argumentieren kannst du", kam die Antwort. Mir wurde die ganze Sache zu unheimlich, und ich löste mich aus meiner Meditation. Und sofort kam mein Verstand und sagte: „Jetzt spinnst du total, das widerspricht allem, was ich gelernt habe." Da haben wir sie wieder, unsere alten Freunde Verstand und Gefühle. Der Verstand quakt ständig rein – das gibt es nicht! Das geht so nicht! Du spinnst ja, wenn du das so machst! Bla, bla, bla. Wie schon gesagt, für meinem Verstand war die ganze Sache nicht zu begreifen, er war dagegen, sich einfach mal auf den Fußboden zu setzen, tief durchzuatmen und sich mit seinen Gedanken zu unterhalten. Er war dagegen!

Wenn unser Verstand jedes Mal, wenn er sein Veto einlegt, ein Rollo vor unseren Augen abrollen würde, könnten wir über die Hälfte des Tages nichts sehen. Und was würde auf diesem Rollo geschrieben stehen? „Dagegen!" Nun, ich traf die Entscheidung, die Sache weiter zu verfolgen, egal, ob ich verrückt war oder nicht. Ich war einfach neugierig.

Und wieder – alles beginnt mit einer Entscheidung. In diesem Fall die bewusste Entscheidung, trotz des Vetos meines Verstands weiterhin mit meiner inneren Stimme zu reden. Ab und zu jedenfalls!

Bist du noch bei mir? Oder hast du das Buch bereits in die Ecke geschmissen? Ich habe dich ja gewarnt, aber du wolltest nicht hören! Wenn du jetzt glaubst, das war abgedreht, dann freu dich darauf, was als Nächstes kommt.

Nach einigen Tagen konnte ich mich mit meiner inneren Stimme zu jeder Zeit unterhalten. Ich nannte sie „Peter"! Echt verrückt, was? Aber so gewöhnte ich mich daran, mit meiner inneren Stimme zu reden, so, als würde ich ein Gespräch mit einem anderen Menschen führen. Mein Verstand brauchte diese Illusion offensichtlich, um sich darauf einzulassen. Natürlich war mir bewusst, dass die Gespräche mit meiner inneren Stimme mich nicht bei meiner Suche weiterbrachten, denn "Peter" wusste es ja auch nicht, weil ich es noch nicht gelernt hatte. Aber was interessant war, war zum Beispiel folgender Dialog: Ich saß abends auf dem Balkon und genoss den Spätsommer. Ich war entspannt und ruhig. Also entschied ich mich, in Gedanken ein wenig mit mir selbst zu reden. Das macht echt Spaß, probiere es mal aus (IS steht übrigens für innere Stimme).

Ich: *Peter, bist du da?*

IS: *Ich bin immer da, das weißt du doch.*

Ich: *Lass uns über Anja reden.*

IS: *Nicht schon wieder, wir kauen das Thema schon seit langem durch, hast du es immer noch nicht verstanden?*

Ich: *Erkläre es mir noch einmal.*

IS: *Anja ist weg, aber sie wird vielleicht zurückkommen, wenn du es schaffst, euer Karma auszulösen.*

Ich: *Und was muss ich dafür tun?*

IS: *Lernen, Alter, lernen! Lernen und an deinem Buch weiterschreiben.*

Ich: *Was hat mein Buch damit zu tun?*

IS: *Mit Anja? Keine Ahnung, aber Michael hat gesagt, das ist jetzt deine Aufgabe.*

Ich: *Was ist meine Aufgabe?*

(Ich liebe es, mich doof zu stellen, ich (IS) werde dann richtig sauer.)

IS: *DEIN BUCH ZU SCHREIBEN! Du Hirni! Verarsche mich nicht!*

(Ich glaube, daher kommt der Ausspruch: Verarschen kann ich mich auch alleine!)

Ich: *Ist ja gut, beruhige dich. Was will ich als Nächstes lernen?*

IS: *Die Meditation über deinen Emotionalkörper.*

Ich: *Alles klar, dann mach ich das. Bis dann!*

Ich habe nichts anderes gemacht als, obwohl ich alles wusste, mir aber noch einmal die Bestätigung zu holen. Von mir selbst! Es ist so, als würde man noch einmal nachsehen, ob man Geld dabei hat, wenn man zum Einkaufen gehen will, obwohl man genau weiß, dass man Geld in der Tasche hat. Einfach noch einmal eine Bestätigung holen. Probier es einmal aus. Entspanne dich und lass deine Gedanken treiben. Weißt du noch, als du Brainstorming gemacht hast? Dasselbe Prinzip, aber dieses Mal ohne das Aufschreiben. Lass deine Gedanken und Gefühle treiben und höre bewusst hin, was in deinem Kopf gesprochen wird. Ich kann es nur noch einmal wiederholen, es ist zwar verrückt, aber es macht riesigen Spaß. Wenn du das kannst, dann wirst du folgendes bekannte Zitat mit ganz anderen Augen sehen.

„Die Wahrheit liegt in dir!“

Mittlerweile kam ich dahinter, dass ich mit meinen Informationen die ich gesammelt hatte, meiner Außenwelt gegenüber nicht mehr so vehement hinter dem Berg halten musste. Bisher stellte ich mir folgendes Szenario vor: Die würden mich alle für total verrückt halten! Reif für die Klapsmühle! Ich meine, wenn ich zu meinen Freunden gehen und sagen würde: „Ich habe mich letzte Woche mit Erzengel Michael unterhalten!", würde ich wahrscheinlich folgenden Spruch zu hören bekommen: „Ja, und betrunken warst du auch, nicht wahr?" Aber interessanterweise kamen zwei meiner Mitarbeiter von sich aus auf solche Themen und erzählten mir, dass manche Dinge hier nicht richtig wären, oder dass sie sich fragen würden, ob es die wahre Liebe wirklich gäbe, und dergleichen. Es war fast so, als würde ich diese Menschen und Themen plötzlich anziehen.

Ein Mitarbeiter eröffnete mir, dass er am selben Abend einen Termin bei einer Kartenlegerin hätte. Aha! Ich war interessiert, hielt mich aber noch zurück, frei über meine Erkenntnisse der letzten Wochen zu sprechen. Er fragte mich, ob ich mitkommen wolle. Ich wollte zwar erst auf das Angebot eingehen, aber da es seine private Angelegenheit war, entschied ich mich dagegen. Ich war schließlich sein Vorgesetzter. (Verstand: Dagegen!) Außerdem hatte ich noch im Büro zu tun und würde dann meine Arbeit nicht mehr erledigen können (Verstand: Dagegen!).

Und da kam dann der Zu-Fall ins Spiel: Kurz vor der Verabschiedung wollte ich noch etwas mit ihm am Laptop durchsprechen. Aber dieser ließ sich nicht mehr starten. Nichts ging mehr! Super, dachte ich, jetzt schaffe ich den Papierkram heute Abend nicht. Ohne Laptop war ich aufgeschmissen. Mein Mitarbeiter sagte nur: „Jetzt hast du ja Zeit, das Angebot steht noch.“ Zufall? Oder Zu-Fall?

Ich fuhr dann mit zu dieser Kartenlegerin, und mein Mitarbeiter dankte mir dafür. Er war sehr offen und meinte, er hätte ein wenig Schiss davor und wüsste nicht, ob er der ganzen Sache trauen könne. Ich erinnerte mich daran, wie ich angefangen hatte (erst die Gesetze, dann die Reise) und musste schmunzeln. Er bekam seine Karten gelegt und war genauso überrascht wie ich damals, als ich die Geschichte zum ersten Mal erlebte. Es war herrlich, seine Reaktionen zu beobachten und wie sich sein Verstand dagegen sträubte, das Ganze als real anzusehen.

Als sie fertig waren, meinte die Kartenlegerin, ob ich auch eine Frage hätte. Ich wollte eigentlich gar nichts fragen, aber dann sagte ich einfach aus einem Impuls heraus: „Ja, ich würde gerne wissen, ob der spirituelle Weg, den ich eingeschlagen habe, richtig ist?“ Aus den Augenwinkeln konnte ich sehen, wie mein Mitarbeiter mich verdutzt anschaute. Die Kartenlegerin ließ mich Skat-Karten mischen, und ich sollte zwölf Karten willkürlich auswählen. Sie sagte, wenn ich mehr rote Karten ziehen würde als schwarze, dann wäre der Weg richtig. Also konzentrierte ich mich auf meinen Weg, den ich eingeschlagen hatte. Das Lernen, meine Formel, das Buch, Anja... und zog währenddessen zwölf Karten. Nachdem Sie diese der Reihe nach herumgedreht hatte, waren elf von zwölf rot. Es war die zweite Karte, die ich gezogen hatte, die schwarz war.

Sie war selbst ein wenig überrascht und sagte dann: „Hier am Anfang liegt noch eine schwarze Karte, das bedeutet, Sie tun sich noch schwer, mit anderen Menschen darüber zu reden. Sie haben noch niemanden, mit dem sie sich über ihre Spiritualität austauschen können.“ Ich sah meinen Mitarbeiter an. Jetzt hatte ich jemanden! Ansonsten war mein Weg, den ich eingeschlagen hatte, anscheinend goldrichtig.

An dieser Stelle noch einmal zum Mitschreiben: Auch wenn es schwerfällt, höre auf deine positiven Gefühle, Emotionen und deine Intuition, denn sie haben immer recht! Alles andere ist nur dein Verstand, der, wie es für einen Herrscher üblich ist, seine Macht nicht verlieren will. Er sagt, das gibt es nicht, das geht so nicht usw. Aber deine Gefühle zeigen dir einen anderen Weg. Einen besseren Weg. Einen Weg, glücklich zu werden. Höre auf deine Gefühle, denn sie sagen dir, ob du hier und jetzt glücklich bist oder nicht. Und dann handle danach, auch wenn es schwer zu verstehen ist. Ich könnte es auch anders beschreiben: Deine Gefühle, also DU, haben die Entscheidung bereits getroffen, jetzt musst du diese Entscheidung nur noch verstehen.

Was als Nächstes passierte, wirst du mir wahrscheinlich sowieso nicht glauben, aber ich glaube mittlerweile daran, deshalb werde ich dir trotzdem davon erzählen. Bleib einfach offen und versuche, es zumindest offen aufzunehmen. Es zu verstehen, wäre wirklich etwas viel verlangt, denn ich konnte es anfangs selbst nicht begreifen.

Am Wochenende versuchte ich die Meditation über meinen Emotionalkörper, über die ich gelesen hatte. Die Meditation hatte das Ziel, meine Gefühle zu sehen, sie sogar berühren zu können. Ich war mehr als skeptisch, wollte mich aber darauf einlassen. Mal sehen, wo die Reise hingeht, dachte ich. Ich hatte mir kurz vorher Gedanken darüber gemacht, warum Anja offensichtlich nicht in der Lage war, ihre Gefühle einzuordnen. Die Worte: „Ich weiß nicht, ob ich überhaupt fähig bin, Liebe zu empfinden!“, fielen mir plötzlich wieder ein, und während ich darüber nachdachte, machte sich ein Gefühl von Trauer in mir breit. Wenn es wirklich so war, dann tat sie mir unendlich leid. Ich weiß nicht, warum ich in diesem Moment darüber nachdachte, aber ich wusste nicht, wie ich ihr helfen konnte. Wir hatten bereits seit zwei Wochen keinen Kontakt mehr, und ich vermisste sie. Also entschloss ich mich, ruhiger zu werden, um die aufsteigenden Gefühle von Verlust und Schmerz nicht noch weiter hochkommen zu lassen. Ich fühlte mich mit dem Trennungsschmerz, ähnlich des Tons „A“, sehr ausgeglichen und konnte damit umgehen. Das Letzte, was ich wollte, waren wieder die Schmerzen, die ich vor Wochen erlebt hatte. Du erinnerst dich – ich verglich es wie mit einem schrillen Ton.

Ich machte die Meditation über meinen Emotionalkörper, die ich aus dem Buch hatte. Und so, wie in diesem Buch beschrieben, stellte ich mir vor, ich würde in einer Lichtsäule sitzen, und diese würde bis weit in den Himmel reichen. Diese Lichtsäule war aus wunderbar hellem und gleißendem Licht, das meinen Körper mit Energie versorgte. Immer tiefer sank ich in diese Meditation und diese Vorstellung der Lichtsäule. Das Licht war um mich herum, und über mir war der Lichttunnel, der nach oben führte.

Als ich mich immer weiter auf diese Vorstellung einließ, passierte etwas Außergewöhnliches. Ohne meine Vorstellungskraft zu verwenden, begann ich plötzlich, durch den Lichttunnel nach oben zu schweben...

Ich öffnete die Augen. Ich war noch in meinem Wohnzimmer und saß im Schneidersitz auf dem Fußboden. Spielte mir meine Wahrnehmung einen Streich? Das Ganze hatte nur in meinem Kopf stattgefunden. Aber ich war neugierig geworden, deshalb schloss ich wieder die Augen und begann, mir wieder die Lichtsäule vorzustellen, in deren Mitte ich mich aufhielt. Wieder begann ich nach einiger Zeit, diesen Lichttunnel hinaufzusteigen, leicht und ohne Mühe. Es wurde immer schneller, als wenn man in einem Aufzug steht, dessen Geschwindigkeit zunimmt. Bis ich plötzlich wie aus einer Art Trichter oder Lichtwirbel aus dieser Lichtsäule herausschwebte. Ich schwebte über diesem Lichtwirbel und konnte ihn unter mir sehen. Er bestand aus demselben gleißenden Licht wie der Tunnel, durch den ich gekommen war. Ich schaute mich um und sah Sterne, Galaxien und Nebel um mich herum. Es war ein Anblick, der so unvergleichlich schön war, dass ich ein Gefühl von Freude und Vertrauen empfand.

Als ich an mir hinuntersah, konnte ich erkennen, dass etwas in meiner Brust leuchtete. Nach dem, was ich in dem

Buch gelesen hatte, war das mein Emotionalkörper. Ich fasste an meine Brust, und das Licht kam aus mir heraus. Es war wie ein Kristall, wie eine übergroße Schneeflocke, die in unglaublich schönen Farben leuchtete. Es ging von Tiefrot bis hin zu Weiß, und es pulsierte und strahlte aus meinen Händen. Es war wunderschön! Das sind also meine Gefühle, dachte ich. Ich war fasziniert und fühlte ein Glücksgefühl, das ich nicht beschreiben kann.

Als ich aufsah, merkte ich, dass ich nicht alleine war. Vor mir schwebte eine Lichtgestalt. Als sie näherkam, erkannte ich die Gesichtszüge von Anja. Dieses Wesen strahlte mich an und schien auf irgendetwas zu warten. Ohne es zu wollen, streckte ich meine Hände aus und hielt meinen Emotionalkörper zu diesem Wesen hin. Es kam näher, umfasste mit seinen Händen meine Gefühle und nickte mir mit einem Lächeln kurz zu. Ich ließ daraufhin los. Das Wesen verschwand mit einer ungeheuren Geschwindigkeit nach unten, an meinem Lichttrichter vorbei. Ich konnte nicht einmal erkennen, wohin es verschwunden war. In diesem Moment dachte ich: Jetzt habe ich meine Gefühle hergegeben. Jetzt sind sie weg! Es war kein Schock oder Angstgefühl, sondern eine Tatsache. So, als wäre es mir egal. Ich empfand nichts dabei.

Als ich mich umdrehte, war dort, wo sich gerade noch Galaxien und Sterne gezeigt hatten, ein großes Tor, es öffnete sich, und gleißend helles Licht trat daraus hervor. Als ich näher heranschwebte, kam aus diesem Licht eine Art Edelstein, wie ein großer Diamant, der weißes und helles Licht ausstrahlte. Dieser Diamant schwebte auf mich zu, und ich griff mit beiden Händen danach. In dem Moment in dem ich ihn berührte, veränderte er sich. Er verwandelte sich in einen Kristall, der rot leuchtete. Ich schaute mir den Kristall genauer an und erkannte ihn als meinen Emotionalkörper, den ich gerade erst diesem Lichtwesen anvertraut hatte und das damit verschwunden war. Ich nahm den Kristall an mich und drückte ihn an meine Brust. Er verschwand darin ohne Widerstand und leuchtete dort durch meine Haut.

Plötzlich wurde ich in den Lichttunnel unter mir gezogen und schwebte wie in einem Fahrstuhl nach unten. Ich sah meinen Körper sitzen, und in dem Moment, in dem ich auf in traf, öffnete ich die Augen. Ich musste Luft holen, aber mein Atem war trotzdem flach und leicht. Ich wusste nicht so recht, was da gerade passiert war, und schaute mich um. Ich saß in meinem Wohnzimmer auf dem Fußboden. Ich verstand nicht, was das gerade war, erst gab ich meine Gefühle einem Lichtwesen mit den Gesichtszügen von Anja, und dann bekam ich einen neuen Emotionalkörper, der sich in meinen alten verwandelte, nachdem ich ihn berührt hatte. Was ist hier los? Mein Verstand war nicht in der Lage, dieses Erlebnis einzuordnen. „Peter, was ist gerade passiert?“, fragte ich, und meine innere Stimme antwortete: „Du hast Anja deine Liebe geschenkt!“

Dieses Erlebnis musste ich erst einmal verdauen. Ich war mir nicht sicher, ob mir meine Fantasie einen Streich gespielt hatte, denn das Erlebnis hatte nur einige Minuten gedauert, schnell und ohne Pause. Da mein Verstand mittlerweile an seine Grenzen zu stoßen schien, was unglaubliche und fantastische Erlebnisse anging, redete ich mir ein, das wäre alles nicht passiert. Ich hatte offensichtlich nur ein Fantasieerlebnis, das in meinem Kopf entstanden war. Mein Verstand sagte: „Das hast du nun davon, dass du dich dein ganzes Leben mit Science-Fiction und Weltraum beschäftigt hast!“ Ich war noch nicht bereit, zu glauben.

Schon seit meiner Kindheit haben mich die Sterne fasziniert. Und so hatte ich, seit ich denken kann, den Wunsch, ins All zu fliegen. Interessanterweise habe ich mich für alles außerhalb unseres Sonnensystems interessiert, während unser System mir eigentlich immer egal war. Ich kann dir nicht einmal alle Planeten, die um unsere Sonne kreisen, in der richtigen Reihenfolge aufsagen. Aber wie unsere Nachbargalaxien heißen oder die Tatsache, dass unsere Milchstraße einen Durchmesser von 100.000 Lichtjahren hat, das weiß ich. Genauso könnte ich dir auf einer Darstellung unserer Galaxie aus dem Stehgreif zeigen, wo sich unsere Sonne befindet. Ich war fasziniert von der unendlichen Weite unseres Universums und wollte einmal in meinem Leben da hinauf und unsere Erde aus dem All betrachten. Ich habe mir immer die Frage gestellt, warum ich diesen Wusch hege.

Aber für einen Beruf als Astronaut war ich einfach nicht gut genug. Also blieb ich auf der Erde und tauchte ein in die fantastischen Welten von Star Wars, Star Treck usw.

Und genau dieser Umstand ließ mich nun zweifeln, dass dieses Erlebnis wirklich stattgefunden hatte. Also entschied ich mich, es erst einmal dabei zu belassen. „Es war nur deine Fantasie, die mit dir durchgegangen ist!“ Mein Verstand war nicht bereit, sich darauf einzulassen. Absolut nicht! Es machte meinem Verstand, es machte mir Angst. Außerdem half mir diese ganze Meditationssache nicht, eine Antwort auf meine Frage nach dem Anja-Problem zu finden. Was bedeutet Dualseele?

Bei diesem Entschluss hatte ich offensichtlich die Rechnung ohne den Wirt gemacht. Denn vier Tage später legte ich mich ins Bett und wollte noch etwas lesen. Das Buch war zäh geschrieben, und ich hatte nicht die richtige Motivation. Also machte ich die Augen zu und beschloss, ein wenig mit mir selbst zu plaudern.

„Peter?“ „Ja“, kam die Antwort in meinen Gedanken. „Wie war mein Tag?“ Und hierbei passierte etwas anderes, ich bekam nicht die Antwort, die ich schon wusste beziehungsweise erwartet hatte. „Er ist noch nicht zu Ende!“, sagte meine innere Stimme. „Komm mal mit!“

Und plötzlich stand ich ohne Meditation in dieser Lichtsäule, reiste in ihr nach oben und befand mich in meinen Gedanken wieder oberhalb des Lichtwirbels. Es ging im Bruchteil einer Sekunde vonstatten. Ich wollte das nicht, aber meine innere Stimme sagte laut: „Bleib hier, ich will dir etwas zeigen!“ Ich sagte gar nichts, denn vor mir schwebte ein Lichtwesen. Es hatte aber nicht die Gesichtszüge von Anja, es hatte überhaupt keine Gesichtsmerkmale.

Wo bin ich hier? Diese Frage formte sich in meinem Innersten, ohne dass ich darüber nachgedacht hatte. Es war, als ob ich nur Zuschauer wäre. Das Lichtwesen kam näher und zeigte mit einer Handbewegung auf eine Galaxie in direkter Nähe und sagte: „Du bist zu Hause." Ich machte die Augen auf – denn das war zu viel! Ich verließ mein Bett und holte mir ein Glas Wasser. Aber eigenartigerweise war ich ganz ruhig. Ich stellte mir aber nun wirklich die Frage, ob ich verrückt war! Ob meine Seele schon einmal auf einem anderen Planeten, in einer anderen Galaxie inkarniert war? Also setzte ich mich auf die Couch und schlug willkürlich eine Zeitschrift auf, um mich abzulenken. Es war ein psychologischer Artikel, und das Erste, was ich auf dieser Seite las, war: Wer sich die Frage stellen kann, ob er verrückt ist, der ist es nicht!

Du kannst davon halten, was du willst. Zu diesem Zeitpunkt versuchte ich noch zu begreifen, was ich erlebt hatte. Aber für mich war im Moment mit den Meditationen erst einmal Schluss. Ich würde mich später erneut damit beschäftigen, denn dieser Weg war zwar verlockend, aber er führte auch von dem eigentlichen Ziel meiner Suche weg. Eines kann ich dir aber schon jetzt verraten: Unsere Seele ist nicht zwangsläufig an die Erde gebunden, sondern kann im ganzen Universum inkarnieren. Auf jedem Planeten, zu jeder Zeit und an jedem Ort. Unsere Seele entscheidet selbst, wo, wann und als was sie welche Erfahrung machen will. Es hängt nur von der Schwingungsebene ab, in der sich der Planet befindet. Fakt ist:

"Wir sind keine menschlichen Wesen, die eine spirituelle Erfahrung machen, sondern wir sind (alle) spirituelle Wesen, die eine menschliche Erfahrung machen!"

☆☆☆

Das karmische Band

Es liegt auch nicht an uns, die Welt oder andere Menschen zu verändern oder aus ihnen bessere Menschen zu machen. Das ist eine recht arrogante Haltung. Wir sind nicht die Herrscher über das Karma anderer. Indem wir unser eigenes Karma erkennen und daran arbeiten, heilen wir uns selbst und andere.

Marcel Geisser, *Die Buddhas der Zukunft*

Mein Trennungsschmerz hatte sich mittlerweile gelegt, er war ähnlich wie der angenehme Ton „O". Ich empfand immer noch Liebe für sie, das spürte ich deutlich, denn ich wollte einfach, dass sie glücklich ist. Aber ich vermisste sie nicht mehr so stark. Ich war nun so weit, meine Suche wieder auf konventionellere Mittel zu beschränken, denn meine Suche in meinen Meditationen brachte mich nicht vorwärts. Die Erfahrungen, die ich während diesen Meditationen mit meiner Spiritualität machte und noch immer mache, waren und sind überaus bemerkenswert, aber sie sind meine eigenen, und ich werde sie vorerst für mich behalten.

Wie gesagt, ich beschränkte meine Suche wieder auf konventionellere Mittel. Ich wollte immer noch wissen, warum Anja und ich so aneinander hingen, aber trotzdem nicht zusammenkommen konnten. Ich spürte sie immer noch, wenn sie an mich dachte. Und das war keine Einbildung. Ich versuchte dann immer, mental eine Blockade aufzubauen, da sie zu fühlen nur mit Schmerz verbunden war. Mittlerweile hatte ich mich mit dem Wort „Dual“ eingehender beschäftigt. Es kommt von dem lateinischen Wort „dualis“ und bezeichnet die Verbindung von zwei Dingen in einem Ganzen, was aber auch: „zwei enthalten“ bedeutet. Sollte das heißen, dass ich zwei Seelen in mir hatte? Ich beschäftigte mich weiter damit und fragte mich, wie mein Leben verlaufen war und was ich alles erlebt hatte. Was sollte ich mit zwei Seelen? Ging das überhaupt? Ich hatte bisher noch nichts darüber gelesen. Also blätterte ich in meinem Notizbuch und schaute mir mein Gespräch mit Michael an. Darin sagte er wörtlich...

...ihr seid eine Dualseele. Ihr seid zusammengekommen, um voneinander zu lernen.

Und weiter...

...dass ihr in einer karmischen Beziehung einander lehrt und prüft. Aber wenn dieser Lernprozess beendet ist und jeder seinen Teil der Aufgabe gelernt hat, dann werdet ihr wieder zusammenkommen. Ihr habt beide einen Seelenvertrag unterzeichnet.

Da stand es: Wir sind „eine“ Dualseele, und wir hatten beide „einen“ Seelenvertrag unterzeichnet. Wir waren beide die Teile eines Ganzen. „Dual“ heißt „zwei in einem Ganzen.“ Ich war fasziniert, hatte aber keine Ahnung, was das bedeuten sollte. Aber zumindest hatte ich ein weiteres Puzzlestück gefunden. Also schön, dachte ich, warum entscheidet sich eine Seele, sich zu teilen? Nein, das kann nicht stimmen, denn Michael hatte auch gesagt...

...eure Seelen sind sehr alt und weise, wobei deine Seele die ältere ist.

Eure Seelen! Mehrzahl! Außerdem war meine offensichtlich älter, sodass eine Seele sich vor der Inkarnation auch nicht geteilt hatte, um in zwei verschiedenen Menschen zu inkarnieren. Hätte ja möglich sein können. Ich verstand es nicht. Ich brauchte mehr Wissen. Das Buch, das ich gelesen hatte, gab mir auch keine ausreichende Antwort, denn dort hieß es auch nur „...Seelenpartner lernen voneinander.“ Aber was? Was sollten wir voneinander lernen? Wie wir uns Schmerz und Trauer zufügen, indem wir zueinander wie in einer Kreisbahn gefangen sind, nicht voneinander loskommen, aber auch nicht zueinander kommen? So nah, und doch so fern! Warum entscheiden sich zwei Seelen, sich derart voneinander abhängig zu machen? Was war der höhere Sinn dahinter? Was war unsere Aufgabe? Ich hatte keine Ahnung. Daher beschäftigte ich mich mit dem „karmischen Band“ beziehungsweise dem „Karma“. Bei Wikipedia gab es folgende Erklärung.

Karma (Sanskrit: n., karman, Pali: kamma, Wirken, Tat) bezeichnet ein spirituelles Konzept, nach dem jede Handlung – physisch wie geistig – unweigerlich eine Folge hat. Diese muss nicht unbedingt im aktuellen Leben wirksam werden, sondern kann sich möglicherweise erst in einem der nächsten Leben manifestieren. In den indischen Religionen ist die Lehre des Karmas eng mit dem Glauben an Samsara, den Kreislauf der Wiedergeburten, verbunden und damit an die Gültigkeit des Ursache-Wirkungs-Prinzips auf geistiger Ebene auch über mehrere Lebensspannen hinweg. Im Hinduismus, Buddhismus und Jainismus bezeichnet der Begriff die Folge jeder Tat, die Wirkungen von Handlungen und Gedanken in jeder Hinsicht, insbesondere die Rückwirkungen auf den Handelnden selbst. Karma entsteht demnach durch eine Gesetzmäßigkeit und nicht infolge einer Beurteilung durch einen Weltenrichter oder Gott, es geht darum nicht um „göttliche Gnade“ oder „Strafe“. Nicht nur „schlechtes“ Karma erzeugt den Kreislauf der Wiedergeburten, sondern gleichermaßen das „gute“. Letztes Ziel ist daher, überhaupt kein Karma mehr zu erzeugen.

Überhaupt kein Karma zu erzeugen? Und was, wenn man ein Karma hat, das man auflösen soll? Ich kam nicht weiter. Was war unsere Aufgabe? Zumindest hatte ich einen Hinweis darauf bekommen, dass das Karma einer Gesetzmäßigkeit unterliegt, und zwar dem Prinzip von Ursache und Wirkung. Mittlerweile hatte ich begriffen, dass Karma aufzulösen bedeutete, eine alte Seelenschuld zu begleichen, etwas wieder gutzumachen. Das Karma ist wie die Frage „Was muss ich wieder gutmachen oder wieder ausgleichen?“ Durch meine Recherchen erfuhr ich: Unsere Seelen planen vor ihrer Inkanation den Lebensweg sehr genau und definieren sehr genau, was sie wann lernen wollen. Du musst es dir wie eine Vorbereitung auf eine Expedition vorstellen. Wenn du auf den Mount Everest steigen willst, musst du auch einen genauen Plan haben. Wie komme ich in den Himalaya, wie viele Basislager benötige ich, welche Hilfe brauche ich wann und durch wen...?

Unsere Seelen machen das genauso, sie planen die einzelnen Stationen ihrer Lebensreise. Wir, also Anjas und meine Seele, haben offensichtlich einen gemeinsamen Reiseplan festgelegt. Nur, das Problem an der ganzen Geschichte ist, dass sobald unsere Seele auf die Erde inkarniert, wir uns in niedrigere Schwingungen begeben. Also weiter weg von der höchsten Schwingung – der Liebe, und dadurch diesen Plan vergessen. Wir müssen nun durch unsere verschiedenen Lebenssituationen und unter Berücksichtigung unseres freien Willens unseren Plan erfüllen. Und während wir (unsere Seelen) uns fragen, welcher Weg der richtige ist, lernen wir. Wir lernen Angst kennen, Trauer, Wut und Verzweiflung. Und dadurch lernen wir Seelen dazu.

In den höheren Schwingungen existiert so etwas wie Angst nicht. Sie wird von uns, indem wir in die niedrigeren Schwingungen inkarnieren, erforscht. So ähnlich, als wenn du dein warmes Bett in Deutschland verlassen, in den Himalaya auf Expedition gehen und während der Anreise deine Reiseplanung vergessen würdest. Du stündst im Schnee und hättest keine Ahnung davon, was du dort sollst. Von dieser Situation ausgehend, würdest du ein Abenteuer erleben, das du deinen Urenkeln noch erzählen könntest. Das gleiche Prinzip. Es geht darum, Erfahrungen zu sammeln und zu lernen. Und die Lernaufgabe lautet immer: lieben lernen – vergeben lernen. Offensichtlich waren Anja und ich durch diesen geplanten Weg miteinander verbunden. Und diese Verbindung ist das karmische Band.

Ich werde das noch etwas ausführlicher erklären, denn dieses Wissen ist wichtig.

Karma – das Prinzip von Ursache und Wirkung – heißt, dass nichts zufällig geschieht. Jede Ursache hat eine Wirkung, und jede Wirkung hat eine Ursache. Wir wissen, dass alles im Universum Energie ist. Aber Energie geht niemals verloren, sie ändert nur ihre Form. Damit ist jede Aktion eine Energieschwingung, die mit der gleichen Schwingung zum Ausgangspunkt zurückkehrt. Gleiches erzeugt Gleiches. Ganz simpel ausgedrückt:

„Was man sät, das erntet man!“

oder:

„So, wie man in den Wald hineinruft, so schallt es zurück!“

oder ein Spruch aus der Bibel:

„So, wie ihr richtet, so werdet ihr gerichtet werden, und mit welchem Maß ihr messet, so werdet ihr gemessen werden!“

Matthäus 7,1

Jeder Mensch ist demnach der Schöpfer seiner eigenen Zukunft. Jeder Gedanke, jedes Gefühl, jede Tat und jedes Wort ist nichts anderes als Energie. Und diese Energie ist eine Ursache, die eine Wirkung erzeugt, zuerst bei dem Empfänger, schlussendlich aber vor allem bei sich selbst. Noch einfacher ausgedrückt:

„Was du nicht willst, das man dir tu,
das füg´ auch keinem anderen zu!“

Nach dieser kosmischen Gesetzmäßigkeit (Kosmos kommt übrigens aus dem Griechischen, und bedeutet „Ordnung“), die sich nicht unterbrechen oder stoppen lässt, gibt es so etwas wie Sünde, Schuld, Zufall, Glück oder Unglück nicht. Selbst wenn du dich jetzt entschließt, aufgrund dieser Wahrheit deine Füße hochzulegen und „nichts“ zu tun, tust du doch etwas. Du tust „nichts“! Die Ursache heißt hier „nichts tun“, die Wirkung kann dann zum Beispiel sein, dass du kein Geld mehr verdienst.

Wenn du das Ganze weiterspinnst, kannst du auch „nichts“ mehr essen. Ist doch logisch, dass die Wirkung entsprechend deiner Handlung deinen Hungertod zur Folge hätte. Denke einmal darüber nach! Du kannst dieser Gesetzmäßigkeit nicht entkommen. Nur leider wissen die wenigsten Menschen von diesem kosmischen Prinzip. Die Begriffe „Glück“, „Unglück“ und „Zufall“ sind nur Bezeichnungen für diese noch nicht erkannte Gesetzmäßigkeit.

Eigentlich komisch, die meisten Menschen wissen darüber nichts, obwohl die Kausalität ein wissenschaftlich anerkanntes Prinzip ist. Aber warum ist das so? Sie wollen es offensichtlich nicht wissen. Sie haben Angst. Sie verschließen die Augen davor, denn sonst müssten sie sich ja an die eigene Nase fassen, wenn irgendein „Unglück“ passiert. Diese Menschen könnten dann nicht mehr die Ursache im Außen suchen, beim Nachbarn, beim Partner, beim Chef oder bei der Schwiegermutter, denn diesen wird die Schuld gegeben. Nein! Wenn sie sich dieses Prinzips wirklich bewusst wären, müssten sie sich ihre eigenen Standpunkte und Prinzipien anschauen. Ihre eigenen negativen Worte und Gedanken. Denn alles, was sie aussenden, kommt zu ihnen zurück. Sie haben Angst davor, plötzlich für ihre Taten und Worte verantwortlich zu sein. Sie verschließen die Augen davor und wollen es gar nicht hören. Wenn wir Angst haben, blockieren wir jeden und alles, was uns damit konfrontieren will. Ich persönlich verwende die Begriffe Glück, Unglück und Zufall nicht mehr, denn eines ist nach diesem kosmischen Prinzip von Ursache und Wirkung klar erkennbar:

„Es gibt keinen Zufall!"

Wenn wir lügen, werden wir belogen.
Wenn wir betrügen, werden wir betrogen.
Wenn wir hassen, werden wir gehasst.
Wenn wir vergeben, wird uns vergeben.
Wenn wir lieben, werden wir geliebt.
Usw.

Stopp!, wirst du jetzt sagen. Wenn wir lieben, dann werden wir geliebt? Warum ist das dann nicht so? Tja, dieselbe Frage habe ich mir auch gestellt. Aber die Erklärung dafür ist gleichermaßen einfach und kompliziert. Das kosmische Prinzip von Ursache und Wirkung ist nicht auf dieses Leben, auf diese Inkarnation deiner Seele beschränkt. Es funktioniert inkarnationsübergreifend, das heißt, wenn du in einem früheren Leben Mist gebaut hast, kann er dir in diesem Leben auf die Füße fallen. Und das ist die reine Wahrheit! Jetzt wirst du verstehen, warum die Menschen Angst davor haben. Aus höherer Sicht, aus Sicht deiner Seele, ist es nur eine Aufarbeitung der begangenen Taten. Nur eben aus einem anderen Leben. Das kann zum Beispiel bedeuten, dass jemand, der in einem früheren Leben ein Mörder war, dieses Karma auflöst, indem er – du ahnst es schon – in diesem Leben ermordet wird. Wer zum Beispiel seinen Partner hintergangen hat, wird in diesem Leben hintergangen. Jetzt wirst du sagen: "Das ist doch nicht fair!" Aus einer höheren Sicht, nämlich aus der Sicht deiner unsterblichen Seele, ist es fair. Wenn du jetzt sagst: Das glaube ich nicht! Ich glaube nicht an Wiedergeburt und mehrere Leben, dann sollte ich dich daran erinnern, dass du das Ganze vorurteilsfrei und unvoreingenommen betrachten wolltest.

Ja, wir haben eine unsterbliche Seele. Das erzählt uns die Kirche auch. Was sie aber nicht verbreitet, ist die Tatsache, dass unsere Seele immer wieder reinkarniert. (lat. Re-in-carne heißt „zurück ins Fleisch“.) Das bedeutet, sie erforscht die Dualität, indem sie Körper beseelt, egal, ob Tier oder Mensch. Als was sich die Seele erfahren will, ist ihr überlassen, allerdings ist es abhängig von der Seelenreife. Einfach ausgedrückt: Wenn eine Seele bisher nur die Erfahrung als Elefant, Schlange und Affe gemacht hat, glaubst du, sie kann sich dann gleich als nächste Erfahrung eine Inkarnation aussuchen, deren Lebensplan vorsieht, Staatsoberhaupt eines Landes zu werden? Nein!

(Obwohl sich bei manchen Politikern der Verdacht aufdrängt.) Die Seele plant ihre Lebensreise in der Geistigen Welt. Sie entscheidet sich, diese und jene Erfahrung machen zu wollen und welches noch nicht aufgelöste Karma aus anderen Inkarnationen sie auflösen will. Das nennt man den Seeleplan.

Wenn du jetzt aber der Meinung bist, dass wir alle unser Schicksal selbst in der Hand haben, dann gebe ich dir sogar recht. Denn es kommt immer darauf an, wie wir mit den Situationen umgehen, die wir als „Schicksalsschläge" bezeichnen. Bleiben wir in unserer Angst, oder nehmen wir unser Karma bewusst an und kommen gestärkt aus der Krise hervor? Denn sei ehrlich, jede Krise, die du gemeistert hast, hat dich stärker gemacht, hat deine Persönlichkeit reifen lassen. Oder nicht? Ich persönlich sage dir dazu nur eins: Nach dem Weg, den ich zurückgelegt habe und den ich dir teilweise in diesem Buch noch schildern werde, stellt sich mir die Frage nach dem Glauben oder Nichtglauben gar nicht mehr. Ich weiß es einfach. Aber auch hier lasse ich dir die Wahl – das Buch schließen und den Autor als Spinner abstempeln oder weiterlesen. Denn du hast einen freien Willen. Nutze ihn! Bevor du das tust, habe ich noch eine Frage.

„Bist du Sklave deiner Ängste oder Herr über dein Schicksal?"

Entscheide selbst!

Um weiter auf die Frage einzugehen, warum wir nicht

immer geliebt werden, wenn wir lieben, muss ich dir noch ein anderes Wissen mitgeben, damit du die Zusammenhänge besser verstehst. Wie ich bereits erwähnte, planen unsere Seelen ihren Weg der Inkarnation sehr genau. Das heißt, meine Seele hat geplant, welche Erfahrungen sie machen will beziehungsweise ich als Mensch machen soll. Aber eine Erfahrung ist meist nur im persönlichen Austausch mit anderen Menschen möglich. Dafür gibt es Seelenverträge. Es sind Absprachen zwischen verschiedenen Seelen, die voneinander lernen und so ihr Karma auflösen. Zum Beispiel haben Seelen vereinbart, sich als Vater und Sohn zu erfahren oder als Mann und Frau, wobei es in erster Linie darum geht, eine Erfahrung zu machen, die noch nicht erlebt wurde. Oder zum Beispiel als alleinerziehende Mutter oder als Paar, das festgelegt hat, dass der gemeinsame Weg sechs Jahre dauert, und nachdem beide sich die Lernaufgabe angeschaut haben, kommt es zur Trennung, oder sie werden Eltern eines behinderten Kindes. Oder, oder, oder...

Ich höre hier den Aufschrei. Das ist eine Frechheit, zu behaupten, ein behindertes Kind zu haben, sei absichtlich so gewählt. Außerdem, wie soll das ablaufen – sitzen die Seelen zusammen und unterzeichnen Verträge mit Papier und Stift? Das Wort „Seelenverträge" ist nur der Versuch, dem menschlichen Verstand dieses Prinzip der Seelenabsprachen untereinander zu erklären. Versetze dich einmal in den Versuch, einem Römer aus dem Jahr 100 v. Chr. das Internet zu erklären. Oder die Funktionsweise eines Handys. Weißt du, was ich meine? Und eine Frechheit ist es keineswegs, denn es geht für deine Seele darum, so viele unterschiedliche Erfahrungen wie möglich zu machen, denn dadurch reifen unsere Seelen. Genauso, wie wir durch unsere vielen Erfahrungen im Laufe unseres Lebens in der Persönlichkeit reifen. Das Prinzip, das hier dahinter steht, nennt sich „wie oben, so unten, wie im Kleinen, so auch im Großen“. Es ist neben dem Ursache- und Wirkungsprinzip und dem Gesetz der Anziehung ein weiteres kosmisches Prinzip.

Aber wieder zurück zu den Seelenverträgen. Es wird mit anderen Seelen vereinbart, welche Erfahrungen miteinander gemacht werden sollen, um festgelegte Ziele zu erreichen. So ist eine der Seelen bereit, zum Beispiel eine Erfahrung als Mobbingopfer, die andere, eine als Täter zu erleben. Das Ziel, nämlich sich aus seiner Opferrolle, seiner Angst zu befreien, ist fest verankert und soll auf jeden Fall erreicht werden. Allerdings steht es unserem freien Willen offen, auf welchem Weg wir dieses Ziel erreichen. Wenn wir angstfrei und mit Vertrauen unseren Weg gehen, egal, wie schwierig er ist, kommen wir auf schnellstem Weg zum festgelegten Ziel. Allerdings fällt uns Menschen dies überaus schwer, denn wir hadern bei jeder kleinen Unebenheit mit unseren Ängsten und Zweifeln. Und dann wird der Weg anstrengender, schwieriger und mühevoller.

Lass es mich mit dem Beispiel einer Autobahn vergleichen. Die Autobahn ist gerade, du kannst schnell fahren, musst aber manchmal auf LKWs und andere Fahrzeuge achten. Aber es ist leicht, zu fahren. Meistens fahren für eine bestimmte Zeit andere Autos mit dir zusammen (zum

Beispiel ein Partner, ein Freund oder ein Kollege) auf diesem Weg. Wenn du jetzt aber eine Situation, deine Aufgaben, in unserem Fall einen LKW zu überholen, nicht annehmen willst, weil du dich davor fürchtest, dann musst du von der Autobahn runterfahren. Nur ist es anstrengender, auf der Nebenstraße zu fahren. Du kannst nicht mehr so schnell fahren, jedes Überholmanöver birgt Risiken, die deine Angst noch mehr schüren. Du musst dich besser konzentrieren. Wenn du immer noch Angst davor hast, LKWs zu überholen, dann fährst du auf eine Landstraße. Jetzt wird es noch anstrengender, du musst mehr Kurven fahren, öfters schalten, dein Weg führt dich den Berg hoch und wieder runter. Je weiter du dich von deinem geplanten "leichten" Weg entfernst, desto schwieriger und anstrengender wird die Reise. Du fährst zwar immer noch auf dein Ziel zu, aber auf der Landstraße benötigst du mehr Kraft, mehr Konzentration und mehr Zeit. Und das alles nur, weil du Angst hattest, einen LKW auf der Autobahn zu überholen.

Und dann passiert das, wovor du dich die ganze Zeit drücken wolltest. Auf einer kleinen Nebenstraße kommt dir ein LKW entgegen. Du wirst auf deinem Weg zum Ziel auf jeden Fall mit deiner Lernaufgabe konfrontiert. Entweder du gehst angstfrei und freiwillig deinen Weg, oder du wirst irgendwann mit der Situation, um die du dich drücken wolltest, konfrontiert. Um es noch anders zu beschreiben: Es ist, als ob wir in einer offenen Gefängniszelle sitzen, aber Angst davor haben, durch die offene Tür hinauszugehen, denn wir wissen ja nicht, was uns draußen alles erwartet.

Stattdessen laufen wir in unserer offenen Zelle immer im Kreis. Wie in einem Hamsterrad.

Ich gebe zu, dass der Vergleich sehr einfach dargestellt ist, aber im Grundprinzip ist es so einfach. So lange wir unsere Aufgaben, die in unserem Seelenplan stehen, ohne Angst annehmen, kommen wir leicht und schnell an unser Ziel. Sollten wir aber vor einer Erfahrung zurückschrecken (offene Gefängniszelle) oder aus Angst versuchen, ihr aus dem Weg zu gehen (wir verlassen die Autobahn), dann greifen Sicherheitsnetze. Diese Sicherheitsnetze sollen uns darauf aufmerksam machen, dass wir den Weg verlassen haben. Es sind die Spiegelungen in unserem Umfeld, die uns wieder in Richtung Aufgabe stoßen wollen. Je mehr wir uns aber dagegen sträuben, uns diese Lernaufgabe des Lebens anzusehen, desto straffer und schmerzhafter werden die Sicherheitsnetze in unserem Seelenplan. Es ist ein geniales System, um uns erst sanft die Richtung vorzugeben, aber wenn nötig, durch Schmerz dahin zu bewegen, unsere Baustellen anzusehen. Je länger wir uns sträuben, desto negativer erscheinen uns unser Umfeld und unser Seelenfrieden. Und dann werden aus Schicksalsschlägen echte Probleme, die sogar unserer geistigen und körperlichen Gesundheit schaden können. Quasi als Spiegelung, als Konfrontation im Außen. Schau es dir endlich an und lass deine Angst los! Die Erfahrung müssen wir auf alle Fälle machen, denn wir haben sie uns ja als Entwicklungsschritt in diesem Leben aufgeschrieben. Die Frage ist nur, ob wir es freiwillig tun oder durch die Sicherheitsnetze dazu gezwungen werden. Auf die sanfte, oder doch lieber auf die harte Tour? Und für diese Entscheidungen haben wir einen freien Willen. Dieser gibt uns die Möglichkeit, direkt oder auf Umwegen an unser festgelegtes Ziel zu gelangen. Wir haben die Wahl. Einzig und allein die Erfahrung des Weges, die Erledigung der Aufgabe ist das Wichtige. Oder anders gesagt: Der Weg ist das Ziel! Das ist das Leben in der Dualität. Jetzt gibt es natürlich Ängste und Blockaden, die bei uns nur im Unterbewusstsein vorhanden sind. Und um uns diese Ängste bewusst zu machen, werden wir damit konfrontiert. Schauen wir uns diese Ängste an und stellen uns ihnen, dann können wir sie auch meistern. Hierzu gibt es eine einfache Regel.

Erkennen – Anschauen – Vertrauen – Loslassen!

Erkennen

Die Blockade und die Angst erkennen.
Sie wirklich bewusst wahrnehmen.

Anschauen

Warum habe ich Angst davor?
Was würde passieren, wenn ich das trotzdem so mache?
Welche Chancen stecken darin?
Was ist der positive Aspekt, wenn ich es mache?

Vertrauen

Darauf vertrauen, dass, wenn sich eine Tür schließt, eine andere aufgeht.

Loslassen
Durch diese Angst hindurchgehen. Sie als das akzeptieren, was sie ist: nämlich nur ein Grund, aber kein Hindernis. Mit dieser negativen Situation konfrontieren. Die neu geöffnete Tür erkennen und hindurchgehen.

Klingt einfach, oder? Leider ist es aber so, dass sich viele Menschen auf ihrem Umweg abseits der Autobahn verfahren und manche Ziele nicht mehr vor dem Ende der Inkarnation (dem Tod) erreichen. Sie wollen sich nicht ihre Lernaufgaben anschauen und haben Angst, loszulassen und zu vertrauen. Daraufhin müssen sich diese Seelen diesen nicht erfüllten Lernaufgaben in der nächsten Inkarnation erneut stellen, bis sie es sich angeschaut haben. Wie gesagt, es klingt einfach, aber es gibt dabei ein Hindernis, das uns allein das Bewusstmachen der Lernaufgabe, das Erkennen der Ängste, schwer macht. Dieses Hindernis will uns klein und schwach halten. Es will uns in der Angst halten. Es will uns kontrollieren und manipulieren. Es will verhindern, dass wir bewusst erwachen. Dieses Hindernis ist – unser Ego! Und dieser kleine Mistkerl kann richtig gemein sein. Aber das werde ich später noch näher erklären.

In der folgenden Zeit konzentrierte ich mich auf das Schreiben dieses Buches, und ich kam wirklich gut voran. Alle Erinnerungen kamen wieder auf, wie Anja und ich uns kennengelernt hatten, welche Schwierigkeiten ich hatte, mich überhaupt auf sie einzulassen, usw. Es war damals schon so, dass wir bei unserer ersten Begegnung die Liebe spürten, sie aber nicht richtig deuteten, denn unser Verstand war uns im Weg...

Wenn ich mir die letzten zwölf Monate unseres gemeinsamen Wegs, den du ja bereits kennst, anschaue, war es immer so, dass wir umeinander kreisten. Dieses „so nah und doch so fern" war von Anfang an Teil unserer Beziehung. Erst wollte ich nicht, dann sie nicht, dann ich nicht, dann wieder sie nicht. Du erinnerst dich: Erst wollte ich nicht, weil sie in derselben Firma arbeitete, dann wollte sie nicht ihre Gefühle offenbaren, daraufhin zog ich mich wieder zurück und sagte: Es ist nur Sex. Und als ich dann wieder im Zeitraum von sechs Monaten auf sie zuging, wollte sie plötzlich nicht mehr und schickte diese Mail.

Es ging sogar noch weiter: Daraufhin zog ich mich zurück, um zu recherchieren, worauf sie wieder auf mich zukam. Dann entfernte ich mich wieder von ihr mit meiner Aussage: "Ich kann nicht mit einer Frau zusammen sein, die nicht weiß, ob sie mich liebt!" Wir hatten in dieser Kreisbahn umeinander bereits vier Runden gedreht. Der krönende Abschluss war dann, als sie logischerweise wieder auf mich zukommen sollte, die Geschichte mit den zwei Amnesieabenden, denn jetzt war sie am Zug, musste wieder auf mich zugehen, wenn sie mich zurückhaben wollte. Aber das wollte sie ja nicht, denn sie glaubte mir nicht und hatte das Vertrauen in mich verloren! Na schön, wenn es so war, dann war es eben so. Ich musste sie loslassen! Der Trennungsschmerz... Ist es dir aufgefallen? Es waren wieder die beiden Komponenten Vertrauen und Loslassen im Spiel. Sie musste mir vertrauen, und ich musste sie loslassen. Was hatte Michael gesagt?

...es ist Teil ihrer Aufgabe! Sie muss durch diese Lüge hindurchsehen und erkennen, dass ihr Martin nicht so ist, wie es ihr dargestellt wird.

Und wenn sie das schafft, dann würde sie Vertrauen haben. Vertrauen und loslassen? Ich musste meine Formel aufblättern – und dann begann ich wieder, Notizen zu machen:

Wenn Anja (und somit ihre Seele) die Lernaufgabe „Vertrauen“ hatte, und ich (und somit meine Seele) die Lernaufgabe „Loslassen“, und wir diese beiden Dinge voneinander lernen sollen, dann befinden wir uns während dieses Lernprozesses in einer Kreisbahn umeinander. Diese Kreisbahn könnte man auch als Seelenverbindung sehen. Und diese Verbindung verhindert, dass wir diese Kreisbahn verlassen können, bevor die Aufgabe gelöst ist. Wie ein Band. Das karmische Band! So nah, und doch so fern.

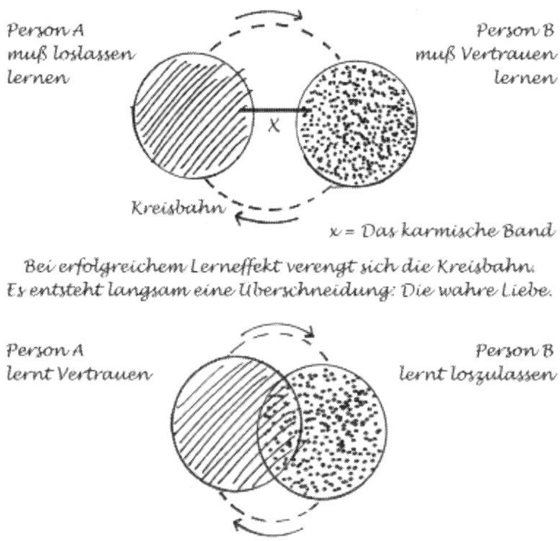

Dieser Lernprozess erfolgt meist getrennt voneinander, und das Lerntempo kann stark voneinander abweichen. Sobald beide Personen real wieder Kontakt suchen, bevor die Lernaufgabe abgeschlossen ist, scheitert der erneute Kontaktversuch meist nach kurzer Zeit. In solch einer Kontaktphase findet auch kein Lernprozess statt. Erst nachdem beide ihre Aufgabe gelernt haben, ist ein dauerhaftes Zusammensein möglich. Wenn beide ihre Lernaufgabe erfühlt haben, entsteht eine hundertprozentige Überschneidung. Jeder hat für sich beide Komponenten in sich: Vertrauen und Loslassen = Liebe.

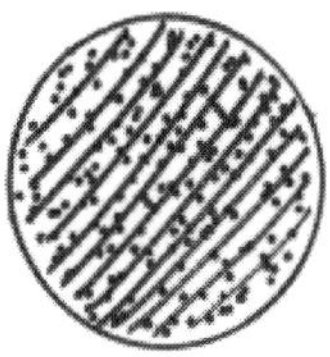

Sie sind aber nicht mehr zwangsläufig miteinander verbunden. Sie überlappen sich, wie bei einem Keks mit Füllung, und diese Füllung zwischen den Personen ist die wahre Liebe!

Jeder der beiden trägt zu 100 Prozent Liebe in sich allein. Zwar für den anderen, aber es herrscht keinerlei negative emotionale Abhängigkeit mehr. Keine Verlustangst, kein Besitzanspruch, keine Eifersucht. Nur Liebe! Das karmische Band zwischen ihnen, das sie immer wieder auf ihrer Kreisbahn umeinander gehalten hatte, ist durchtrennt. Das Karma wurde aufgelöst. Nun haben die beiden Partner die Wahl:

Sie können entscheiden, getrennt voneinander ihren Weg (alleine) fortzusetzen.

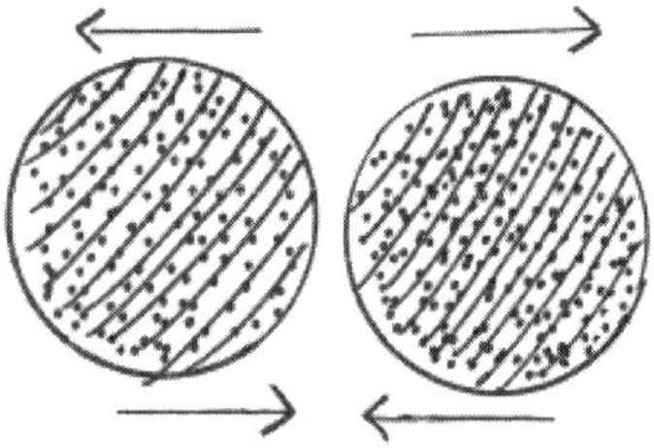

Oder sie entscheiden sich, zusammen zu bleiben, und ihren Weg gemeinsam fortzusetzen.

Sollte nur einer der beiden seine Aufgabe bewältigen oder einer nicht schnell genug seine Lernaufgabe erfüllen, dann entsteht folgende Situation, was allerdings für beide Seiten eine überaus schmerzhafte Gefühlserfahrung ist, wobei auf lange Sicht auch körperliche Symptome auftreten können. Diese Gefühlserfahrung kann auch erst später eintreten.

Person A hat seine Aufgabe gelöst und verlässt die Kreisbahn. Die Verbindung wird einseitig gelöst.

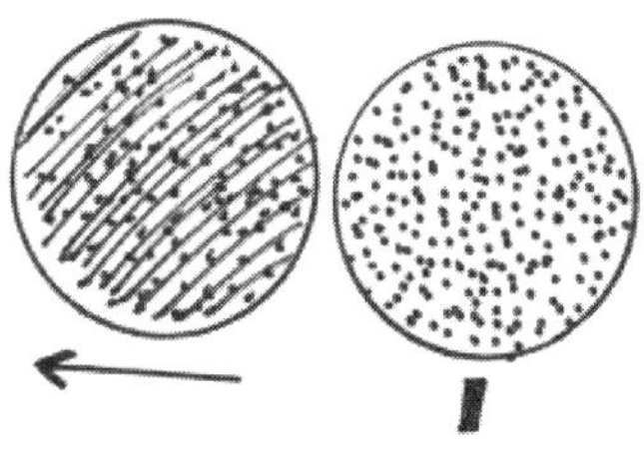

Person B hat seine Aufgabe nicht gelöst und wird endgültig verlassen.

Person B wird endgültig verlassen und zu einem späteren Zeitpunkt und mit einem anderen Partner erneut vor diese Aufgabe gestellt. So lange, bis sie ihre Seelenaufgabe erfüllt hat und ihr Karma aufgelöst ist. Das ist es! Nicht das alleinige Loslassen von Lügen und Ängsten und der Aufbau von Vertrauen waren unser Problem, sondern das Loslassen und das Vertrauen WAREN UNSERE ÄNGSTE! Wir hatten beide Verlustangst. Nur, dass unsere Verlustangst sich in unterschiedlicher Art und Weise zeigte. Bei mir war es das Loslassen. Ich konnte niemals eine meiner Ex-Freundinnen loslassen. Und wenn es dann unweigerlich dazu kam (Gesetz der Anziehung), dann suchte ich mir sofort wieder eine Neue und begann erneut zu klammern.

Bei ihr war es das Vertrauen. Sie war nicht in der Lage, sich auf jemanden einzulassen, denn wenn sie das versuchte, kam ihre Verlustangst und sagte ihr, das würde eh nicht halten, besser, sie beende es, bevor es zu spät sei und sie enttäuscht würde. Quasi: Leg ihn ab, bevor er dich ablegt! Das waren unsere Aufgaben, die wir voneinander lernen sollten. Loslassen und vertrauen! Auch umgekehrt war Lernen angesagt: Ich musste Vertrauen lernen, dass eine Frau mich so liebt, wie ich bin, und Anja musste ihre Vergangenheit mit Vater und Ex-Freund, der wie eine Art Vaterersatz erschien, loslassen. Und zu dieser Theorie passten auch die beiden Abende, in denen ich unter Drogen stand. Sie musste durch diese Lüge hindurchsehen, durch ihre Angst hindurchgehen, dann würde sie Vertrauen aufbauen.

Ich war platt. Es war so einfach, wenn man es durchschaut hatte. Durch diese Theorie ergab mein langer, schmerzlicher Weg des Lernens in den letzten Monaten einen Sinn. Ich hatte gelernt, sie loszulassen. Obwohl ich Liebe für sie empfand. Oder gerade deshalb?

Hatte ich sie losgelassen? Wirklich? Ich dachte an sie und hörte dabei in mich hinein. Ich versuchte, meine Gedanken und Gefühle zu erkennen und zu deuten. Ich stellte sie mir vor, im Urlaub, im Bett, unser gemeinsames Sexleben, das Lachen, unsere Abende beim Chinesen..., ich ging alles in Gedanken durch, jede Situation, in der ich mit ihr zusammen war. Und ich hörte in mich hinein. Bis ich Anja tief in meiner Vorstellung vor mir hatte, alles: ihr wunderschönes Gesicht, ihr Lachen, ihre schöne Haut, den tollen sexy Körper, die schönen dunklen Augen, wie süß sie aussieht, wenn sie schläft, ihr Geruch, ihre süßen kleinen Finger, ihre wundervollen Haare, ihr offenes Wesen, ihr Temperament, den gemeinsamen Sex, ihr Chaosmanagement, die Nächte, in denen ich ihr immer den Rücken gekrault hatte, während sie sich an mich schmiegte – das alles holte ich aus meiner Erinnerung hervor und erkannte: Sie war meine Traumfrau. Und ich liebte sie.

Als ich das Bild vor mir hatte und die Liebe spürte, die mich einwickelte wie eine Decke, sagte ich laut: „Du wirst sie nie mehr wiedersehen!“ Währenddessen horchte ich in mich hinein, achtete auf meine Gefühle, einen Anflug von Angst in der Magengegend, irgendwo...? Vielleicht ein kleines Drücken in meinem Bauch. Ein kurzes Aufflammen von Angstgefühl. Verlustangst! Schwach zwar, aber immer noch vorhanden. Also hatte ich Anja noch nicht zu 100 Prozent losgelassen.

„Loslassen“ beziehungsweise „Verlust“ war also meine Angst. Klar, ich konnte damals ja nicht einmal meinen alten Job kündigen, obwohl meine Gefühle förmlich schrien: „Ich bin hier nicht glücklich!“ Aber in Anjas Gegenwart war ich glücklich, warum also loslassen? Weil das die Lernaufgabe meines Seelenplans war, weil auch ich sie etwas lehren musste, und weil wahre Liebe selbstlos und ohne Vorbehalte und Bedingungen ist. Irgendwie mussten wir da durch. Außerdem fiel mir die letzte Aussage von Michael ein.

...dass du in deinen Schwingungen höher steigen sollst. Denn je höher die Schwingung, in der du dich befindest, desto mehr Liebe wirst du empfinden, und du wirst diese Liebe auch anziehen.

Was bedeutete „in meiner Schwingung höher steigen“? Ich musste meine Angst, „loszulassen“ weiter erforschen, ich musste sie gänzlich aus dem Keller ans Tageslicht zerren, und dann musste ich durch sie hindurchgehen. Fragt sich nur, wie? Wie lässt man die Angst, „loszulassen“ los? Wie heilt man seine Verlustangst?

☆☆☆

Erforschung der Angst

Genau wie ich wirst du irgendwann einsehen, dass es ein Unterschied ist, ob man den Weg nur kennt, oder ob man ihn beschreitet.

Morpheus, Matrix (Film)

Ich hatte eine Entscheidung getroffen. Jetzt musste ich sie nur noch verstehen, denn die Tatsache, dass ich jetzt wusste, was ich zu tun hatte, machte die Sache nicht unbedingt einfacher. Ich musste meine Traumfrau gehen lassen, die Frau, die ich liebte. Um das zu bewerkstelligen, musste ich meine Verlustangst erforschen. Ganz toll!

Ich werde nun den Weg beschreiben, den ich gegangen bin, um hinter die wahren Hintergründe meiner Angst zu kommen. Dazu habe ich mich auf Themenfelder begeben, bei denen mir die derzeitige Situation, in der sich unsere Gesellschaft befindet, noch bewusster wurde, als es bereits der Fall war. Ich habe vieles weggelassen, und einiges von dem, was auf den nächsten Seiten kommt, wirst du vielleicht anders sehen. Jeder Mensch hat die Freiheit, sich seine eigene Meinung zu bilden. Denk einfach daran: Es ist meine Meinung, und ich bin nur ehrlich.

Ich erinnerte mich an einen Film – „PS. Ich liebe dich“. In dieser Liebesgeschichte wird die Frau durch Briefe, die ihr verstorbener Mann ihr in unregelmäßigen Abständen zukommen lässt, aufgefordert, die schönsten Momente ihrer gemeinsamen Beziehung noch einmal zu erleben beziehungsweise sich damit auseinanderzusetzen. Sie wird mit der Vergangenheit konfrontiert, und durch diese Konfrontation gelingt es ihr am Ende, ihn loszulassen. Sie ist bereit für etwas Neues. Dass sie am Ende immer noch Liebe für ihn empfindet, steht außer Frage. Aber sie lässt die Vergangenheit und ihn los. Ich habe mir daraufhin verschiedene Aufgaben gestellt und in mein Notizbuch geschrieben.

Angst testen: Bei jedem Test auf deine Empfindungen und Gefühle hören. Empfindest du noch Verlustangst, wenn du dieser Situation ausgesetzt bist?

Test 1: Anja in Gedanken vorstellen.
Test 2: Bilder ansehen (Urlaub usw.).
Test 3: Gemeinsame Musik hören (unser Lied).
Test 4: Orte aufsuchen, an denen wir gemeinsam waren.
Test 5: Telefonischer Kontakt.
Test 6: Persönlicher Kontakt.
Test 7: Abschiedsbrief schreiben.

Also traf ich eine Entscheidung, denn alles beginnt mit einer Entscheidung – ich wollte die Sache durchziehen. Ich war nicht den ganzen Weg der letzten Monate gegangen, um jetzt aufzugeben. Und ich spürte, dass ich kurz vor dem Ziel war. Zumindest dachte ich das zu diesem Zeitpunkt. Als Erstes begann ich mit meinen Tests. Test eins hatte ich ja bereits durchgeführt und gemerkt, dass noch die Angst in mir war, sie für immer zu verlieren.

Also Test zwei: Ich schaute mir eine komplette Stunde unsere Urlaubsfotos und die gemeinsamen Bilder an und achtete auf meine Gefühle und meinen Verstand. Um es kurz zu machen: Es war schön, die Bilder anzusehen, die Erinnerungen wieder hervorzuholen und die Momente, in denen die Bilder entstanden waren, in Gedanken noch einmal zu erleben. Es war ein Gefühl von Vertrautheit und Glück. Dennoch war noch tief in mir diese nagende Angst, sie könnte mich hassen dafür, was ich während meiner beiden Amnesieabende abgeliefert hatte. Ich war das zwar gewesen, aber eigentlich war ich es nicht, zumindest nicht bewusst. Mir stellte sich die Frage, wie sehr sie sich von ihren Freunden und Bekannten beeinflussen ließ. Und dabei empfand ich meine Angst, die Verlustangst, die ich erforschen wollte. Sie war zwar schwach unter einem sehr viel stärkeren Gefühl des Vertrauens, aber sie war da. Ich hatte auch einen Namen dafür: Zweifel! Test zwei also auch nicht bestanden, aber zumindest wusste ich, woher meine verbleibende Angst kam. Und hier passte wieder meine Formel: Wenn ich sie nicht zu 100 Prozent losgelassen hatte, konnte ich auch nicht zu 100 Prozent Vertrauen in sie haben. Loslassen = Vertrauen!

Test drei und vier brachten auch keine weiteren Erkenntnisse. Was ich aber bemerkte, war die wachsende Neugierde in meinem persönlichen Umfeld. Es hatte nichts mit mir zu tun, aber ein weiterer Mitarbeiter von mir äußerte sich über die momentane gesellschaftliche Situation und meinte, die ganze Welt würde auf eine große, grundlegende Veränderung hinsteuern. Es war wirklich so, als würde ich die Menschen in meinem Umfeld immer mit dem Thema anziehen, mit dem ich mich gerade beschäftigte. So, als würde mein Umfeld mir einen Spiegel vorhalten. Hinzu kam noch ein Erlebnis, das mir zu denken gab.

Ich beschäftigte mich in den darauffolgenden Tagen mit dem bevorstehenden Evolutionssprung der Erde und der Menschheit, und die Ergebnisse waren alles andere als freundlich. Ich mache es an dieser Stelle kurz: Wenn wir Menschen es nicht schnellstmöglich schaffen, unsere Geldgier und unseren Machthunger, unsere Lügen und Täuschungen in den Griff zu bekommen, werden auf unserer Erde für lange Zeit die Lichter ausgehen.

Zurück zu dem versprochenen Erlebnis: Mein Großvater hatte 83. Geburtstag, und die ganze Familie war anwesend. Ich muss dazu sagen, dass er nicht mehr so fit ist, denn er hat in den letzten Jahren gesundheitlich stark abgebaut. Aber an diesem Tag war er das blühende Leben.

Ich saß auf dem Sofa, und mein Großvater fragte mich plötzlich, ob ich ein wenig mit ihm reden wollte. „Worüber willst du reden, Opa?“, fragte ich. „Über den Weltuntergang!“ Ich war baff und setzte mich neben ihn. „Was willst du mir erzählen?“ Er erzählte mir von einem alten Mann, den er vor 75 Jahren auf seinem Schulweg immer traf. Dieser galt im ganzen Ort als Spinner und Verrückter, weil er immer wieder sagte: „Am Zwanzigsten geht die Welt unter!“ Ich war fasziniert, denn durch meine Recherche wusste ich, das zum Beispiel der Kalender der Maja am 21.12.2012 endet. Wie dem auch sei, die Tatsache, dass mein Großvater, nachdem ich ihn über 30 Jahre kenne, genau zu dem Zeitpunkt eine 75 Jahre alte Geschichte aus seiner Kindheit erzählte, als ich mich mit dieser Thematik befasste, war mehr als nur Zu-Fall! Oder? Die Verwandschaft mischte sich in das Gespräch ein, und es wurden Witze und Anekdoten darüber ausgetauscht.

Hier zwei Beispiele:

Treffen sich zwei Planeten. Sagt der eine: „Mann, geht's mir schlecht! Ich habe Homo sapiens!“ Sagt der andere: „Nicht so schlimm, das geht schnell vorbei!“

Und:

Irgendwann kommt eine Zeit, in der ein Haus so von Termiten zerfressen ist, dass es besser ist, das Haus abzureißen, um dann ein neues zu bauen!

Ich sagte wenig dazu...allerdings war mir auch bewusst, dass wir, jeder Einzelne für sich, seine eigene Zukunft manifestiert. Wir alle sind unseres Glückes Schmied, und jeder erwachte Mensch auf Erden, der Neid und Angst ablegt, lässt diesen Prozess etwas sanfter über die Bühne gehen. Denn uns steht ein Evolutionssprung bevor, der vor keinem Bereich unserer Zivilisation Halt machen wird. Politik, Wirtschaft, Wissenschaft, Religion, Landwirtschaft, Umwelt, Technologie, zwischenmenschliche Beziehungen – alles wird sich verändern. Allerdings wird das nicht Schlag 2012 passieren. Es ist ein Prozess, der sich über mehrere Jahrzehnte hinzieht. Und er findet bereits statt. Sieh dich doch mal um in der Welt – die Religionen verlieren immer mehr an Ansehen und Einfluss, die Regierungen wissen nicht mehr, wie sie ihre Haushaltslöcher stopfen sollen. Länder melden Zahlungsunfähigkeit an. Der Euro-Stabilitätspakt fliegt den EU-Staaten um die Ohren, die Wirtschaftskrise ist noch lange nicht vorbei. Erdbeben und Flutwellen überall auf der Welt. Das Wetter macht, was es will. Und irgendwie hat man das Gefühl, dass die Zeit schneller abläuft. Als wenn eine permanente Zeitbeschleunigung stattgefunden hätte. Dieser Paradigmenwechsel wurde von vielen alten Kulturen vorhergesagt. Die Welt wird nicht untergehen, aber durch unseren Eintritt in das Wassermannzeitalter werden wir uns wieder unserer unsterblichen Seele bewusst. Die Menschheit erwacht aus einem langen Schlaf des Vergessens in der Dualität.

Die Beschreibung „Wassermannzeitalter" ist auch nicht irgendein astrologischer Hirnfurz, sondern in der Astronomie ein nachweisbarer Fakt. Unsere Erde dreht sich entlang einer gekippten Erdachse, wodurch die Zyklen der vier Jahreszeiten entstehen. Dadurch befindet sie sich in einer Kreiselbewegung, deren komplette Umrundung etwa 26.000 Jahre dauert. Diese Kreiselbewegung wird „Präzision" genannt, wobei wir nun vom Fischezeitalter in das Wassermannzeitalter eintreten. Ein weiterer Zyklus betrifft unser gesamtes Sonnensystem. Unsere Sonne, mit allen Planeten im Schlepptau, bewegt sich um das Zentrum unserer Milchstraße, wobei dieses im Laufe von Millionen von Jahren immer wieder um den galaktischen Äquator pendelt. Wir kommen nun in eine Phase, in der unser Sonnensystem zunehmender kosmischer Strahlung ausgesetzt ist, und diese hat Auswirkungen auf unsere Sonne und auf die Erde. Durch zunehmende kosmische Strahlung ist eine erhöhte Sonnenaktivität möglich, und das Magnetfeld unsere Erde wird beeinflusst. Wenn der Mond, eine Kugel aus Stein und Staub, durch sein Schwerkraftfeld unsere Meere bewegen kann (Ebbe und Flut) und den Monatszyklus bei den meisten Frauen steuert, was denkst du, wie wir und unsere Welt durch Veränderung eines Sterns wie die Sonne beeinflusst werden? Zu unserer Zeit, hier, jetzt, in der Gegenwart, fallen mehrere kosmische Zyklen zusammen. Und von diesen Zyklen wussten viele uralte Kulturen. Wir werden mit Energieschwingungen konfrontiert, die wir nicht verstehen. Und diese „Schwingungserhöhung" hat Auswirkungen auf alles um uns herum – auch auf uns selbst. Denn alles, wirklich alles, ist Energie, die schwingt.

Übrigens: Eine Eigenart des Wassermannzeitalters ist es, dass Lügen keinen langen Bestand mehr haben. Es kommt jetzt alles nach und nach ans Tageslicht.

Ich werde jetzt nicht weiter auf die 2012 Thematik eingehen, denn darüber gibt es mittlerweile unzählige Bücher. Wenn du Interesse daran hast, dann kann ich das Buch (R)EVOLUTION 2012 von Dieter Broers empfehlen. Ebenso die gleichnamige Dokumentation auf DVD. Dieter Broers ist Biophysiker und erklärt den bevorstehenden Evolutionssprung, die Schwingungserhöhung und den damit einhergehenden Bewusstseinswandel auf rein wissenschaftliche Art und Weise, wobei er die Forschungsergebnisse aus den Bereichen Astrophysik, Medizin, Biologie und Quantenphysik verbindet und klar und leicht verständlich untermauert wiedergibt. Solltest du also eine wissenschaftliche Erklärung suchen, bist du bei diesem Buch genau richtig. Mir hat es geholfen, die ganze Geschichte aus einem anderen, einem wissenschaftlichen Blickwinkel zu betrachten. Und es hat meiner Überzeugung das entsprechende wissenschaftliche Fundament verpasst.

Also, wie gesagt, wir alle sind unseres eigenen Glückes Schmied. Und ein weiteres Suchen dieses Glücks in der materiellen Welt der Banken, TV-Sendungen, Internet-Partnerportalen und eines Jobs, den wir nicht wirklich machen wollen, hält uns in Abhängigkeit und Angst. Wir denken, wir sind abhängig davon und können ohne diesen ganzen Quatsch nicht leben. Und genau diese Angst, etwas zu verlieren, führt dann zu Verlust. Wie in der Partnerschaft, so auch in der materiellen Welt. Deshalb konnte ich auch nie mit Geld umgehen, denn ich hatte Angst, im Alter arm zu sein. Ich begab mich immer weiter in die Spirale nach unten. Zu wenig erfüllte „materielle" Träume – zu wenig Geld – mehr arbeiten – mehr Anschaffungen – Geld wieder weg – mehr Wünsche – kein Geld – noch mehr arbeiten – mehr Anschaffungen – Geld wieder weg... Ich war ein Messie der materiellen Welt. Schneller, höher, weiter, so, wie es mir durch meine Erziehung und unsere wissenschaftlichen Weltanschauung beigebracht wurde. Ich musste das alles irgendwie loslassen, nicht nur Anja.

An einem Abend war es dann plötzlich besonders schlimm, denn ich musste an Anja denken. Der Verlustschmerz war wieder da, von einer Minute auf die andere. Ich spürte ihre Anwesenheit in meinen Gedanken. Sie dachte gerade an mich. Es war wie ein Rückschritt in meine alten Gefühle Verlust und Trauer. Ich legte Beethovens Neunte auf und versuchte, mich von meinen Gefühle abzulenken. Was Musik angeht, höre ich so ziemlich alles, von Punk bis Klassik. Allerdings fasziniert mich an Beethoven die Tatsache, dass er taub war. Das heißt, er wurde im Laufe seines Lebens taub. Als er seine Neunte Symphonie, die „Ode an die Freude“, komponierte, war er wirklich stocktaub. Hast du sie schon einmal gehört? Sie ist fantastisch! Beethoven soll die Beine seines Flügels abgesägt und sich mit dem Kopf auf den Fußboden neben das flach am Boden stehende Klavier gelegt haben. Und dann schlug er auf die Tasten, um die Töne (durch die Vibrationen) zu „erfühlen“. Und so komponierte er eines der großartigsten Musikstücke der Weltgeschichte. Ich bekomme jedes Mal Gänsehaut bei diesem Stück und frage mich immer, was Beethoven dazu befähigt haben mag, Musik so zu fühlen und die einzelnen Schwingungen des Klangkörpers derart präzise zu unterscheiden!

Während der Musik war Anja allgegenwärtig, und ich vermisste sie wahnsinnig. Verdammt! Warum verschwindet sie nicht aus meinem Kopf? Und offensichtlich war sie auch nicht bereit, dazuzulernen. Ich war mit meinem Karma an eine Frau gebunden, die offensichtlich nicht bereit war, sich mit ihren Blockaden zu beschäftigen und sich ihren Ängsten zu stellen. Sie hatte sich wieder in ihr altes Leben eingeklinkt und blieb in ihrem Hamsterrad sitzen.

Allem Anschein nach war es ihr egal. Sie wartete darauf, dass es vorbeiging. Da nutzte auch meine mentale Blockade nichts, denn sobald ich weitergehen wollte, hing ich wie an einer Hundeleine. Es war frustrierend.

Ich musste mehr über das Prinzip „Loslassen" erfahren. Offensichtlich war, Ängste loszulassen, indem man sich mit ihnen konfrontierte, nur der halbe Weg. Also fing ich wieder an zu lesen, denn ich musste „loszulassen" und was damit genau gemeint war, besser verstehen. Susanne Hühn schreibt in ihrem Buch „Channel werden für die Lichtsprache" über das Loslassen Folgendes:

Loslassen. Das ist wieder so ein Wort. Es wird so viel über das Loslassen geschrieben, dass man gar nicht mehr weiß, was man noch alles loslassen soll. Denn was bleibt am Ende noch übrig? Außerdem - wie soll das überhaupt gehen, was sollst du loslassen, und wie machst du das? Nun, es gibt nur eine einzige Sache, die du loslassen sollst, kannst und darfst, nämlich die Kontrolle!

Ich musste also die Kontrolle loslassen? Es ist tatsächlich so, dass wir alle unentwegt versuchen, alles unter Kontrolle zu halten. Wir kontrollieren unseren Job, unsere Freunde, unsere Familie und unseren Partner. Kontrolle heißt in diesem Fall nicht, zu überwachen, sondern ständig zu versuchen, eine Bestätigung dafür zu bekommen, dass alles in Ordnung ist. Eigentlich ist das auch eine Art der Überwachung. So lange der Chef gut drauf ist, ist alles in Ordnung, aber sobald er miese Laune hat, keimt in uns die Angst, es läge vielleicht an uns. Oder vielleicht müssen wir jetzt um unseren Job fürchten. Genauso bei unserem Partner – sobald dieser nicht gut gelaunt ist, kommt der Gedanke, dass er uns vielleicht nicht mehr liebt oder unglücklich ist. Dann versuchen wir automatisch, die Situation und unseren Partner zu beeinflussen und zu manipulieren. Wir sagen dann zu uns oder unserem Partner: „Das tue ich nur, damit es dir besser geht!“ In Wirklichkeit tun wir es nur, damit es „uns“ besser geht!

Wir manipulieren und versuchen zu helfen, damit wir die Kontrolle behalten können. Die Kontrolle über unser verstandgesteuertes Leben. Warum neue Erfahrungen machen und den Dingen ihren Lauf lassen, wenn wir dadurch etwas verlieren könnten? Weil wir Angst haben! Wir haben dann Verlustangst, die uns einredet, wenn wir die Kontrolle abgeben, etwas zu verlieren. Und je mehr wir versuchen zu kontrollieren, desto mehr verlieren wir. Und diese Einstellung zieht sich durch sämtliche Bereiche unseres Lebens. Wenn ich meine Mitarbeiter nicht kontrolliere, überwache und anleite, dann steht am Ende mein Job auf dem Spiel. Deshalb wird alles nachgeprüft. Der Mitarbeiter bekommt das natürlich mit und fragt sich, warum er kontrolliert wird. Offensichtlich vertraut mir mein Chef nicht. Und je mehr kontrolliert wird, desto weniger Vertrauen herrscht in den zwischenmenschlichen Beziehungen zwischen Chef und Angestellten. Darunter leidet die Arbeitsleistung, was wieder Gründe für weitere Kontrollen nach sich zieht. Und das führt zu noch weniger Vertrauen. Es ist eine Spirale, die unweigerlich nach unten zieht. Und am Ende sind der Chef, der Mitarbeiter, ja, sogar die ganze Firma an einem Punkt, an dem niemand sein wollte. Aber durch ihr wechselseitiges Kontrollieren und den damit suggerierten Vertrauensverlust ist das ganze System gefährdet. In der Firma herrscht ein Klima der Angst. Nur Angst. Aber so kann man nicht wachsen. Diese Entwicklung ist so destruktiv, dass es unweigerlich auf eine Katastrophe für die Beteiligten hinausläuft. Wenn du dir diese Zusammenarbeit als ein großes Orchester vorstellst, wie glaubst du, ist die Musik, die dabei gespielt wird? Nein, sie ist nicht harmonisch, denn keiner hat Vertrauen zum anderen, jeder, vom Dirigenten bis zum Geiger, verpasst seinen Einsatz, weil er nur darauf achtet, ob der andere einen Fehler macht. Das ist kein Beethoven!

Ich gehe sogar noch einen Schritt weiter: Unser ganzes System ist nur noch reine Überwachung. Auf unseren Gesundheitskarten sind alle Daten unserer Krankheitsgeschichte gespeichert. Wir werden, sobald wir das Haus verlassen, durch Kameras beobachtet. Du glaubst mir das nicht? Dann setze dich doch mal ins Auto und fahre zum nächsten Einkaufszentrum. An der ersten Ampelkreuzung sind - Kameras! Dann fährst du auf die Autobahn - Kameras in den Überwachungssystemen für die Mauterfassung der LKWs. (Diese Daten werden übrigens erfasst und gespeichert, das Ist Fakt.) Du fährst von der Autobahn herunter an die nächste Ampelkreuzung – wieder Kameras! Du fährst ins Parkhaus – Kameras! Du gehst ins Einkaufszentrum – Kameras! Du gehst im Einkaufszentrum in ein Geschäft – Kameras! Überall werden wir fotografiert. Achte einmal darauf.

Mir ist das einmal bewusst aufgefallen, und ich habe mir dann folgende Frage gestellt: Was ist, wenn diese Kameras alle miteinander vernetzt wären? Dann könnte jemand, der darauf Zugriff hat, meinen Weg beinahe lückenlos nachvollziehen. Gespenstisch, oder? Ja, jetzt wirst du sagen, das dient zu unserer Sicherheit. Dann frage ich dich, was es mit meiner Sicherheit zu tun hat, wenn ich bei Mc Donalds sitze und einen Burger esse? Was soll da passieren, und wenn doch, wie soll es durch die Kameras verhindert werden? Es gibt uns ein trügerisches Gefühl von Sicherheit, aber in Wirklichkeit schürt es unsere Angst. Das gesamte Überwachungssystem hat nur einen Zweck – uns zu kontrollieren und uns Angst zu machen! Nur, wir haben es nicht begriffen, zumindest *noch* nicht, aber dafür wird es langsam Zeit. Denn unser Staat muss auch wieder lernen loszulassen, sonst steuern wir auf eine Katastrophe zu, die keiner von uns erleben will. Dabei werden wir durch ein einfaches und doch effektives Prinzip kontrolliert: Teile und herrsche. Mit Teilen ist hier aber nicht Teilen im Sinne von „Ich teile etwas mit jemand anderem" gemeint, sondern die Menschen werden in verschieden Interessengruppen eingeteilt. Und diese lässt man dann gegeneinander kämpfen. Dadurch sind sie beschäftigt und können unter Kontrolle gehalten werden. Dieses "Teile und Herrsche" kann man auch anders umschreiben: Wenn zwei sich streiten, freut sich der Dritte!

Jetzt denkst du wahrscheinlich, ich bin vom Thema abgekommen. Nein, das ist das Thema: Kontrolle aus dem Gefühl der Angst heraus. Wir werden von anderen kontrolliert, und genauso wollen wir andere kontrollieren. Und diese Spirale führt uns immer weiter nach unten – dieses Kontrollieren entsteht, weil wir nicht bereit sind, etwas herzugeben. Im Gegenteil, wir wollen immer mehr. Denn alles um uns herum ist auf Wachstum aufgebaut. Wir sind nie zufrieden mit dem, was wir haben. Wenn ich mir früher einen Fernseher gekauft habe, dann war es ein einfacher Röhrenfernseher. Dann musste es ein Plasmabildschirm sein. Und ich freute mich darüber, endlich einen zu besitzen. Irgendwann reicht der auch nicht mehr, dann muss ein größerer Bildschirm her, dann noch eine Soundanlage, ein DVD-Rekorder, eine Playstation, und, und, und...

Wir wollen immer mehr, aus der Angst heraus, etwas zu verpassen oder zu verlieren. Unsere gesamte weltweite Wirtschaft ist darauf ausgelegt: Konsum von Dingen, ohne die wir angeblich nicht leben können. Und dieses Verhalten kopieren wir auf unsere Erwartungen in unserer Beziehung. Aber welcher Mensch kann schon immer wieder neue, gesteigerte Erwartungen erfüllen? Niemand! Indem wir Kontrolle ausüben und manipulieren, entfernen wir uns von unserem Partner. Er wird dann mit der Zeit alt und uninteressant, genau wie der zu kleine Plasmafernseher. Klingt hart, ist aber so!

Angst und Kontrolle sind die beiden Gegenpole zu Loslassen und Vertrauen. Je mehr Angst ich habe, desto mehr versuche ich, andere Menschen und mich selbst zu kontrollieren. Je mehr ich kontrolliere, desto mehr Angst habe ich, denn das Leben lässt sich auf Dauer nicht kontrollieren. Und schon gar nicht andere Menschen. Also:

Aufwachen und die Kontrolle mal aufgeben. Einfach mal die Wahrheit sagen. Nicht böse und herablassend, keine Vorhaltungen, sondern immer dann, wenn es gut gemeint ist oder zur Klärung eines Problems beiträgt. Mache ernst gemeinte Komplimente. Nicht aus falscher Scham hinter dem Berg halten. Versuche, das Positive in allem zu sehen und sage es dann auch. Sei ehrlich, stell dich deinen Ängsten und gehe durch sie hindurch. Wenn du Angst hast, dann sage es auch, dass du Angst vor diesem oder jenem, hast, denn durch dieses Geständnis baust du Vertrauen auf. Gehe auf andere Menschen immer mit einem Lächeln zu und lass die Kontrolle über sie los. Versuche auch immer, die Dinge von zwei Perspektiven aus zu bewerten. Wie die Kehrseite einer Medaille.

Es gibt für alles im Leben eine zweite Sichtweise. Nehmen wir zum Beispiel das Wort „Gehirnwäsche“. Es hat für uns eine negative Bedeutung. Wir verbinden mit diesem Wort etwas Schlechtes. Wir glauben, Gehirnwäsche bedeutet Umprogrammierung unseres Verstandes, dem Willen anderer unterworfen zu werden, den Verlust unserer Persönlichkeit. Aber was heißt „Wäsche“? Waschen. Etwas sauber machen. Etwas reinigen. Deshalb muss „Gehirnwäsche“ nicht gleichbedeutend mit der Aufnahme schlechter Einflüsse sein, sondern genauso kann man positive Einflüsse aufnehmen, die sich auf unsere Persönlichkeit dann auch positiv auswirken. Alles lässt sich von zwei Seiten betrachten, wie die zwei Seiten einer Medaille. Drehe diese Medaille einmal um und sieh dir die Dinge aus einem anderen Blickwinkel an. Das ist eine tolle Erfahrung, die dein Verstand noch nicht kennt. Und es lohnt sich. Versprochen! Und dann wird eine Symphonie à la Beethoven daraus. Oder Metallica oder Eminem oder die Wildecker Herzbuben. Was immer dein Leben gerade für einen Rhythmus hat, die Menschen in deiner Umgebung werden ihren Einsatz in diesem Musikstück, das dein Leben „heißt", immer treffen.

☆☆☆

Egospiel

Egoistisch sind wir nicht deshalb, weil wir uns selbst zu sehr lieben, sondern weil wir uns zu wenig lieben. Wenn wir uns beispielsweise im tiefsten Inneren ungeliebt fühlen, uns aber um dieses Gefühl nicht kümmern, weil wir es verdrängt haben, dann werden wir bedürftig, gierig, ja, süchtig sein nach der Liebe anderer.

Safi Nidiaye, *Das Tao des Herzens*

Ich machte erneut den ersten Test. Ich stellte mir Anja vor meinem inneren Auge vor, genau wie damals. Und wieder stellte ich fest: Sie ist meine Traumfrau. Ich liebte sie! Das wusste ich. Und als ich diese Liebe, das Verlangen und die Zärtlichkeit, ihren Humor und ihren Charakter spürte, sagte ich wieder zu mir: „Du wirst sie nicht mehr sehen!" Dabei hörte ich wieder in mich hinein – keine Angst! Es war keine Angst mehr in mir. Ich liebte Anja, wie ich noch nie zuvor einen anderen Menschen geliebt hatte, aber ich hatte keine Angst mehr dabei. Ich fragte mich daraufhin, was mit Anja war. Ich stellte mir vor, dass sie ihre Aufgabe noch nicht gelöst hatte, sonst wäre sie vielleicht auf mich zugekommen. Das karmische Band war noch nicht gelöst, das konnte ich spüren. Sie hing noch an mir, wollte es aber nicht wahrhaben. Mir fiel eine Geschichte ein, die sie mir einmal erzählt hatte: Während einer Hochzeit lernte sie eine anderes Paar kennen, das offenkundig glücklich miteinander war. Aber während der Trauungszeremonie merkte die Frau, dass sie einen schrecklichen

Fehler gemacht hatte, als sie sich vor einiger Zeit von ihrem Verlobten getrennt hatte. Das war der Moment, an dem ihre Gefühle ihr die Wahrheit präsentierten. Aber da war es zu spät! Das passiert, wenn man nicht auf seine Gefühle und sein Herz hört, sondern seiner Angst die Kontrolle überlässt.

Ich konnte es nicht ändern, denn Anja musste durch ihre Angst alleine durchgehen. Wenn ich versuchen würde, ihr zu helfen, würde ich sie manipulieren und versuchen, sie zu erziehen, so, wie es ihr Ex-Freund getan hatte. Und auch dieses Verhalten entsteht aus der Angst heraus, jemand könnte mich verlassen oder nicht das tun, was ich mir vorstelle und dergleichen. Andererseits war eine karmische Verbindung nicht nur Lernen, sondern auch Lehren. Was hatte Michael gesagt:

...ihr seid zusammengekommen, um voneinander zu lernen.

Und...

...dass ihr in einer karmischen Beziehung einander lehrt und prüft.

„Voneinander" zu lernen! Einander lehrt und prüft! Ich stellte mir vor, wie sie zu Hause versuche, hinter das Geheimnis ihrer Bindungsunfähigkeit zu kommen. Wenn sie es überhaupt versuchte! Eventuell ging auch die Rechnung der Person auf, die mir die Drogen in den Drink getan hatte, aber ich empfand keine Eifersucht, sondern Mitgefühl für Anja. Sie war einer Lüge aufgesessen und würde weiterhin in ihrem Hamsterrad gefangen sein.

Als ich über den Betreffenden nachdachte, empfand ich sehr starkes Mitgefühl für ihn, denn wenn er auf solche Mittel zurückgreifen muss, kann er einem wirklich nur noch leid tun. Eigentlich war ich ihm sogar dankbar, denn ohne ihn hätte ich das alles vielleicht nicht gelernt. Aber so lange Anja kein Vertrauen zu mir hatte, wusste ich nicht, wie ich ihr helfen sollte. Ich wollte ihr helfen... wenn sie mich nur lassen würde... sie müsste nur durch ihre Angst hindurchgehen und sich helfen lassen. Vertrauen haben zu mir. Denn ich wusste jetzt, woher Anjas Blockaden kamen: Sie musste ihrem Vater verzeihen, dass er die Familie im Stich gelassen hatte. Sie musste allen Männern, die sie in ihrem bisherigen Leben enttäuscht hatten, vergeben. Sie musste auch sich selbst vergeben, für alles, für das sie vermeintlich die Verantwortung trägt. Sie musste einfach – vergeben lernen – lieben lernen. Die einzige Lernaufgabe jedes Karmas.

Und dann traf ich eine, sagen wir mal „interessante" Entscheidung: Ich wollte ihr helfen, diese Aufgabe zu meistern. Da ich wusste, dass sie mit dem spirituellen Weltbild seit Jahren vertraut war, beschloss ich, ihr das Manuskript, das bis hierher fertig war, zu geben. Und dann würde ich mein Leben weiterleben, mit all dem Wissen, das ich angesammelt hatte. Ich würde meine Spiritualität weiter erforschen und dazulernen. Ich liebte Anja, aber ich hatte mich entschieden, sie endgültig loszulassen und ohne sie meinen Weg zu gehen. Deshalb machte ich meinen letzten Test, wobei ich sicher war, dass ich ihn bestehen würde – der Abschiedsbrief! Ich schrieb also in mein Notizbuch.

Liebste Anja,

ich danke dir für die wundervolle Zeit, die ich mit dir verbringen durfte. Ich danke dir von ganzem Herzen für diese Erfahrung, denn ich habe durch dich die wahre Liebe gefunden. Unser gemeinsamer Weg würde uns und andere Menschen inspirieren und uns Glück und Zufriedenheit bringen. Das weiß ich jetzt.

Ich habe nun alle meine Ängste und die Kontrolle losgelassen, und ich habe dich losgelassen! Ich werde nicht auf dich warten, denn ich werde meinen eigenen Weg gehen. Ob du deine Vergangenheit loslassen kannst und mir vertrauen willst, sodass wir gemeinsamen unseren Weg suchen, liegt nun alleine bei dir. Du musst entscheiden...

...denn alles beginnt mit einer Entscheidung!

Allerdings glaube ich, dass du diese Entscheidung schon einmal getroffen hast - jetzt musst du sie nur noch verstehen.

In wahrer Liebe,

dein Martin

Ich war nun bereit, meine anderen Tests durchzuführen. Das Telefonat mit Anja und ein persönliches Treffen.

Da ich einen Termin in der Firmenzentrale hatte, meldete ich mich zwei Tage vorher bei ihr telefonisch. Mein Manuskript war bis hierher geschrieben, und ich war sicher, es würde sie interessieren. Das Telefonat war herzlich, aber irgendwie komisch und vorsichtig. Ich war nicht gut drauf, und es schmerzte, ihre Stimme zu hören. Ich kann dir nicht einmal den genauen Wortlaut wiedergeben, da ich es wie in Trance erlebte. Danach fühlte ich mich furchtbar.

Zwei Tage später war ich in der Firma, und in einer kurzen Tagungspause rief ich ihre Büronummer an und bat um ein Treffen in der Eingangshalle. Ich war nervös und alles andere als entspannt. In dem Moment, als sie um die Ecke kam, war der Flur plötzlich voller Kollegen und Chefs, also genau die richtige Situation, um seiner Ex-Freundin zu begegnen. Ich sagte kurz Hallo, gab ihr den USB-Stick mit meinem Manuskript und wollte ihr noch sagen, dass ich dieses Buch für mich allein geschrieben hatte und nicht für sie. Ich wollte ihr sagen, dass dieses Buch mir geholfen hatte, meine Gedanken und Gefühle zu sortieren. Und ich wollte ihr sagen, dass ich im Begriff war, sie loszulassen und die Beziehung ohne Streit oder Missgunst zu beenden. Aber diese Situation war nicht stimmig, überall um uns herum waren andere Menschen: Kollegen, Chefs usw.

Einem inneren Drang folgend, umarmte ich sie, was Anja in dieser Umgebung nicht zulassen wollte. Ich flüsterte ihr ins Ohr: „Mach's gut!", drehte mich rum und ging. Ich fühlte mich beschissen. Test fünf und Test sechs also auch nicht bestanden. Am selben Abend wurde mir plötzlich klar, dass, ihr mein Manuskript gegeben zu haben, mehr Schaden anrichten als Gutes bewirken würde. Ich war meinem Verstand auf den Leim gegangen. Loslassen, indem ich ihr meine Liebe noch einmal zum Lesen gab. Super gemacht, Martin! Loslassen ist etwas anderes. Was ich getan hatte, war Festhalten und der Versuch, sie zu manipulieren.

Meine Intuition bekam ich dann zehn Tage später bestätigt. Ich musste erneut in die Firmenzentrale und wollte ihr eigentlich aus dem Weg gehen. Deshalb ging ich mit einem Kollegen schon um 11.30 Uhr in die Kantine. Aber als ich die Kantine um 12.00 Uhr verlassen wollte, kam sie mir im Eingangsbereich entgegen. Als sie mich sah, wich ihr Lächeln einem überraschten und entsetzten Gesichtsausdruck. Wir sagten kurz Hallo, und sie meinte nur, dass ihr das Manuskript gefallen würde, abgesehen von den Rechtschreibfehlern. Das war die erste spitze Bemerkung von ihr. Und ich Dummkopf hatte nichts Besseres zu tun, als mitten im Eingangsbereich zur Firmenkantine darauf einzugehen und zu sagen: „Hör zu, Anja, dieses Buch ist meine Vergangenheit und Zukunft. Ich habe dieses Buch für mich geschrieben, und ich werde mich nicht mehr unter Wert verkaufen. Ich bin es nämlich wert, geliebt zu werden!"

Es war nicht die ganze Wahrheit, denn das Buch war zwar nicht für sie geschrieben, wohl aber ein Versuch, sie zurückzubekommen. Die Botschaft kam in dieser Umgebung nicht richtig an. Ich dachte später darüber nach und stellte mir vor, wie lächerlich ich gewirkt haben musste. So ein Spruch zwischen Tür und Angel der Firmenkantine um die Mittagszeit. Super peinlich! Ich kam mir wie ein Bittsteller vor, und wahrscheinlich hatte sie auch genau diesen Eindruck gehabt. Sie hatte mich mit meinen Rechtschreibfehlern provoziert, und ich war darauf eingegangen. Wenn du jetzt allerdings glaubst, lieber Leser, das sei es gewesen, dann hast du dich getäuscht.

Nach der Mittagspause liefen wir uns erneut über den Weg, und zwar am Kaffeeautomat. Allerdings waren wir da allein. Aber auch hier hatten wir nichts Besseres zu tun, als uns gegenseitig anzuzicken. Fragen wie: „Hast du schon eine Neue?", brachten mich auf die Palme, und ich begann zurückzuschießen. Der ganze Dialog endete damit, dass sie fortging, dabei auf ihren Hintern zeigte und sagte: „Lick my ass!" Super! Ich wollte ihr doch nur freundlich und mit klaren Worten sagen, dass ich sie loslassen wollte, damit jeder seinen eigenen Weg gehen konnte. Also rief ich sie an: „Ich will nicht, dass wir uns im Streit trennen. Können wir uns später noch einmal sehen?" Sie antwortete nur: „Ja, ruf mich später an, du Zicke!"

Die Besprechung dauerte bis 19.00 Uhr, und ich rief sie zwischendrin kurz an, um Bescheid zu sagen. Wir verabredeten uns bei unserem alten Chinesen. Interessanterweise war ich sehr entspannt und freundlich. Als wir zum Chinesen liefen, schaute sie erst durch das Fenster. Ich fragte sie, was das sollte, und sie meinte, es könnte ja sein, dass ihr Ex-Freund drin ist. Häää...??? Ich fragte sie danach. „Naja, du hast ja von Michael gesagt bekommen, dass du ihm wieder begegnen wirst." Noch mal. Hääää???

Ich mache es an dieser Stelle kurz: Wir fanden an diesem Abend keinen gemeinsamen Nenner. Wenn ich ihr über meine Erkenntnisse und Recherchen berichten wollte, blockte sie ab und verhielt sich wie ein trotziges Kind. Sie nahm nur ihre eigene Vorstellung und ihren eigenen Glauben als wahr und richtig an. Alles, was ich sagte, war falsch. Ich verstand es nicht, denn sie war doch diejenige, die sich schon seit Jahren mit Spiritualität beschäftigte. Da merkte ich, dass sie keinerlei Vertrauen mehr zu mir hatte. Was die Drogengeschichte mit den Erinnerungslücken anging, war sie nicht einmal ansatzweise bereit, das, was ich erzählte, anzunehmen. Sie gab zwar zu, an der ganzen Geschichte würde etwas nicht stimmen, aber einige der Sprüche beziehungsweise das Anmachen anderer Frauen auch gehört und gesehen zu haben. Das war interessant, denn bis zu diesem Zeitpunkt hatte sie noch nicht erwähnt, dass sie es selbst gesehen hatte.

Im Laufe des Gesprächs kam heraus, dass sie schon einen Neuen an der Angel hatte. Einen Spanier! Schön, dachte ich, der passt dann wenigsten wieder in ihr altes Beuteschema. Wie dem auch sei, wir verbrachten unseren letzten Abend beim Chinesen, und ich fuhr sie nach Hause. Vor ihrer Wohnung verabschiedeten wir uns im Auto voneinander, und ich bedankte mich für die schöne Zeit mit ihr. Dann küsste sie mich auf die Wange. Kurz darauf, nachdem sie noch immer nicht ausgestiegen war, beugte ich mich zu ihr hinüber, um ihr auch einen Abschiedskuss zu geben. Sie wich zurück und lehnte mit dem Rücken an der Beifahrertür. Ihr Gesicht war im Licht einer Straßenlaterne klar erkennbar. Was ich in ihrem Gesicht sah, war Angst. Panische Angst! So, als würde sie Angst davor haben, diesen Kuss zu bekommen. Ich zog mich zurück, lächelte und sagte: „Bleib brav!“ Sie lächelte ebenfalls: „Du kennst mich doch!“, und dann stieg sie aus.

Das war für eine längere Zeit das letzte Mal, dass wir uns sahen. Auf dem Heimweg dachte ich darüber nach.

Schade, dass wir uns nicht mehr richtig verstanden. Ich fühlte in mich hinein und erkannte noch immer meine Verlustangst. Ich hatte es noch nicht geschafft, sie loszulassen. Warum jetzt dieser Rückfall? Ich fühlte mich doch gut! Und was war das für eine Angst vor dem Kuss auf die Wange, den ich ihr geben wollte? Und warum waren wir nicht mehr auf einer Kommunikationsebene? War es wegen der Trennung und dem fehlenden Vertrauen? Wahrscheinlich! Ich blickte nicht mehr durch. Alles war komplizierter als je zuvor. Warum empfand ich wieder Verlustangst? Was war das für eine Angst, die sich hinter ihrem Gesicht versteckte? Warum waren wir nicht mehr auf einer Wellenlänge? Und was hatte uns dazu veranlasst, uns derartig anzuzicken, dass wir uns beinahe im Streit getrennt hätten?

Ich kam mir vor, als hätte ich gerade eine Runde in einem neuen Hamsterrad absolviert. Und die traurige Wahrheit war: Ich hatte gar nichts losgelassen, sondern versucht, zu manipulieren. Wir hatten beide ein astreines „Egospiel" abgeliefert, aber das erkannte ich erst viel später.

☆☆☆

Bewusst-Sein

Man kann die eigene Situation erst wirklich klären und die Ängste auflösen, wenn man sie fühlt, nicht aber in Diskussionen darüber. Erst dann hebt sich der Schleier und man realisiert, was man wirklich braucht: keinen Bevormunder, keine Deuter, keine Verwirrer, man braucht den Raum zum eigenen Wachstum und die Begleitung eines wissenden Zeugen – auf der langen Reise, die man angetreten hat.

Alice Miller, *Das verbannte Wissen*

Mir ging es beschissen. Ich hatte keine Ahnung, was da passiert war. Ich war wütend und frustriert, wollte alles hinschmeißen und mich einfach wieder neu verlieben. Irgendwie! Ich war wieder auf dem Weg zum typischen Singledasein, genau wie früher. Zu diesem Zeitpunkt betraten Nadine und Claus als Freunde die Bühne meines Lebens. Beide bewusst erwacht und in einer ähnlichen Situation wie ich, konnten wir wunderbar in unserem Herzschmerz baden. Allerdings war ich noch nicht so weit, groß wegzugehen, deshalb blieb ich meistens zu Hause und versuchte herauszufinden, was schiefgelaufen war, und versuchte, Anja zu hassen. Ich wollte nichts mehr hören und sehen von ihr. Aber es machte mich wahnsinnig, dass ich diese Frau nicht vergessen konnte. Früher war es mir doch auch möglich, mit Wut und Ärger über meine Gefühle zu herrschen und weiterzumachen. Was war hier anders? Warum war es mir nicht möglich, zu sagen: Schluss, aus, fertig – du kannst mich mal. In mein Notizbuch schrieb ich:

Verdammt! Es ist wie in diesem Song von Silbermond:
„Ich würde dich so gerne hassen, doch die Liebe lässt mich nicht!" Mist....!
Ich empfinde wieder meine alten Gefühle Wut und Verzweiflung. So, als ob ich in den letzten Monaten nichts, aber auch gar nichts dazugelernt hätte.

Ich muss mir diese negativen Gefühle genau anschauen, um zu verstehen, woher sie kommen. Dann muss ich Vertrauen aufbauen, dass das alles richtig läuft. Und am Schluss werde ich diese negativen Emotionen einfach freigeben müssen. Erkennen – anschauen – vertrauen –loslassen.

Also schön, aufgeben ist nicht – vier neue Fragen sind noch offen:

1. *Warum waren wir nicht mehr auf einer Wellenlänge?*
2. *Warum haben wir uns derartig in die Haare bekommen, dass wir uns beinahe im Streit getrennt hätten?*
3. *Welche Angst habe ich in ihrem Gesicht gesehen?*
4. *Warum hatte ich wieder einen Rückfall in meine alten Gefühle von Verlust und Schmerz?*

Wieder stürzte ich mich in meine Recherchen, um das Weltbild, das sich mir in den vergangenen Monaten gezeigt hatte, besser verstehen zu können. Was bedeutet „höhere Schwingung"?

Ich lernte daraufhin mehr über die verschiedenen Bewusstseinebenen, und dass jede Bewusstseinsebene die andere durchdringt. Egal, auf welcher Ebene sich mein Bewusstsein gerade befindet, es gelten immer die Gesetze der Frequenz. Das heißt: In dem Moment, in dem sich mein Bewusstsein öffnet, kann es unabhängig vom Körper, also von der Materie, in höhere Ebenen vorstoßen. Es gelten dann immer die Gesetze der Frequenz, in denen sich mein Bewusstsein befindet. Wir können also einen Körper haben, der den irdischen Gesetzen unterliegt und zeitgleich die Gesetze anderer Dimensionen erfahren, je nachdem, wo sich unser Bewusstsein gerade dauerhaft und stabil aufhält. Das ist es, wenn wir sagen: „Der Geist beherrscht den Körper!“ Und auch hier ist der einzig hemmende Faktor die Angst. Jegliche Art von Angst. Zum Beispiel eine Situation, die wir scheuen, oder ein anderer Mensch, vor dem wir Angst empfinden. Genauso die Furcht vor Arbeitslosigkeit, Armut, Hunger, Behinderung, Krankheit, Tod, und, und, und...

Alle deine Ängste musst du als Prüfungen sehen, die du bewältigen sollst. Und je mehr Prüfungen du bestehst, desto höher wird dein Bewusst-Sein steigen. Manche Prüfungen sind einfach zu meistern, zum Beispiel einem anderen Menschen, der dich verletzen will oder dir feindselig gegenübersteht, einfach stehenzulassen und nicht auf seine Anfeindungen zu reagieren. Solche Prüfungen geschehen und können durch eine schnelle Entscheidung in diesem Augenblick gelöst oder vermasselt werden. Bei anderen Prüfungen ist es nötig, dir erst einmal das entsprechende Hintergrundwissen anzueignen, um sie dann zu meistern. Das kann zum Teil Jahre dauern, je nachdem, wie schnell du lernst. Und jetzt kommt das Wichtigste überhaupt: In dem Moment, in dem du dir bewusst bist, dass es hier um eine Lernaufgabe, eine Prüfung des Lebens geht, in dem Moment kannst du dich bewusst dafür entscheiden, diese Prüfung anzugehen und zu lösen. Dann ist der Weg, der vor dir liegt, zwar immer noch schwierig oder noch nicht klar ersichtlich, aber du triffst bewusst die Entscheidung: Ja, ich werde mein jetziges Karma, meine Aufgabe nicht ablehnen, sondern den Weg gehen.

Wenn du dich bewusst auf den Weg machst, ist der Weg nur noch halb so schwer, denn du kommst schneller ans Ziel. Und jedes Mal, wenn du eine deiner Aufgaben gelöst hast, bekommst du etwas dafür. Zum Beispiel die Erhöhung deines Bewusstseins oder Erfolg in der materiellen Welt usw. Stell dich deinen Ängsten, und du wirst deine dir jetzt auferlegte Aufgabe lösen und in der Zukunft erkennen, wann du wieder eine Aufgabe erfüllen musst und wirst. Denn nur so lernen wir. Durch neue Erfahrungen und Sichtweisen lernen unser Verstand und unsere Seele dazu, und wir erreichen ein höheres Bewusstsein. So einfach ist das!

Noch einmal zur Erinnerung: Diese Aufgaben, dein Karma, wurde dir nur von einem Einzigen auferlegt: von dir selbst! Du hast, bevor du dich entschieden hast, aus der feinstofflichen Welt in diesen Körper zu inkarnieren, dir deinen Seelenplan selbst festgelegt. Du hast die einzelnen Stationen, bei denen du etwas lernen willst, selbst in dein Leben eingebaut. Niemand anderes, nur du! Also wird es Zeit, jetzt die Verantwortung dafür zu übernehmen, denn kein anderer Mensch, kein Partner oder Elternteil, der dich verlassen, kein Chef, der dich zusammengestaucht hat, niemand, trägt dafür die Verantwortung, sondern nur DU allein! So lange, bis du die Lernaufgabe erledigt hast. Erkennen – anschauen – vertrauen – loslassen.

Hatte meine Bewusstseinserhöhung der letzten Monate etwas mit den Kommunikationsproblemen und der fehlenden Vertrauensfähigkeit von Anja zu tun? Ich dachte darüber nach, wie ich gedacht und geredet hatte, bevor ich „aufgewacht“ war, und noch nichts vom spirituellen Weltbild wusste. Ich war der Meinung, dass mein Verstand, die Technik und die Wissenschaft das Höchste waren, und erinnerte mich, dass Anja diesen Themen immer aus dem Weg gegangen war. Sie schwieg, wenn ich damals etwas sagte, von dem sie wusste, dass es falsch war. Sie ließ mich in dem Glauben. Ich hätte es damals auch nicht angenommen, sondern eine Diskussion mit ihr begonnen und sie für verrückt erklärt. Quasi genau dieselbe Situation, die wir jetzt hatten, nur dieses Mal mit vertauschten Rollen. Aber sie hatte doch schon ein höheres Bewusst-Sein. Warum konnte sie mir dann nicht folgen?

Ich begann wieder, mein kleines Notizbuch zu benutzen, denn offensichtlich war meine Theorie über die Dualseele noch nicht ausgereift. Zwei wichtige Faktoren hatte ich vergessen: die Schwingungsebene des Bewusstseins und den Faktor Zeit.

Du weißt bereits, dass unser Universum aus Energie besteht, die schwingt. Die höchste Schwingung ist die göttliche Liebe, die niedrigen Schwingungen manifestieren sich als Materie. Dazwischen gibt es unzählige kleine Abstufungen, in denen sich zum Beispiel unser Geist, unser Bewusstsein befindet. Von diesem Bild ausgehend, zeichnete ich Schwingungsebenen in mein Notizbuch, ähnlich wie Wellen, und fragte mich, wo Anja und ich uns, beziehungsweise unser Bewusstsein sich vor sechs Monaten befunden hatten. Person A war ich, B war Anja.

Verschiedene Schwingungsebenen des Bewusstseins

Hoch — *X Person B vor sechs Monaten*

Niedrig — *X Person A vor sechs Monaten*

Zu diesem Zeitpunkt war Anjas Bewusstsein höher schwingend, und um sich mit mir auszutauschen, musste sie sich freiwillig auf meine Schwingungsebene hinunterbegeben. Dauerhaft war hier keine Partnerschaft möglich, deshalb schrieb mir Anja auch diese Mail, sie hätte sich immer verstellen beziehungsweise auf der niedrigen Schwingung bleiben müssen, wenn sie mit mir zusammen war. Als ich dann „aufgewacht" war, nachdem ich durch meine Ängste hindurchgegangen war, ergab sich folgendes Bild.

Hoch — *X Person A und B vor vier Monaten*

Niedrig

Deshalb kamen wir auch wieder zusammen. Du erinnerst dich: Ich hatte sie durch mein Spiel der Wahrheit zurückgeholt.

Nach dem Stand der letzten Gespräche und von der Tatsache ausgehend, dass ich gelernt hatte und sie nicht, ergab sich folgendes Bild.

Hoch *X Person A in der Gegenwart*

X Person B in der Gegenwart

Niedrig

Wir hatten deshalb nicht miteinander klarkommen können, weil sich mein Bewusstsein auf einer höheren Schwingungsebene befunden und ich angenommen hatte, mit ihr auf diesem Niveau kommunizieren zu können. Sie konnte es aber nicht verstehen. So, wie ich es damals auch nicht verstanden hätte und sauer geworden wäre, wenn sie mein damaliges Weltbild und meine damaligen Ansichten in Frage gestellt hätte. Es ging nicht. Es war wie beim Radiohören: Wenn ich einen Sender einstelle, höre ich nur diesen, obwohl auf anderen Frequenzen ebenfalls zeitgleich andere Programme gesendet werden. Aber diese kann unser Radio mit dieser bestimmten Einstellung nicht empfangen. Ich hätte zumindest bewusst auf ihre Schwingungsfrequenz heruntergehen sollen, so, wie ich es mit anderen Menschen in meiner Umgebung mache, zum Beispiel in meinem Job. Bei ihr hielt ich es einfach nicht für nötig, aber ich hatte mich offensichtlich getäuscht.

Ich dachte, sie würde mein Wissen annehmen und umsetzen, aber sie war noch nicht so weit. Werner Güntner beschreibt in seinem Buch „Menschheit im Dornröschenschlaf“ durch eine grobe Unterteilung die wichtigsten Bewusstseins- beziehungsweise Entwicklungsstufen.

1. Bewusstseinsstufe

„Der Mensch lebt unbewusst – schicksalsbezogen!“

Die Antriebe des Lebens kommen aus dem "tierischen" Motivationsfeld, triebbedingt, egobezogen. Es existiert kein komplexes Verstehen von größeren Zusammenhängen und Langzeitwirkungen. Vordergründig oberflächliche Prioritäten bestimmen die Verhaltensmuster. „Gut ist das, was im Moment nützt!“ Primitive, hedonistische Lebenshaltung spiegelt sich hier alltäglich. Wahllose, augenblickliche Bedürfnisbefriedigung ist das signifikante Kennzeichen einer solchen Bewusstseinsstufe. In der Partnerschaftsreflexion zeigt sich solches Bewusstsein äußerst instrumentell: „Der Partner hat „meinen“ Gelüsten und Bedürfnissen zu entsprechen und zu dienen!“

2. Bewusstseinsstufe

„Dämmerungszustand – das Verhalten wird beginnend hinterfragt!“

Der Lebensvollzug wird zwar noch vorwiegend in einem gesellschaftlichen Ablauf verstanden, dem man sich nicht entziehen darf und kann. Höchste Form von Fremdbestimmung und Unterordnung. Andere geben an, was ich zu tun habe (und es stört nicht oder kaum!). Illusionistische „Gottgefälligkeit". Immer noch bestimmen materialistische, egobezogene Prioritäten den individuellen Lebenslauf. Was das Kollektivbewusstsein vorgibt, ist „richtig"! Man darf nicht anders sein. Durch das Milieu bedingte Muster haben Vorgabecharakter. Man ordnet sich kritiklos ein und unter. In der Partnerschaftsreflexion zeigt ein solcher Bewusstseinszustand eine Ausrichtung nach funktioneller Ergänzung. Die „räumliche" materielle Maske des Partners bekommt besonderes Gewicht. Trotzdem bleibt der instrumentelle Bezug zum Partner im Vordergrund.

3. Bewusstseinsstufe

„Bewusstwerdung im Gefühlsleben – der emotionelle Aspekt tritt in den Vordergrund."

Das primäre Ego entdeckt seine soziale Resonanz. Das Geltungsbedürfnis gesellschaftlicher Rangordnungen wird entscheidend. Wer zu sein, wird wichtig. Damit werden die kollektiven memischen Muster besonders einflussreich. Abstammungsbezogene soziale Wertperspektiven haben Dominanz. Kleinbürgerliche, städtische wie dörfliche Denkschienen werden zu einem hohen Prinzip. Hinter solcher Scheinwelt bricht das individuelle Ego oft aus und schafft sich im Geheimen versteckte Verhaltensmuster. Man fühlt sich aber weitgehend dabei schuldig. Karriere, beruflicher Erfolg, „Ansehen" ... werden zum Antriebsgenerator. Solche lokalen, kollektiven Vorstellungen werden zu Automatismen und kaum noch hinterfragt. In der Partnerschaftsprojektion tritt das emotionale Bezugsfeld in den Vordergrund. Emotionale Resonanz und Übereinstimmung bestimmen vorrangig die Partnerwahl und damit auch eine überstarke Anbindung und Fixierung. Diese kann oft kippen und sich in ihr Gegenteil umkehren, was sich bis zu aggressivem Hass steigern kann.

Kurze Anmerkung: Auf den Ebenen eins bis drei befinden sich derzeit etwa 85 Prozent aller Menschen. Die dritte Ebene macht hierbei den größten Anteil aus. Das Bewusstsein von 2/3 aller Menschen schwingt in dieser dritten Stufe.

4. Bewusstseinsstufe

„Bewusstwerdung auf der Mentalebene!"

Mentale Neugier, Wissensdurst und Erkenntnisdrang treten in den Vordergrund. Nicht mehr das Materielle, sondern das „Geistige" (wenn auch noch im Mentalbereich) wird wichtig. Das Hinterfragen seiner ideologischen Programme setzt ein. Kritische Distanz zum kollektiven Bewusstsein eröffnet einen Abnabelungsprozess. Oft aber noch Polaritätskämpfe: Wer hat recht? Ich oder die anderen? Beginn eines autarken, ethischen Gefühls – unabhängig äußerer Normen. Hintersichlassen familiärer Muster, religiöser Zwänge, ideologischer Okkupation, kollektiver, memischer Muster, Aufmerksamkeit gegenüber individuellen Resonanzen, Entdecken des Karmaprinzips. Im Partnerbezug tritt Geistigkeit in den Vordergrund. Mentale Übereinstimmung wird zum entscheidenden Faktor, hohe Trennungsbereitschaft. Intelligenzübereinstimmung spielt eine große Rolle. Partner, die einander wertfrei zuhören können und tolerant zueinander sind, ziehen sich gewaltig an.

Nur etwa 7,5 Prozent, also knapp 500 Millionen Menschen, befinden sich in der vierten Bewusstseinsstufe.

5. Bewusstseinsstufe

„Erwachen der metaphysischen, mythischen Kräfte."

Die Geistschöpfungskraft wird wahrgenommen und allmählich auch begonnen, sie umzusetzen. Das Präkognitive des menschlichen Wesens wird erfasst: „Ich erschaffe bewusst meine Realitäten durch Gedanken- und Bewusstseinskraft!" Das Erkennen der Wirkmacht auf sein Umfeld und letztlich, im morphisch planetaren Sinn, auf den ganzen Planeten. Die Kontrolle über die Kräfte seines niederen Selbst – Gefühlsreflexionen, Mentalreflexionen, Eigensinn.... – wird zum Persönlichkeitsprinzip. Ausscheiden aus Vereinigungen traditioneller, vereinsmäßiger, politischer und religiöser Anbindung ist ein häufiges Zeichen. Wertfreiheit gegenüber allen Strömungen. Die große „Entbindungsstation" von alten Ketten. Oft auch ein vorübergehender Weg in das Alleinsein (All-Eine). Offenes philosophisches Denken: Auf der Suche nach tiefer liegender Wahrheit und echter Erkenntnis. Karma-Bewusstsein wird zum angewandten Verhaltensregulativ: Was ich säe, ernte ich! Äußeres Zeichen ist spiritueller Vegetarismus, das Seelengeschwister Tier wird bedingungslos respektiert. Echte Moralität übernimmt den Lebensfahrplan. Ausklinken aus passiver karmischer Abhängigkeit und Kausalität. Der Beginn der Souveränität ist erreicht. In der Partnerschaft wird höchste Übereinstimmung auf geistiger Stufe gesucht; frühere Prioritäten lösen sich als Gewichtigkeiten auf. Nur noch wenige Menschen im Umfeld können eine solche Partnerrolle erfüllen.

Cirka 3,5 Prozent der Weltbevölkerung befinden sich in dieser Bewusstseinsstufe.

6. Bewusstseinsstufe

„Universelle Liebe!"

Das Wesen auf dieser Stufe wird zu einer „priesterlichen" – geistigen Instanz. Sein Strahlungsfeld erreicht überdimensionales Gewicht. Sein „Da-Sein" ist wichtiger als sein Tun. Der Mensch auf dieser Stufe hört auf zu kämpfen, er lässt zu! Sein Ego wird auf die dritt-dimensionale primäre Lebensbereichsebene zurückgerufen. Die Trennung zwischen dem höheren und niederen Selbst wird aufgehoben und allmählich EINS! Die Seeleninstanz tritt die Autorität im Leben an (wird zugelassen!). Das Einssein mit allem, was IST, tritt vom wissenden in den erfühl- und erfahrbaren Bereich. Kommunikationsfähigkeit mit Tier, Pflanze und Kristall wird wahrgenommen. Die dritt-dimensionalen Barrieren und Grenzen beginnen sich aufzulösen: Alles wird möglich! Das Geistwesen wird als Chefinstanz installiert. Die materiellen Kräfte und die dritt-dimensionalen Bereiche strukturieren sich nach dem Geisteswillen. Das ist der Punkt (Übergangszone), wo die Göttliche Quelle wachsend in einem individuellen Wesen in Erscheinung tritt. Auf dieser Stufe eines menschlichen Bewusstseins wird der zwangsgesteuerte Reinkarnationszyklus beendet. Die Frequenzstruktur einer solchen Wesenheit wird „all-vernetzbar“ und beginnt mit hohen Wesenheiten bewusst in telepathische Kommunikation zu treten. Sie beendet ihre Reife in Raum und Zeit und schließt einen solchen Lernzyklus ab. Die Erde bietet im Moment eine optimale Rahmenbedingung an: ein Gnadengeschenk, in kürzester Zeit durchs Ziel von Raum und Zeit zu laufen. Die Partnerschaft bekommt eine neue Dimension. Jede Form von "Besitz" oder "Verpflichtung" wird überwunden. Der ganze Reichtum einer dritt-dimensionalen Partnerschaft kann gelebt und erfahren werden, ohne dass daraus Zwänge und Abhängigkeit erwachsen. Alle untergeordneten Bereiche einer Partnerschaft in Raum und Zeit werden in „himmlischer“ Freiheit gegenseitig geschenkt und erlebt: eine Spiegelung des Muttergott-Vatergott-Prinzips.

Auf der sechsten Bewusstseinsstufe befinden sich derzeit cirka 100 Millionen Menschen, was auch eine sehr positive Entwicklung darstellt. In der derzeit stattfindenden Übergangsphase kann man davon auszugehen, dass noch viele Menschen aus den unteren Ebenen nachfolgen werden.

7. Bewusstseinsstufe

„Unio Mystica“

Das in der sechsten Stufe In-Gang-Kommen des All-Eins-Seins tritt in volle Verwirklichung. Damit ist ein "Gott" geboren! Göttliches Bewusstsein, das sich in der sechsten Stufe immer stärker in den Vordergrund gerückt hat, wird zur Manifestation. Hierher gehört auch der Begriff des „Aufgestiegenen Meisters". Alle Aus- und Eingrenzungen zwischen der äußeren und inneren Welt lösen sich auf. Die Materiegesetze verlieren ihre Wirkung auf das Wesen. Das Wandern zwischen der Außen- und der Innenwelt benötigt keine Inkarnation mehr. Die Polarität ist gemeistert und braucht nicht mehr in einer dichten Form angenommen werden. Es ist dem Wesen überlassen, ob, wann, wo und durch wen es möglicherweise als Avatar in einer polaren, dichten Welt inkarniert. Diese siebte Stufe ist auf dem Planeten nur in Promillegröße vorhanden, wobei aber im Zieleinlauf der ZEIT des JETZT eine große Schar anschließen und ankommen wird. Alle Zeitgenossen, die sich in der sechsten Bewusstseinsstufe bewegen, können damit rechnen, dass sie im ZEIT-Zieleinlauf unseres Zyklus bis 2012 diesen Zustand erreicht haben werden. Was die Partnerschaft betrifft, werden die bis zur sechsten Stufe von Relevanz befindlichen, polaren Partnerschaften hinfällig. Man kann wohl annehmen, dass eine solche Seelenharmonie, die sich in der sechsten Stufe schon zeigt, in der siebten nochmals erhöht wird und als eine Art von schöpferischer Mutter-Vater-Gott-Einheit höchste Strahlungs- und Reflexionswirkung erzielt.

☆☆

Wenn man von nur einem Promille der Weltbevölkerung ausgeht, dann befinden sich bereits cirka eine halbe Millionen Menschen in der siebten Bewusstseinsstufe. Diese

Einteilung in sieben Bewusstseinsstufen ist natürlich sehr grob, denn in Wirklichkeit gibt es unzählige kleine Abstufungen. So kann es sein, dass man sich über viele Jahre hinweg kontinuierlich weiterentwickelt, aber über den gesamten Zeitraum in einer dieser sieben Stufen verbleibt. Wie gesagt, es ist eine sehr grobe Einteilung. Nun kannst du selbst überprüfen, auf welcher Bewusstseinsstufe du dich gerade befindest.

Ganz offensichtlich muss dieser Lernprozess zur Bewusstseinsentwicklung bei Seelenpartnern meist getrennt voneinander stattfinden. Jeder lernt auf seine Weise weiterzugehen und die nächste Bewusstseinsebene zu erreichen. Und durch das karmische Band zogen wir uns immer wieder gegenseitig weiter nach oben. Als sie mich verließ, lernte ich, ihr zu folgen. Dann waren wir zusammen, und ich lernte nichts weiter dazu. Wozu auch, ich war ja am Ziel. Bis zu diesen beiden Drogenabenden. Dann lernte ich wieder, und jetzt musste sie mir folgen. Aber das geht immer nur getrennt voneinander, denn jeder lernt auf seine eigene Art und Weise. Das karmische Band sorgt immer dafür, dass jeder weitergeht beziehungsweise dem anderen folgt. Das ganze Prinzip einer karmischen Verbindung ist, sich immer wieder gegenseitig auf die nächste Schwingungsebene zu ziehen. Und jedes Mal, wenn sich die beiden Seelenpartner begegnen, werden sie voneinander lernen. Jeder bekommt vom anderen einen Spiegel vorgehalten, um zu sagen: Daran musst du jetzt noch arbeiten. Aus Seelenebene betrachtet, ist es wie eine Absprache der Entwicklungsschritte und der weiteren

Vorgehensweise. Diese Absprachen finden für uns völlig unbewusst statt.

Stell dir das vor wie ein Gespräch zwischen zwei Personen, die getrennt an einem gemeinsamen Projekt arbeiten. Bei jedem Treffen werden erst einmal die neusten Erkenntnisse ausgetauscht. Jeder informiert den anderen, wie weit er persönlich mit dem Projekt vorangekommen ist, und dann werden noch Tipps gegeben, woran der andere noch arbeiten muss. Und das alles läuft für uns völlig unbewusst auf einer andern Ebene ab. Leider ist dieser Vorgang für uns Menschen überaus schmerzhaft. Trennungsschmerzen und die Fragen: „Warum kommen wir nicht zusammen? Warum komme ich nicht von diesem Menschen los?", sind deutliche Anzeichen dieser Positionsbestimmung auf Seelenebene. Lernen ist immer mit Schmerz verbunden. Nur wenn wir ausreichend motiviert werden, gehen wir über unsere Grenzen hinaus und lernen dazu. Und so lange dieser gemeinsame Lernweg nicht abgeschlossen ist, also beide ihre Lernaufgabe nicht erfüllt haben, sind sie durch ihr Karma verbunden. Die Partner, die sich innerhalb einer gemeinsamen Karmalösung befinden, sind wie zwei Pendel, die nebeneinander „frei" schwingen. So lange jeder die Freiheit zur persönlichen Entwicklung hat, ent-wickelt er sich weiter. Sobald aber ein Pendel versucht, das andere festzuhalten oder zu kontrollieren, hört die Pendelbewegung und somit die freie Entwicklung, auf. Die beiden Pendel (Partner) sind dann miteinander ver-wickelt.

Nun, nachdem ich das richtig begriffen hatte, wusste ich, was ich zu tun hatte. Ich musste Geduld haben und warten, dass sie mir nachfolgt. Die Frage ist nur, wie viele Male wir diesen Pendelrhythmus noch machen müssen, und was unsere Aufgabe ist? Oder – was hatte Michael gesagt:

...dass du in deinen Schwingungen höher steigen sollst. Denn je höher die Schwingung, in der du dich befindest, desto mehr Liebe wirst du empfinden, und du wirst diese Liebe auch anziehen.

Ich konnte also auch Gas geben, denn je schneller ich in der Schwingung stieg, desto mehr würde ich Anja durch die karmische Verbindung hinter mir herziehen. Das einzige Hemmnis dabei ist der freie Wille des Menschen, und dieser kann sich dann sehr lange davor fürchten, sich seinen Ängsten zu stellen.

Ich vergleiche das Prinzip des karmischen Bandes und der verschiedenen Schwingungsebenen gerne mit dem Bergsteigen. Stell dir vor, du befindest dich in einer Felswand in großer Höhe. Man bildet mit seinem Partner gemeinsam eine Seilschaft, und ein Umkehren ist nicht mehr möglich. Wenn nun irgendwann der Seilpartner sagt: „Ich kann nicht mehr! Ich bin am Ende! Ich habe Angst weiterzuklettern", dann versuchst du, ihm zu helfen. Aber er wehrt sich dagegen und sagt: „Lass mich in Ruhe, ich kann nicht mehr. Ich habe die Schnauze voll von diesem Berg. Ich will wieder runter!"

Jetzt kannst du auf deinen Seilpartner einreden und ihn anschreien, er solle nicht aufgeben. Du versuchst alles, von gutem Zureden bis zu herausfordernden Wutausbrüchen. Aber dieser reagiert aus seiner Verzweiflung heraus ebenfalls mit Wut. Er wirft dir dann vor, dass es deine bescheuerte Idee war, diesen Berg zu besteigen. Und er hasst dich dafür, dass du ihn in diese Situation gebracht hast. Er sucht einen Schuldigen für diese Situation. Und das bist du. Was machst du jetzt in dieser Situation? Neben deinem Seilpartner im Seil hängenbleiben und dir weiterhin die Anfeindungen und Vorhaltungen anhören? Wenn du hängenbleibst, geht keiner von euch weiter. Ihr hängt dann in der Bergwand und habt schlechte Laune, während ihr auf den Tod wartet. Jeder versucht, dem anderen die Schuld für diese Situation in die Schuhe zu schieben. Jeder sucht die Schuld nicht bei sich selbst, sondern beim anderen. Im Außen!

Oder triffst du die Entscheidung, alleine weiterzugehen? Alleine weiter den Berg hochzusteigen? Aber du hast weiterhin ein Seil zwischen euch. Du kletterst weiter und weiter und konzentrierst dich voll und ganz auf deinen Aufstieg. Jetzt stell dir vor, wie sich dein Seilpartner fühlt, wenn du einfach weitergehst. Er wird dich anfangs verfluchen, er wird dir hinterherrufen, dass du verschwinden sollst. „Ja, hau nur ab, du Idiot!" Aber irgendwann wird das Gefühl der Wut schwächer, und er fühlt sich allein. Er hat nun niemanden mehr, den er für diese Situation verantwortlich machen, niemanden, dem er Vorhaltungen machen kann. Er kann zwar weiterhin deinen Namen rufen und über dich fluchen und schimpfen, aber er bekommt keine Reaktion mehr auf sein Schreien und Zetern. Er bekommt keine Reaktion mehr von „außen“ auf sein Verhalten. Er sitzt da und muss sich plötzlich mit sich selbst beschäftigen. Er sieht nach innen und fragt sich irgendwann, warum er nicht weitergestiegen ist. Er sitzt da und beobachtet das Seil, wie es Meter für Meter den Berg hinaufgezogen wird. Durch dieses Seil kann er erkennen, dass du weitergehst und offensichtlich schnell und gut vorankommst. Er wird sich fragen, warum du so schnell weitergehst. Und er wird sich irgendwann fragen, warum er nicht auch einfach weiterklettert, dem Seil folgt. Durch das Seil gibst du ihm eine Richtung vor, sodass er dir folgen kann. Und ein karmisches Band ist nichts anderes als dieses Seil, das beide miteinander in Verbindung hält und dem Nachsteigenden die Richtung vorgibt.

Damit hatte ich eine Antwort auf meine Frage, warum wir nicht mehr auf einer Wellenlänge waren. Nun, ich war bereit, weiterzugehen, denn ich wollte herausfinden, ob sie mir folgt. Je mehr ich meine Ängste losließ, je höher ich also in der Schwingung stieg, desto mehr würde das karmische Band gestrafft, und je mehr Zug würde auf Anja lasten, ihren Ängsten zu begegnen. Als ich diesen Vergleich mit dem Bergsteigen zum ersten Mal meinem Freund Claus erklärte, der sich in einer ähnliche Partnerschaftssituation befand wie ich, sagte er dazu: „Stimmt, unsere beiden Frauen müssen uns durch die Seelenverbindung folgen. Aber während sie noch durch die Gegend laufen und sich ihre Ängste anschauen, laufen wir voraus, setzen uns schon mal in die Berghütte und trinken erst einmal gemütlich ein Bier. Prost!“

Vier Fragen sind noch offen:

1. *Warum waren wir nicht mehr auf einer Wellenlänge?* ✓

Da waren es nur noch drei...

2. *Warum haben wir uns derartig in die Haare bekommen, dass wir uns beinahe im Streit getrennt hätten?*
3. *Welche Angst hatte ich in ihrem Gesicht gesehen?*
4. *Warum hatte ich wieder einen Rückfall in meine alten Gefühle von Verlust und Schmerz?*

☆☆☆

Ego

Der Verstand an sich ist nicht gestört. Er ist ein wunderbares Werkzeug. Die Störung beginnt, wenn du dein Selbst in ihm suchst und ihn fälschlicherweise für das hältst, was du bist. Dann wird er zum Ego-Verstand und übernimmt die Macht über dein ganzes Leben.

Eckhart Tolle, Jetzt! Die Kraft der Gegenwart

Bei meiner Suche nach der Frage, warum Anja und ich uns gegenseitig so auf die Palme gebracht hatten, stieß ich in dem Buch „50 Wege loszulassen und glücklich zu sein“ von Chuck Spezzano auf das Ego. Ego ist das lateinische Wort für „Ich“.

Kennst du den Spruch: „Liebe dich selbst, und es ist egal, wen du heiratest.“? Bisher dachte ich, dass jeder, der selbstverliebt ist, ein egoistischer, narzisstischer Mensch wäre. Das ist wieder so ein gelerntes Dogma, das uns durch unsere Gesellschaft und unsere Erziehung beigebracht wird. Aber genau das Gegenteil ist der Fall, und um das richtig zu verstehen, muss ich dir erst vom Entstehen der Dualität erzählen. Und auch hierbei sage ich dir: Lies es erst einmal und bewerte dann für dich selbst, ob es möglich ist. Sei bereit, eigenständig die Wahrheit zu suchen, und durchbrich die Schranken deiner anerzogenen Glaubensätze und Programmierungen, die dir im Laufe deines Lebens beigebracht wurden. Bleib weiterhin unvoreingenommen und vorurteilsfrei. Nun denn...

Wie du weißt, leben wir in der Dualität. Das heißt, es gibt für alles ein Gegenteil. Licht und Dunkelheit, Gut und Böse, Liebe und Hass usw. Auf unserer Erde gab es schon mehrere andere hochentwickelte Kulturen, die in alten Mythen und Legenden noch immer erzählt werden. Lemurien und Atlantis sind nur zwei davon. Zur Zeit Lemuriens war die Dualität noch nicht so stark wie in der uns bekannten Menschheitsgeschichte (in Wahrheit ist die Zeitspanne, von der wir wirklich wissen, nur wie ein Wimpernschlag in der Geschichte unseres Planeten). Die Menschen oder Lebewesen (sie waren nicht das, was wir heute als Mensch bezeichnen) waren sich ihrer Spiritualität und des Vorhandenseins der kosmischen Gesetze voll bewusst. Sie führten ein glückliches, angst- und sorgenfreies Leben. Sie waren sich des göttlichen Lichts, der Liebe, bewusst. Aber wie ist unser duales Universum, unser Kosmos der Gegensätze entstanden, und warum ist unsere Zivilisation derart tief in diese Dualität eingetaucht? Dr. Diethard Stelzl schreibt hierzu in seinem Buch „Spirituelles Heilen in der Tradition der atlantischen Kristallchirurgen“:

Da Gott sich selbst erfahren, also alles wie ein Betrachter von außen beobachten wollte, erschuf Er aus sich selbst heraus seinen erstgeborenen Sohn. Dieser Sohn war reines Licht, von Gott nicht unterscheidbar, vollkommen perfekt. Gott gleich. Damit Gott sich selbst erfahren – beobachten – konnte, brauchte er einen Gegenpol. Und so bat Gott seinen erstgeborenen Sohn, einen konträren Standpunkt einzunehmen, da die Erfahrung der eigenen

Identität nur in der Spiegelung der Gegensätze möglich war und ist, also vom Licht durch die Dunkelheit hindurch. Dies führte zum Wirken des zweiten Geistigen Gesetzes der Polarität. Dieser erstgeborene Sohn ging in die Polarität, in die gegensätzliche Position zu Gott in der Welt des Lichts, also in ein Umfeld der Dunkelheit. Dieser Standpunkt wird sich später in der Zahl 6 wiederfinden, also im Gegenteil von Licht = Dunkelheit, Abwesenheit von Licht. Der erstgeborene Sohn war also das Licht in der Dunkelheit, das eingeschlossene Licht Gottes in der Abwesenheit von Licht. Der Name des Sohnes lautete Luzifer, dies ist griechisch und bedeutet der Lichtträger. Er trägt also das Licht in die Dunkelheit als Spiegelung Gottes in sich selbst. Licht und Dunkelheit stellen somit die ersten Polaritäten dar, welche definiert wurden. So wie das Licht ein reiner Seinszustand ist, ist es die Dunkelheit ebenfalls, ohne Wertung.

Luzifer war und ist also kein Feind Gottes, der aus dem Himmel vertrieben wurde, sondern er ging freiwillig in die Dunkelheit, damit sich eine andere Perspektive entwickeln konnte. Daraus entstand unser duales Universum. Aber durch die Abtrennung von Gott vergaß er seine göttliche Herkunft. Er konnte das Licht nicht mehr sehen, und es legte sich ein dunkler Schleier über unser Universum. Durch dieses Getrenntsein von Gott vergaßen auch die Seelen, die inkarnierten, mit der Zeit ihre göttliche Herkunft. Unsere Seelen erforschen durch die Inkarnation die Dualität. Sie wollen wissen, wie es ist, wenn man vergisst, wo man herkommt. Wenn man sich selbst, seine eigenen göttlichen Ursprung vergisst. Manche Seelen haben sich im Laufe der unzähligen Inkarnationen sehr tief in der Dualität verirrt. Wie heißt es: „Wir leben in einer Gott vergessenen Welt!" Aber das heißt nicht, dass Gott uns vergessen hat, sondern wir ihn.

Der nun ständige Begleiter des Menschen war das Ego. Und das Ego war und ist in der Dualität scheinbar eine echte Hilfe. Einfach ausgedrückt: Wenn ich (Ego) nicht weiß, wer ich bin, wo ich herkomme und wo ich hingehe, dann versuche ich möglichst alles, um hier zu überleben. Nur ich (Ego) bin hier wichtig, und ich muss alles tun, um nicht verletzt zu werden. Ich (Ego) weiß ganz genau, dass niemandem vertraut werden kann. Ich (Ego) allein weiß, was richtig für mich ist, und jeder in meiner Umgebung hat gefälligst das zu tun, was ich will. Und wenn jemand anders nicht meiner (Ego) Ansicht ist, dann ist er mein Feind. Ich (Ego) weiß genau, was das Beste für alle Beteiligen ist. Auf den Punkt gebracht: Das Ego weiß gar nichts, verlangt aber von jedem anderen Menschen, dass er die gleiche Sicht der Dinge annimmt. Das Ego richtet den Einzelnen auf Angst, Mangeldenken und Machtlosigkeit aus. Daraus entstehen Neid, Missgunst, Gier, Kampf und Lüge. Unser (unwissendes) Ego ist wie ein trotziges Kind, das nicht bereit ist, etwas zu akzeptieren, was bisher nicht unserer Wahrheit entsprochen hat. Mehr noch, es bekämpft alles, was neu ist, und macht uns Angst davor. Denn im Moment hat das Ego in seiner beschränkten Sichtweise die Kontrolle, aber wenn nun plötzlich die Erkenntnis kommt, dass es falsch lag, dann würde es an Kontrolle und Macht verlieren.

Das Ego sagt ständig. „Beweise mir das erst einmal, denn ich glaube dir nicht!" Es ist wie ein kleiner Teufel auf der Schulter, der uns einredet, dass du das nicht so machen brauchst, denn schließlich weißt du ja genau, was richtig ist. Das Ego will uns in der Unwissenheit lassen. Es ist stolz, und will nichts lernen, denn dann müsste es ja zugeben, dass es falsch lag. Das Ego arbeitet immer mit Angst, Zwietracht und Zweifeln. Wenn du jetzt sagst, dass dieses Ego aber bescheuert ist, denn das Leben besteht nun mal aus Lernen, dann erinnere ich dich gerne an folgende Tatsache: „Ego" ist Lateinisch und heißt „Ich"! Man kann Ego auch als „Ich-Sucht" bezeichnen.

Das Ego hasst jede Veränderung, die uns reifen und entwickeln lässt, denn alleine das Wachsen der Persönlichkeit befreit uns von unserem Ego. Um zu verstehen, wie das Ego versucht, uns unter Kontrolle zu halten und unsere Entwicklung bremst, sind hier die Werkzeuge, mit denen das Ego versucht, uns klein zu halten.

- Ego erlaubt uns, etwas zu tun, das wir tun wollen, aber genau wissen, dass es unrecht ist.
- Ego erlaubt uns, etwas nicht tun zu müssen, was wir nicht tun wollen.
- Ego macht uns zu etwas Besonderem, jemandem, der besser ist als andere.
- Ego ermutigt uns dazu, anderen immer voraus sein zu wollen.

- Ego zeigt uns, dass wir immer Recht haben.
- Ego will, dass wir versuchen, Vergeltung zu üben.
- Ego will, dass wir gewinnen, beherrschen und unterwerfen.
- Ego versucht, andere zu bezwingen.
- Ego will uns selbst und andere kontrollieren.
- Ego will, dass wir uns gehen lassen.
- Ego ermutigt uns zur Aufopferung.
- Ego lässt uns schuldig fühlen, sodass wir uns nicht verändern müssen.
- Ego will uns glauben machen, wir wären nicht mehr als unser Körper.
- Ego verschafft uns Ausreden.
- Ego verschafft uns Aufmerksamkeit.
- Ego versucht, unsere Strukturen durch Rollen und Aufopferung zu retten.
- Ego will Erwartungen erfüllt bekommen.
- Ego verspricht uns Sicherheit.
- Ego versucht, Chancen und Begabungen zu verbergen.
- Ego verbirgt unsere Macht, unsere Aufgabe und unsere Identität.
- Ego ermutigt uns dazu, uns oder andere zum Opfer zu machen.
- Ego will etwas beweisen.
- Ego versucht, uns selbst, andere oder Gott anzugreifen.
- Ego will uns davor schützen, bestimmte Ängste zu heilen.

- Ego lässt uns unzulänglich, schwach und getrennt fühlen.
- Ego hält uns auf.
- Ego lenkt uns ab.
- Ego will den Status quo aufrechterhalten und kämpft gegen jede Art von Veränderung.
- Ego versucht, Schuld zu bezahlen.
- Ego zeigt unsere Überlegenheit oder Unterlegenheit.
- Ego blockiert Liebe und Intimität.
- Ego arbeitet am Fortbestand des Egos.

Starker Tobak, oder? Nun, wenn ich dieses Wissen auf mein Leben projiziere, dann muss ich sagen - ich bin ein Egoist! Ein Beispiel gefällig? Ich versuchte mit dem Manuskript, Anja zu manipulieren. Ich erwartete, dass sie meine Sichtweise der Dinge annahm. Ich wollte sie beherrschen und ihr meine Liebe aufdrücken. Und sie antwortete ebenfalls mit ihrem Ego darauf. Wir spielten ein Egospiel!

Du (dein Ego) brauchst einen Beweis? Na schön...

Egospiele, erster Akt, erste Szene.

Martin: Ich gebe ihr mein Manuskript, dann wird sie erkennen, wie sehr ich sie liebe.

Martins Ego: Haha, wenn ich ihr das Manuskript gebe, dann kommt sie bestimmt zurück zu mir, denn dann merkt sie, wie sehr ich sie liebe. Denn ich weiß genau, was ihr Problem ist. Sie muss doch einfach nur begreifen, wie ich die ganze Sache sehe. Ich habe damit zu 100 Prozent Recht. Und außerdem wird sie erkennen, dass mir

Drogen verabreicht wurden, sodass sich mein Verhalten veränderte. Und mein Abschiedsbrief am Ende des Manuskriptes ist doch wirklich Beweis genug, dass ich sie losgelassen habe. Und wenn sie dann immer noch nicht hört, dann wird sie schon sehen, was sie davon hat.

Wenn ich jetzt mein Verhalten mit den egotypischen Verhaltensweisen vergleiche, passen folgende Punkte sehr gut:

- Ego zeigt uns, dass wir immer Recht haben.
- Ego will, dass wir versuchen, Vergeltung zu üben.
- Ego will, dass wir gewinnen, beherrschen und unterwerfen.
- Ego versucht, andere zu bezwingen.
- Ego will uns selbst und andere kontrollieren.
- Ego ermutigt uns dazu, andere zum Opfer zu machen.
- Ego will etwas beweisen.

Tja, wie gesagt, ich hatte damit ein Egospiel gestartet.

Da ich aber zu diesem Zeitpunkt noch nicht wusste, was Anjas Ego wirklich verschleiern und verbergen wollte, hier nur meine Egoreaktionen auf das Gesagte beim Treffen in der Kantine.

Egospiele, erster Akt, zweite Szene.

Anja: Das Manuskript ist OK, aber es sind eine Menge Rechtschreibfehler drin.

Anjas Ego: ?

Martin: Hör zu Anja, dieses Buch ist meine Zukunft.

Ich habe dieses Buch für mich geschrieben, und ich werde mich nicht mehr unter Wert verkaufen. Ich bin es nämlich wert, geliebt zu werden!

Martins Ego: Hör mal, ich wollte dir damit einen Gefallen tun.

Aber offensichtlich bist du es nicht wert, von mir geliebt zu werden. Ich vermisse dich wahnsinnig, aber das zeige ich dir nicht, denn dein ultracooles Benehmen geht mir auf den Geist und nervt tierisch.

Auch hier wieder sind ganz klar folgende egotypischen Verhaltensmuster erkennbar:

- Ego macht uns zu etwas Besonderem, jemand, der besser ist als andere.
- Ego will, dass wir versuchen, Vergeltung zu üben.
- Ego zeigt unsere Überlegenheit oder Unterlegenheit.
- Ego blockiert Liebe und Intimität.
- Ego verschafft uns Ausreden.

Interessant, nicht wahr?

Jetzt bist du endlich wieder dran: Hole dir bitte einmal den letzten Streit beziehungsweise die letzte Meinungsverschiedenheit mit einem Partner, Freund/Freundin oder deinen Eltern in deine Erinnerung zurück. Und jetzt vergleiche deine gesagten Worte und deine wahren Absichten, die dahinter standen, mit den egotypischen Verhaltensmustern. Ich sage dir, das ist echt eine hochinteressante Analyse. Wenn du jetzt glaubst, dass das Ego ein Feind ist, den es gilt zu bekämpfen, dann befindest du dich schon wieder in einem Egospiel. Bist du jetzt verwirrt? Dann denke doch einmal über die folgenden drei Zitate nach.

Psychologen stellen fest, dass viel mehr Menschen, als man glaubt, nicht zu viel, sondern zu wenig Ich (Ego) haben. Und in der grundsätzlichen Forderung, das „Ich fallenzulassen", wittert manch einer sogleich die typisch östliche Gefahr der Entpersönlichung, der Treulosigkeit gegen einen Grundpfeiler europäischen Denkens, fürchtet das Verschwinden im Nichts, die Auflösung im All-Einen. Anthroposophen bangen um ihren „Christusimpuls aus dem Ich". Nichts von alledem ist gemeint. Es geht überhaupt nicht um eine Vernichtung des Ichs, sondern um eine Verwandlung des nur weltbezogenen Ichs. Es geht um die Verwandlung des Menschen, der allein von seinem Welt-Ich bestimmt ist. Auch ist nicht die Verneinung der Welt gemeint, sondern die Überwindung des Haftens an ihr.

Karlfried Graf Dürckheim, *Zen und wir*

Das Ego, so hören wir, blendet uns mit seinen ständigen Forderungen, seiner Gier, seiner Selbstsucht und seiner Unsicherheit. Das ist eine beliebte aber falsche Anschuldigung, denn wenn wir das Ego in ein dunkles Verlies verbannen, machen wir es zum Feind, und das führt zu noch mehr Trennung und Zersplitterung.

Deepak Chopra, *Das Buch der Geheimnisse*

Auch wenn es widersprüchlich klingt: Ihr Ego muss stark genug sein, um seine begrenzte, defensive Haltung und Kontrolle aufgeben zu können. Sie brauchen ein starkes Ego, um das Ego transzentieren zu können.

John Bradhow, *Das Kind in uns*

Du darfst das Ego niemals als einen Feind ansehen, den es zu bekämpfen gilt. Ich erinnere dich: Ego ist lateinisch und heißt „Ich". Du solltest dein Ego erziehen und nicht bekämpfen.

Die egobezogene Analyse des Gesprächs, das Anja zu ihrem „Lick my ass!" bewogen hatte, erspare ich dir an dieser Stelle. Du kannst dir ja sicherlich vorstellen, wie mein Ego auf die provozierende Frage: „Hast du schon eine Neue?" reagiert hatte. Da ich zu diesem Zeitpunkt noch nicht wusste, welche Angst hinter Anjas Angriffen auf mein Ego stand, konnte ich das Ganze noch nicht einordnen. Tatsache ist allerdings – wir schaukelten uns gegenseitig hoch, also war ihr Ego auch involviert. Denn wenn sie im Gespräch mit Gleichgültigkeit agiert hätte, wäre es nicht zu „Lick my ass!" gekommen. Es kam mir so vor, als wollte sie absichtlich eine negative Reaktion bei mir hervorrufen. Oder, besser gesagt: Ihr Ego wollte das aus dem Unterbewussten heraus.

An dieser Stelle fiel mir wieder ihr angsterfülltes Gesicht ein, als ich ihr einen Abschiedskuss geben wollte. Was war das für eine Angst? Eines war mir aber ab diesem Zeitpunkt sonnenklar: Mein Verstand war nicht, wie bisher gedacht, für das übertriebene Sicherheitsdenken verantwortlich. Der Verstand allein ist nur ein Werkzeug, denn das Standpunkt behaftete Ego hält im Hintergrund die Fäden in der Hand, und für die wahre Liebe ist der Tod des Ichbezogenen Menschseins, des Egos, notwendig.

Vier Fragen sind noch offen:

1. *Warum waren wir nicht mehr auf einer Wellenlänge?* ✓
2. *Warum hatten wir uns derartig in die Haare bekommen, dass wir uns beinahe im Streit getrennt hätten?* ✓

Da waren es nur noch zwei...

3. *Welche Angst hatte ich in ihrem Gesicht gesehen?*
4. *Warum hatte ich wieder einen Rückfall in meine alten Gefühle von Verlust und Schmerz?*

☆☆☆

Archetypische Ängste

Aber sobald mir ein Mensch nahe kommt und mich lieben will, tue ich etwas, das es vereitelt: Ich locke sie an, aber dann bekomme ich Angst und renne weg.

Djohariah Toor, *Lieder vom heiligen Berg*

Na schön, ich kam voran! Allerdings wusste ich noch nicht, welche Angst hinter Anjas Gesicht verborgen lag, als ich ihr den Abschiedeskuss geben wollte. Ich wusste, dass wir offensichtlich beide Verlustangst hatten. Bei mir war es die Angst vor dem Loslassen. Ich konnte keine Partnerin, die ich liebte, einfach gehen lassen oder ihr mein vollstes Vertrauen schenken. Ich klammerte und versuchte, sie festzuhalten. Diese Angst zeigte sich in meinem Verhalten durch übertriebene Höflichkeit, die immer wieder aufkommende Phase, ihr alles Recht machen zu wollen, eine unterdrückte Eifersucht und den Versuch, meine Partner zu kontrollieren. Bei Anja war es genau umgekehrt. Sie lief weg, sobald ihr jemand zu nahe kam. Jedes Mal, wenn sich ihre Gefühle meldeten und die Liebe in ihr Leben eintreten wollte, lief sie davon. Sie beendete die Beziehung, bevor sie verletzt werden konnte. Dieses „Leg ihn ab, bevor er dich ablegt", war in ihrem Verhalten in Partnerschaften ausgeprägt, das wusste ich durch Erzählungen über ihre Vergangenheit. In der Psychologie gibt es einen Begriff für diese beiden Arten der Verlustangst: Borderline. Hier eine kurze Beschreibung aus der Welt der Psychologie durch einen kurzen Auszug von Wikipedia.

Borderline-Persönlichkeitsstörung (abgekürzt BPS), oder emotional instabile Persönlichkeitsstörung, ist die Bezeichnung für eine Persönlichkeitsstörung, die durch Impulsivität und Instabilität in zwischenmenschlichen Beziehungen, Stimmung und Selbstbild gekennzeichnet ist. Bei einer solchen Störung sind bestimmte Bereiche von Gefühlen, des Denkens und des Handelns beeinträchtigt, was sich durch negatives und teilweise paradox wirkendes Verhalten in zwischenmenschlichen Beziehungen sowie im gestörten Verhältnis zu sich selbst äußert. Die BPS wird sehr häufig von weiteren Belastungen begleitet, darunter dissoziative Störungen, Depressionen sowie verschiedene Formen von selbstverletzendem Verhalten (SVV). Die Störung tritt häufig zusammen mit anderen Persönlichkeitsstörungen auf (hohe Komorbidität).

Die Bezeichnung Borderline bedeutet auf Deutsch „Grenzlinie“ beziehungsweise „grenzwertig“. Früher wurde die Störung nämlich im Grenzbereich zwischen den neurotischen Störungen und den psychotischen Störungen eingeordnet, da man Symptome aus beiden Bereichen identifizierte. In der Psychotraumatologie zählt man das Symptombild zu den komplexen posttraumatischen Belastungsstörungen. Seit den Arbeiten von Kernberg ist der Begriff keine „Verlegenheitsdiagnose“ mehr, sondern als nosologische Entität und eigenes Krankheitsbild anerkannt. Manche Wissenschaftler fordern dennoch die Aufgabe des Begriffs, da er eigentlich keine Persönlichkeitsstörung, sondern differentialdiagnostische Probleme bezeichne. Die Frage der Einordnung ist ein zentrales

Thema, zu dem es, ebenso wie zur Frage der Ursachen, bisher keinen Konsens gibt.

...zur Frage der Ursachen bisher keinen Konsens gibt? Na toll. Aber es ist ja klar, wenn man mitten im Teller sitzt, wie könnte man dann auf die Idee kommen, über den Tellerrand hinauszublicken! Interessant ist die Formulierung: „Bei einer solchen Störung sind bestimmte Bereiche von Gefühlen, des Denkens und des Handelns beeinträchtigt, was sich durch negatives und teilweise paradox wirkendes Verhalten in zwischenmenschlichen Beziehungen sowie im gestörten Verhältnis zu sich selbst äußert." Das klingt für mich nach provozierenden Egospielen.

Ich beschäftigte mich in der Folgezeit mit den sogenannten archetypischen Ängsten, den Ur-Ängsten des Menschen. Ich wollte wissen, woher meine Verlustangst kam und wie ich sie auflösen konnte. Woher ich Verlustangst hatte, war mir nach wie vor völlig schleierhaft, denn ich wuchs wohlbehütet in einem intakten Elternhaus auf dem Land auf. Aber wenn es nach der Psychologie ginge, wäre der Grund meiner Angst ein eventuell erlebtes Kindheitstrauma. Wie dem auch sei, ich habe für mich in dem Buch „Seelenverträge, Band 1" von Leila Eleisa Ayach (Smaragd Verlag) eine Antwort gefunden. Ich werde dir nun erst einmal zwei dieser Ur-Ängste vorstellen, und zwar aus Sicht der Seelenebene, dem karmischen Prinzip und unter dem Einfluss des Egos. Ob es für dich logisch ist oder ob du es glaubst, das überlasse ich wie immer deinem freien Willen.

Angst vor der Liebe

Bei Menschen, die Angst vor der Liebe haben, spielt ihnen ihr Ego vor, dass Liebe wehtut. Liebe tut weh, also liebe nicht. Ego tut alles, um Situationen hervorzubringen, in denen Liebe wehtut. Ego will den Menschen klein halten und erzeugt aus dem Unterbewussten heraus diese Situationen, diese Egoangriffe. Und wenn der Partner auf diese Angriffe mit Wut und Ärger reagiert, dann hat Ego den Beweis: „Siehst du, Liebe tut weh. Also liebe nicht." Diese Menschen tun unterbewusst alles, damit ihnen der Mensch, den sie lieben, wehtut. Sie brechen häufig Beziehungen ab, haben viele Kurzzeitbeziehungen oder sind über einen längeren Zeitraum Single. Sie verstehen es selbst nicht. Sie verstehen ihr eigenes Verhalten nicht und werden zunehmend einsamer. Aber was steckt dahinter?

Diese Seelen, die Angst vor der Liebe haben, hatten meist eine große Liebe in einer früheren Inkarnation, die sie nicht frei und offen leben durften. Meist war Lebensgefahr mit der Liebe verbunden. Nicht nur für sich selbst, sondern auch für den Partner. Es waren völlig andere Zeiten. Hier nur ein fiktives Beispiel: Stell dir vor, ein Mädchen aus reichem, wohlhabendem Adelshaus verliebte sich in einen Stallburschen. Diese Verbindung wäre durch die damals vorherrschende gesellschaftliche Etikette niemals glücklich geworden. Die Liebe musste unter allen Umständen geheim gehalten werden. Zu allem Übel waren arrangierte Hochzeiten in damaliger Zeit in allen Kulturkreisen jahrhundertelang eine gängige Praxis, um der Familie mehr Macht oder Reichtum zu bescheren. Diese

Menschen hatten gar keine Wahl, wen sie heiraten durften; sie mussten. Der Mensch, den man wirklich liebte, war unerreichbar. Liebe tat weh, denn sie konnte nicht gelebt werden. Und diese Erfahrung wurde in der Seele als Angst abgespeichert. Und nun versucht diese Seele, die Angst in dieser Inkarnation wieder aufzulösen, zu heilen. Deshalb entstehen die Spiegelungen im Umfeld dieses Menschen. Diese auf Seelenebene geplanten Situationen sollen diese Menschen darauf aufmerksam machen, dass sie Angst vor ihren Gefühlen, Angst vor der Liebe haben. Sie werden regelrecht geschubst, es sich anzusehen. Und sie bekommen immer und immer wieder den Spiegel vorgehalten. Aber trotzdem stoßen sie den Partner, den sie lieben, unbewusst immer wieder weg. Sie wollen erreichen, dass ihnen der Partner durch Worte oder Taten immer wieder wehtut. Deshalb provozieren sie geradezu diese Egospiele, denn das Ego will die Bestätigung – Liebe tut weh, also liebe nicht.

- Ego versucht, uns selbst, andere oder Gott anzugreifen.
- Ego schützt uns davor, bestimmte Ängste zu heilen.
- Ego blockiert Liebe und Intimität.
- Ego arbeitet am Fortbestand des Egos.
- Ego will etwas beweisen.

Siehst du – Liebe tut weh, also liebe nicht!

Verlustangst

Interessanterweise treffen häufig Partner mit Angst vor der Liebe, auf jemanden, der Verlustangst mit in diese Inkarnation gebracht hat. Diese beiden Ängste fördern sich gegenseitig ganz wunderbar. Derjenige, der die Verlustangst hat, also die Angst, die Liebe zu verlieren, spürt natürlich, wie sich der Partner aus Angst vor der Liebe zurückzieht und erhält neue Nahrung für seine Verlustangst. Je mehr er aber versucht, die Liebe festzuhalten, desto mehr wird der Partner mit Angst vor der Liebe sich ihm entziehen. Auch hier ist die Ursache in den vergangenen Inkarnationen der Seele zu finden. In früheren Zeiten erlitten unsere Seelen durch Kriege und viele Entbehrungen, große Verluste, so auch den Verlust der großen Liebe. Auch dieser Schmerz wurde in der Seele gespeichert und muss nun wieder geheilt werden.

Wenn du dir nun diese beiden Ur-Ängste ansiehst, an wen erinnern sie dich? Genau! An Anja und mich. Anja war diejenige mit der Angst vor der Liebe, und ich hatte die Verlustangst. Es passte wirklich perfekt. Diese beiden Ängste aufzulösen und zu heilen, das war unsere gemeinsame Aufgabe. Deshalb waren wir zusammengekommen. Das stand in unserem gemeinsamen Seelenvertrag. Wie war das doch gleich?

...dass ihr in einer karmischen Beziehung einander lehrt und prüft. Aber wenn dieser Lernprozess beendet ist und jeder seinen Teil der Aufgabe gelernt hat, werdet ihr wieder zusammenkommen. Ihr habt beide einen Seelevertrag unterzeichnet.

So viel zum Thema Kindheitstrauma. Solch ein Blick über den Tellerrand ermöglicht einen völlig neuen Ansatz. Wie ich die Aufgabe lösen sollte, war mir aber immer noch nicht ganz klar. Um seine Angst zu besiegen, muss man sich ihr stellen und dann durch sie hindurchgehen. Damit Anja ihre Angst vor der Liebe heilen konnte, musste sie lernen, der Liebe zu vertrauen. Und ich konnte meine Angst, die Liebe zu verlieren, logischerweise nur heilen, wenn ich die Liebe freiwillig und bewusst loslassen würde. Und wieder: Vertrauen und Loslassen! Auf Anja konnte ich keinen Einfluss nehmen, aber ich konnte mich selbst heilen. Aber warum sollte ich die Liebe loslassen? Ich verliere doch dann. Oder?

Ich werde an dieser Stelle abkürzen. Am Anfang ist es schwer, die Stimme des Egos klar zu identifizieren. Es erfordert Übung und Kraft, seinen Blick immer wieder auf die Wirklichkeit zu richten. Deshalb hat das Tauziehen gegen das Gequake meines Egos mit seinen hinterlistigen Angriffen aus Zweifeln und Ängsten auch mehrere Wochen gedauert, um zu einer festen Entscheidung zu kommen. Dabei ist das Prinzip eigentlich ganz einfach. Ich wusste es die ganze Zeit über. Allerdings bedeutet Wissen allein ohne die dazugehörige Erfahrung gar nichts. Das Wissen ohne die passende Erfahrung ist wie ein Schiff ohne Ozean. Es nützt nicht das Geringste. Man kann es präsentieren oder damit angeben, aber man kann es nicht nutzen.

Nun, die Antwort ist folgende: Den Partner komplett loslassen, die Liebe loslassen, damit die Liebe frei und bedingungslos gelebt werden kann. Liebe geht niemals verloren, denn sie ist die stärkste Kraft im Universum. Liebe kämpft nicht! Liebe braucht nicht! Liebe will nicht! Liebe ist!!! Die Liebe, die ich bis hierher in meinem Leben kennengelernt hatte, war die bedingte Liebe des Egos. Aber wie konnte ich sagen, dass ich Anja wahrhaft liebte, wenn ich als Bedingung eine Partnerschaft mit ihr anstrebte. Die bedingte Liebe des Egos sagte immer wieder, dass ich nur glücklich sein konnte, wenn wir zusammen sind. Aber die wahre Liebe respektiert die Entscheidungen des anderen bedingungslos.

Liebte ich Anja genug, um sie loszulassen? Würde ich das schaffen, würde ich sie durch die karmische Verbindung mitheilen, oder nicht? Es ist in der Theorie wirklich ganz einfach. Um Anja und mir selbst zu helfen, durfte ich nicht mehr auf ihre Egoangriffe reagieren. Die verletzenden Worte, die sie (ihr Ego) sagte, durften bei mir nicht mehr auf eine Reaktion stoßen. Zumindest nicht auf die von ihrem Ego erwartete Reaktion, dass Liebe wehtut. Ich musste ihre verletzenden Worte als das erkennen, was sie sind: Egospiele. Denn dadurch würde die gewünschte Reaktion, nämlich „Liebe tut weh“, nicht eintreffen. Ihr Ego würde kein Futter mehr für die Angst bekommen.

Andere Partner vor mir hatten mit Wut und Enttäuschung reagiert. Ego hatte immer gewonnen. Aber dieses Mal nicht. Auch wenn Anja die Liebe weggestoßen und mit Füßen treten würde. Liebe tut nicht weh! Ihr Ego bekäme dadurch den Nährboden entzogen. Im Umkehrschluss bedeutete das aber, dass ich die ganze Arbeit machen musste. Nach dieser Theorie des Loslassens und Vertrauens musste ich erkennen, wann sie versuchte Egospiele zu spielen, und gleichzeitig musste ich mein Ego im Zaum halten und nicht auf die verletzenden Angriffe reagieren.

Es war ganz einfach: Ich musste die Liebe loslassen und gleichzeitig der Liebe vertrauen, dass ich sie nicht verliere. Loslassen und Vertrauen! Ich sage es dir gleich - das kostet richtig Kraft, vor allem anfangs. Eine der Urängste zu heilen ist kein Pappenstiel, was man eben so übers Wochenende erledigen kann. Ich brauchte dafür mehrere Monate, in denen ständiges bewusstes Konfrontieren in unzähligen kleinen Situationen nötig war.

Aber hübsch der Reihe nach – diese Theorie konnte ich nicht in die Praxis umsetzen, so lange wir keinen Kontakt zueinander hatten. Doch wenn wir einen gemeinsamen Seelenvertrag hatten und durch das karmische Band miteinander verbunden waren, würde ich dazu mit Sicherheit Gelegenheit bekommen, ohne selbst den Kontakt herbeiführen zu müssen. Nach meiner Pendeltheorie würden wir uns irgendwo wie zufällig wieder über den Weg laufen. Nichts geschieht zufällig! Ich traf die Entscheidung, auf diese Zu-Fälle zu warten. Alles andere wäre wieder ein Egospiel meinerseits. Nun gut, mal sehen wo die Reise hingeht.

Vier Fragen sind noch offen:

1. *Warum waren wir nicht mehr auf einer Wellenlänge?* ✓
2. *Warum hatten wir uns derartig in die Haare bekommen, dass wir uns beinahe im Streit getrennt hätten?* ✓
3. *Welche Angst hatte ich in ihrem Gesicht gesehen?* ✓

Da war es nur noch eine...

4. *Warum hatte ich wieder einen Rückfall in meine alten Gefühle von Verlust und Schmerz?*

Übrigens, diese „Zu-Fälle" kamen dann wirklich. Und zwar immer zum richtigen Zeitpunkt meiner Entwicklung. Aber bevor ich dir davon erzähle, werde ich dir noch drei weiter archetypische Ängste vorstellen. Und wieder werde ich dir diese aus der Perspektive unserer unsterblichen Seele darlegen und den Einfluss des Egos erläutern.

Mangelndes Selbstwertgefühl – sich wertlos fühlen

Die Seelen, die sich vorgenommen haben, in dieser Inkarnation ihr mangelndes Selbstwertgefühl zu heilen, haben in früheren Inkarnationen oft erlebt, als wertlos erachtet worden zu sein. Sie wurden oft nicht geschätzt, sondern verachtet und misshandelt. Viele Situationen führten dazu, dass sich diese Seele nicht mehr als wertvoll erachteten. Sie machen in dieser Inkarnation meist immer wieder erniedrigende Erfahrungen. Vom Mobbing am Arbeitsplatz, bis zu Partnern, die sie mit Gewalt beherrschen. Oder sie verlieren sich selbst, ihre eigene Persönlichkeit, in der Partnerschaft und im äußeren Umfeld. Sie sind sich ihrer selbst nicht mehr bewusst.

Auch hier sind die Situationen im Seelenplan dieser Inkarnation darauf ausgerichtet, diese Menschen immer wieder mit ihrem Gefühl der Wertlosigkeit zu konfrontieren. Die Situationen schreien gerade zu: „Hier, sieh es dir an – du bist dir selbst nichts wert!" Unser Umfeld ist immer eine Spiegelung unserer Ängste und der damit verbundenen Aufgabe, diese Ängste endlich zu heilen. Schau hin - was tut dir weh? Wie fühlst du dich in dieser Situation? Bist du ständig in der Opferrolle? Passiert es dir immer wieder, dass du gemobbt wirst? Passiert es dir immer wieder, dass du von deinen Partnern geschlagen wirst? Wie fühlt es sich jedes Mal an? Bist du dir nicht mehr wert als das? Oder gerätst du immer wieder an Partner, die sich in einer Ehe befinden und eigentlich nur ein Abenteuer wollen? Diese Situationen werden immer wieder in deinem Leben auftreten, so lange, bis du es erkannt hast. Es kann auch der berufliche Erfolg ausbleiben, denn du fühlst dich nicht wert, beruflich erfolgreich zu sein. Dein Ego sagt dir, dass du es nicht wert bist, mit den anderen zu spielen, denn die sind alle besser als du.

- Ego will, dass wir uns gehen lassen.
- Ego ermutigt uns zur Aufopferung.
- Ego lässt uns schuldig fühlen, sodass wir uns nicht verändern müssen.
- Ego lässt uns unzulänglich, schwach und getrennt fühlen.

Erkenne die Angst als Grund für deine Lebenssituationen. Schau sie dir an und beschäftige dich damit. Dann schöpfe Vertrauen, dass du mehr bist als deine Angst. Und dann lass diese Angst los.

Erkennen – anschauen – vertrauen – loslassen.

In dem Moment, in dem dir wieder Wertschätzung entgegengebracht wird, hast du deine Angst geheilt.

Die eigene Macht nicht annehmen können

Diese Menschen erleben oft ein Ohnmachtsgefühl. Sie haben Angst vor ihrer eigenen Macht, ihrem Denken und Handeln. Diese Seelen wurden in vergangenen Inkarnationen für ihr Denken und Handeln oft verfolgt. Sie wurden gefangengenommen, gefoltert und hingerichtet, weil sie wegen ihres wahren Wissens das vorherrschende Machtsystem infrage stellten. Ich sage nur – Inquisition. Diese Erfahrungen nimmt die Seele mit. Die Angst vor Verfolgung sitzt tief, sehr tief. Auch kann es sein, dass diese Seele in einer früheren Inkarnation sehr viel Macht innehatte, aber diese dann missbraucht hat. Sie ist inkarniert, und der Seelenplan sah vor, die Macht in einer guten, lichtvollen Weise einzusetzen. Aber irgendwann wurde die Seele durch die erlangte Macht korrumpiert. Sie verlor sich im Strudel der Dualität, zu dicht war der Schleier des Vergessens.

Als Beispiel könnte ich mir den römischen Imperator Cäsar vorstellen. Wenn dem römischen Reich Gefahr drohte, wurde ein Mann mit allen Sondervollmachten ausgestattet, die nötig waren, um dieser Krise zu begegnen. Dadurch konnten schnelle und diskussionsarme Entscheidungen getroffen, und der Gefahr konnte schnell und direkt entgegengetreten werden. Es war eine große Ehre und wurde als Dienst am Volk verstanden. Nur Cäsar gab, nachdem die Gefahr gebannt war, seine Macht nicht wieder ab. Er kürte sich selbst zum Imperator des römischen Reichs. Er hatte seine Macht missbraucht.

Solche Erfahrungen werden in der Seele gespeichert, und nun fürchtet sie die Macht, die sie in sich trägt. Sie möchte sie überhaupt nicht mehr einsetzen. Sie hat Angst, wieder in den Strudel der Dualität zu geraten und ihre Macht erneut zu missbrauchen. Um diese Angst zu heilen, müssen diese Seelen begreifen, dass es keine Verfolgung und Tod und keinen Machtmissbrauch mehr gibt, wenn man seiner Bestimmung folgt. Diese Menschen spüren ihre wahre Berufung, aber sie zwingen sich in „normale" Jobs. Vielleicht wären sie lieber selbstständig? Irgendwann wird der Druck der Seele so groß, dass sie ihren Arbeitsplatz verliert, oder sie legt sich mit ihrem Vorgesetzten an, da sie doch ihr eigener Chef sein will. Somit wird der „normale" Beruf immer beschwerlicher, was zu Burnout, Depressionen und Aggressionen führen kann. Die Seele rebelliert und möchte wieder die Macht und das Wissen einsetzten, das in ihr ist. In der Regel handelt es sich um sehr alte und weise Seelen (die verschiedenen Seelenalter werde ich später noch erläutern). Die Situationen im Leben dieser Menschen zwingen sie dazu, sie sich anzuschauen. Aber Ego will sie mit einem überzogenen Sicherheitsdenken daran hindern, wirklich ihrem Herzen zu folgen.

- Ego lässt uns schuldig fühlen, sodass wir uns nicht verändern müssen.
- Ego verbirgt unsere Macht, unsere Aufgabe und unsere Identität.

- Ego versucht, Chancen und Begabungen zu verbergen.
- Ego verschafft uns Ausreden.
- Ego will uns glauben machen, wir wären nicht mehr als unser Körper.
- Ego verspricht uns Sicherheit.

Aber die kreierten Situationen im Leben solcher Menschen zeigen immer wieder auf, dass es keine Sicherheit gibt. Sieh es dir an, es gibt keine Sicherheit! Sie verlieren zum Beispiel öfter den Arbeitsplatz oder finden in ihrer beruflichen Arbeit nicht den erhofften Frieden und ein Gefühl der Erfülltheit. Sie werden geschubst, ihrem Herzen zu folgen, und nicht dem Verstand. Wie würde dein Leben aussehen, wenn du vollkommen du selbst sein könntest? Gehe tief in dein Herz und höre, was es dir sagt. Will es wirklich das Leben, das du gerade lebst, oder will es ein anderes? Befreie dich von allen Gedanken, die nicht deine eigenen sind. Von Strukturen, in denen du dich nicht wohlfühlst. Verlasse die Wege, die die Gesellschaft vorschreibt. Diesen Weg sind schon andere vor dir gegangen. Finde deinen eigenen Weg. Höre auf dein Herz und vertraue auf deine eigene Macht.

Angst, die Kontrolle zu verlieren

Viele Menschen haben ein zwanghaftes Verhalten, alles und jeden kontrollieren zu wollen. Sie wollen alles alleine machen und können nichts abgeben, denn sie trauen niemandem etwas zu. Und wenn sie dann wirklich einmal delegieren, sind sie damit beschäftigt, alles nachzukontrollieren. Wie glaubst du, werden solche Menschen, die Angst haben, die Kontrolle zu verlieren, damit konfrontiert? Genau, sie verlieren die Kontrolle. Ihr Leben nimmt eine Eigendynamik an, und es gerät alles außer Kontrolle. Alles verändert sich, nichts bleibt, wie es war. Aber woher kommt dieses zwanghafte Kontrollverhalten?

Aus Seelenebene betrachtet, haben es sich diese Seelen in der Dualität bequem gemacht. Sie haben Angst vor der Wirklichkeit mit ihren anderen Gesetzmäßigkeiten, wie zum Beispiel dem Karmaprinzip. In der Dualität sind immer die anderen schuld. Aber in der Wirklichkeit gibt es so etwas wie Schuld nicht. Diese Menschen haben Angst vor der Freiheit, Angst vor der Selbstverantwortung. Auch diese Angst kommt aus vergangenen Inkarnationen. Diese Seelen mit der Angst, die Kontrolle zu verlieren, wurden im Laufe ihrer unzähligen Leben immer tiefer in den Strudel der Dualität gezogen. Sie sind ohnmächtig. Und durch ein übertriebenes Kontrollverhalten versuchen sie, diese Ohnmacht zu kompensieren. Ego sagt: Ich muss das kontrollieren, sonst geht hier alles den Bach runter. Ich muss kontrollieren, weil ich nicht will, dass ich Schuld an etwas habe. Ego sagt: Wenn, dann sind die anderen schuld, und durch meine Kontrollen beweise ich das.

- Ego macht uns zu etwas Besonderem, jemandem, der besser ist als andere.
- Ego will den Status quo aufrechterhalten und kämpft gegen jede Art von Veränderung.

- Ego will uns selbst und andere kontrollieren.

Um dieser Angst entgegenzutreten, musst du dich für die Wirklichkeit öffnen. Richte deinen Fokus nicht mehr auf andere aus, sondern auf dich selbst. Du bist der Schöpfer deiner Zukunft. Niemand sonst. Lass die Kontrolle los. Andere Menschen sind für ihr Leben selbst verantwortlich, lass sie in Ruhe. Übernimm nur die Verantwortung für dein Leben. Dein Umfeld drückt immer wieder fleißig auf die Knöpfe, die wehtun. Aber wenn du nicht mehr die Schuld bei anderen suchst, sondern in dich hineinschaust, wird sich auch dein Umfeld verändern.

☆☆☆

Die Phasen des Loslassens
(Phase 1 bis 5)

Enge Bindung führt zu Eifersucht, der Schatten der Raffgier. Üben musst du dich darin, alles loszulassen, vor dem du fürchtest, es zu verlieren.

Yoda, Jedi-Meister

Es waren bereits ein paar Wochen vergangen, seit ich Anja zum letzten Mal gesehen hatte, und mir ging es immer noch nicht richtig gut, aber auch nicht mehr richtig schlecht. Ich war beinahe nicht mehr in der Lage, Wut, Ärger oder andere negative Gefühle zu empfinden. Aber auch Freude, Liebe und Frohsinn waren nicht mehr richtig da. Es war mehr ein Zustand von Neutralität. Wie der Verlust meiner Leidenschaft.

Ich hatte mir in der Folgezeit die ganze Sache noch einmal in der Theorie angeschaut. Ich hatte die einzelnen Puzzlesteine zusammengefügt und so einen besseren Überblick über meine Situation erhalten. Anja und ich waren Seelenpartner, die in einer karmischen Beziehung voneinander lernen sollten. Den Begriff „Dualseele" setzte ich gleich mit der Bezeichnung „Seelenpartner", da ich den wahren Hintergrund beziehungsweise den Unterschied zu diesem Zeitpunkt noch nicht wusste. Ich hatte Verlustangst, und sie hatte Angst vor der Liebe. Diese beiden Ängste förderten sich gegenseitig wunderbar, und die beiden einzigen Möglichkeiten für mich waren, entweder in Wut und Ärger die Beziehung wegzuwerfen, wodurch ich meine Verlustangst nur in die nächste Beziehung mitnehmen würde, oder in Liebe loszulassen, wodurch ich meine Verlustangst heilen würde und Anjas Angst vor der Liebe möglicherweise ebenfalls. Dazu musste ich mein Ego erziehen, auf Egoangriffe von ihr achten und nicht darauf reagieren. Das Ergebnis meiner Angstbewältigung wäre ein weiteres Erweitern meines Bewusstseins, eine Steigung in der Schwingung, was mir die Möglichkeit geben würde, den derzeit stattfindenden Evolutionssprung der Erde bewusst mitzuerleben. Habe ich was vergessen?

- Anja in Liebe loslassen, ohne Wut und Egospiele.
- Egospiele von ihr bewusst erkennen.
- Meine Ängste und Aufgaben durch die Spiegelungen in meiner Umgebung erkennen, anschauen und loslassen.
- Durch das Loslassen all meiner Ängste mit dem Bewusstsein in der Schwingung höher steigen.

Man, klingt das alles verrückt! Wenn du mir vor einem Jahr diese Theorie unterbreitet hättest, hätte ich die Männer mit den weißen Kitteln gerufen. Aber alles deutete darauf hin, dass es nur so funktionierte – abgesehen davon war es meine einzige Chance, mit der Frau, die ich liebte, wieder zusammenzukommen. Ich musste sie in Liebe freigeben und loslassen, denn nur so war es möglich, dass sie zu mir zurückkommen konnte. Wahre Liebe will frei sein, ohne Bedingungen. War ich bereit dafür? Liebte ich diese Frau so sehr, dass ich sie in Liebe loslassen konnte, um ihr für ihren weiteren Lebensweg von ganzem Herzen Glück und Liebe zu wünschen? Auch wenn das bedeutete, dass ich in diesem glücklichen Leben keine Rolle mehr spielen würde?

Ich wollte es! Ich wollte wissen, ob ich in der Lage dazu war, meine eigenen Beschränkungen von Verlustangst und bedingter Liebe zu durchbrechen, um somit mein Bewusstsein in eine noch höhere Schwingung zu bringen. Ich hatte mich dazu entschieden, denn alles beginnt mit einer Entscheidung. Mal sehen, wo die Reise hingeht. Außerdem wollte ich wissen, ob es wirklich möglich war, durch ein höheres Bewusstsein Kontakt zur Geistigen Welt herzustellen. Das Medium Sabrina konnte es offensichtlich sehr leicht. Wenn die Angaben über die verschiedenen Bewusstseinsstufen richtig waren, dann sollte ich irgendwann auch dazu in der Lage sein.

Auf den ersten Kontakt mit Anja nach unserem Trennungsabend musste ich jedenfalls nicht lange warten, denn kaum hatte ich mich entschieden, das Ganze in die Praxis umzusetzen, klingelte nur zwei Tage später das Telefon, und sie war dran. Es gibt keine Zufälle! Das Gespräch war vorsichtig, freundlich und weitgehend oberflächlich. Wir versuchten beide, Themen über unser derzeitiges Privatleben zu vermeiden, deshalb wurden erst einmal die neusten Infos über Arbeit und Freunde ausgetauscht. Das Gespräch war nichts anderes als eine unbewusste Positionsbestimmung auf Seelenebene. Im Nachhinein betrachtet, war es eine Weiterführung unserer Egospiele und mein bewusstes Lernen in der Praxis. Ab da hieß es wieder „Ring frei“ für Anjas Egoangriffe. Ich fühlte mich übrigens während und nach dem Telefonat sehr gut. Ein Grund mehr, diesen Weg zu gehen, um endlich meine Abhängigkeit von dieser Frau zu heilen.

Liebte ich Anja genug, um sie in Liebe loszulassen? Als ich einige Tage nach diesem Telefonat in mich hineinfühlte, war die bereits erwähnte Neutralität meiner Gefühle noch stärker geworden. Ich war derartig emotionslos, dass ich weder Freude an meinem Leben, noch Wut oder Ärger empfand. Ich war, was meine Gefühle anging, in einer eigenartigen Mitte. Stell dir bitte einen Wirbelsturm vor, und im Zentrum stand ich. Quasi im Auge des Sturms. Ich war völlig unberührt davon, was sich um mich herum abspielte. Ich kann es nicht anders erklären, allerdings war es nicht so, dass sich dieser Zustand schlecht anfühlte. Ich konnte ihn aber auch nicht genießen, da ich zu diesem Zeitpunkt gefühlsneutral war.

An dieser Stelle muss ich wieder etwas vorgreifen, denn den Weg des Loslassens deines Ego-Verstandes in der Praxis zu lernen, ist in etwa vergleichbar mit dem Schälen einer Zwiebel. Du bekommst durch eine Situation in deinem Leben (meist ein Egospiel im zwischenmenschlichen Miteinander) den Anstoß, dir ein bestimmtes Thema anzuschauen, also die erste Zwiebelhaut zu entfernen. Wenn du dieses Thema erkannt, angeschaut und dann in Vertrauen losgelassen hast, kommt unweigerlich das nächste Thema auf dich zu, das du wieder erkennen, anschauen und vertrauensvoll loslassen musst. Wie das Schälen einer Zwiebel. Und wie bei einer Zwiebel können Tränen fließen.

„Achte auf die Spiegelungen in deiner Umgebung,
die wehtun, dann sieh nach innen,
und du erkennst deine derzeitige Aufgabe!“

Alles, was du jetzt tun musst ist, diesen Weg mit vollem Bewusst-Sein weiterzugehen. Entscheide dich entweder für das Spiel des Egos in der Dualität, oder für den Weg zum Glücklichsein, den deine Seele, also du, dir selbst aufgeschrieben hast und den dein Leben für dich bereithält. Alles beginnt mit einer Entscheidung!

Ich will dir nichts vormachen – du wirst auf diesem Weg mehr als einmal in die Knie gehen. Aber jetzt bist du bereits so weit gegangen – aufgeben gilt nicht! Hinfallen ist keine Schande, aber das Liegenbleiben schon. Ich jedenfalls war bereit, die Aufgaben meines Seelenplans bewusst zu erkennen, sie anzuschauen, Vertrauen zu haben, dass alles zu meinem Besten geschieht, und alle Ängste und Blockaden loszulassen.

Interessanterweise werden wir als Abschluss jeder Phase einer Art Prüfung unterzogen. Viele habe ich sofort bestanden, manche musste ich mir noch einmal anschauen. Du bist herzlich eingeladen – begleite mich nun durch die einzelnen Phasen des Loslassens, ab dem Zeitpunkt, an dem alles begann. Es ist eine kurze Erläuterung, wie ich diese Geschichte bis zu meiner emotionalen Neutralität, die du bereits kennst, aus Sicht des aktuellen Wissens sehe. Übrigens weiß ich aus meinen Beobachtungen von Entwicklungsprozessen anderer, bewusst erwachter Menschen in meinem Umfeld, dass die Reihenfolge der Phasen durchaus individuell sein kann. Dennoch sind sie alle immer erkennbar.

Phase 1: Loslassen von Verzweiflung

Prüfung: Der Partner ruft an

Du erinnerst dich – Anja schrieb mir diese Mail. Sie weiß nicht, ob sie mich liebt. Daraufhin zog ich mich verzweifelt zurück. Ich wollte meinen Schmerz und meine Angst unter einem Haufen von Affären und Partys begraben. Ego sagte damals: Vergiss die blöde Tussi, sie verdient nur deine Missachtung. Gehe wieder auf Partys und schlafe mit anderen Tussis. Sie ist es nicht wert, dir diese ganze Scheiße hier anzutun.

- Ego will, dass wir uns gehen lassen.
- Ego macht uns zu etwas Besonderem, jemandem, der besser ist als andere.
- Ego verschafft uns Ausreden.
- Ego blockiert Liebe und Intimität.
- Ego arbeitet am Fortbestand des Egos.

Allerdings bin ich einen anderen Weg gegangen. Einen Weg, der mich zu einem höheren Bewusst-Sein führte. Ich bin aufgewacht, und dieses Aufwachen hat mir die Grundlage meiner weiteren Entwicklung gebracht - die Formel der Liebe. Vertrauen und Loslassen. Weil ich nicht auf meinen Ego-Verstand, sondern auf mein Herz gehört hatte, konnte ich mich bewusst meinen Ängsten stellen, und hatte dadurch meine Verzweiflung losgelassen.

Die Prüfung war dann Anjas vermehrtes Kontaktsuchen, das ich nach anfänglichen Schwierigkeiten mit Stärke und Mut erwidert hatte. Ich hatte meine Verzweiflung losgelassen und neuen Mut geschöpft. Nur noch mal zum besseren Verständnis des gesamten Prozesses: Mit meinem Aufwachen stieg ich von der dritten in die vierte Bewusstseinsebene auf (siehe „Bewusstseinsebenen" in Kapitel 18 „Bewusst-Sein", Anm. des Verf.).

Hätte ich meiner Verzweiflung, meinem Ego nachgegeben, wäre Anja nicht weiter angezogen worden. Loslassen erzeugt ein Vakuum, das immer gefüllt werden will. In meinem Fall war es ihr zweitägiger Besuch bei mir, bei dem wir ganz zwanglos miteinander umgegangen sind. Wenn ich jetzt Anjas Angst vor der Liebe als Hintergrund nehme, kann ich mir vorstellen, dass ich durch mein Loslassen, ohne verzweifelt zu klammern, ihr Egospiel „Liebe tut weh" nicht mehr gespiegelt hatte.

Phase 2: Lügen und Geheimnisse loslassen

Prüfung: Ausleben der Sexualität

Jesus sagt: „Die Wahrheit wird euch befreien." Durch mein Spiel der Wahrheit hatte ich meine Angst losgelassen, dass sie mich nicht so nimmt, wie ich bin, sondern nur meine Selbstdarstellung liebt. Ich war bereit, das Risiko auf mich zu nehmen, diese Frau zu verlieren, wenn sie es nicht verstehen würde. Es war in diesem Moment eine unglaubliche Befreiung, so, als ob eine große Last von meinen Schultern genommen worden war. Ego versucht zu verhindern, dass wir mit der Wahrheit herausrücken. Ego will nicht als Lügner enttarnt werden, sondern die Wahrheit so lange wie möglich verdecken. Dadurch haben wir ein Gefühl von Sicherheit und Kontrolle. Es soll sich nichts ändern in der Beziehung, deshalb verraten wir unsere Lügen und Geheimnisse nicht.

- Ego versucht, unsere Strukturen durch Rollen und Aufopferung zu retten.
- Ego verschafft uns Ausreden.
- Ego verspricht uns Sicherheit.
- Ego will den Status quo aufrechterhalten und kämpft gegen jede Art von Veränderung.

Nach unserem gemeinsamen Seelenstrip war unsere sexuelle Energie so stark wie nie zuvor. Denn speziell bei diesem Thema wurden Neigungen und Wünsche offenbart, die bisher aus Angst und falscher Scham nicht zur Sprache gebracht worden waren. Ab diesem Zeitpunkt erlebte das sexuelle Miteinander eine völlig neue Dimension. Es war bestimmt von extremer Offenheit, Experimentierfreudigkeit und Losgelöstheit. Sollten noch verborgene Lügen und Geheimnisse existieren, dann erkennen wir diese auch in unserem gemeinsamen Umgang mit unserer Sexualität. Ein hundertprozentiges Fallenlassen dem Partner gegenüber wäre dann nicht möglich.

Phase 3: Abhängigkeit loslassen

Prüfung: Dein Partner stößt dich weg

Bisher hatte ich jede Phase gleich bei der ersten Prüfung bestanden. Bisher, denn in der Phase, meine Abhängigkeit zu erkennen, anzuschauen und dann loszulassen, vermasselte ich die Prüfung zweimal... Du erinnerst dich – Anja konnte noch immer nicht sagen, dass sie mich liebte. Ich wusste damals instinktiv, was ich zu tun hatte. Meine Intuition schrie förmlich: „Was will ich mit einer Frau, die nicht weiß, ob sie mich liebt?“ Aber ich war abhängig von ihr, von ihrem Wesen, ihrem Aussehen, unserem Sexleben, von allem... warum sollte ich diese Frau freiwillig aufgeben, so lange nur ein Fünkchen Hoffnung bestand, dass sie ihre Liebe zu mir wiederentdecken würde? Ich hätte meine Abhängigkeit freiwillig loslassen müssen, aber ich war nicht bereit dazu. Die Ego-Verhaltensmuster waren

- Ego verschafft uns Ausreden.
- Ego verschafft uns Aufmerksamkeit.
- Ego will, dass wir gewinnen, beherrschen und unterwerfen.
- Ego versucht, andere zu bezwingen.
- Ego lenkt uns ab.

An diesem Beispiel sieht man sehr schön, wie die Sicherheitsnetze im Seelenvertrag greifen. Ich war es mir selbst nicht wert, geliebt zu werden, auch wenn meine Intuition ständig sagte, dass es so nicht weiterging. Ich hatte die Prüfung, meine Abhängigkeit „freiwillig“ zu erkennen, anzuschauen und loszulassen, nicht bestanden. Also war die Reaktion meines Seelenplans: Wer nicht hören will, muss fühlen.

Das Drogenwochenende war dann das Sicherheitsnetz, das mich wieder in die richtige Richtung schubste. Damit aber nicht genug, denn als ich zum Thema „Abhängigkeit" meine nächste Prüfung hatte, gab ich Doofkopf Anja mein Manuskript zu lesen. So viel zum Thema „Abhängigkeit loslassen". Die Quittung für mein erneutes Scheitern bekam ich dann durch unser Egospiel, was zu „Lick my ass" führte. Allerdings hatte ich es dann schnell gelernt, indem ich Anja anrief und um ein weiteres Gespräch bat, da ich mich nicht im Streit trennen wollte. Das Nichtbestehen meiner Prüfung war übrigens auch der Grund, warum ich wieder meine alten Gefühle von Verlust und Schmerz empfunden hatte. Du erinnerst dich noch an meine unbeantwortete Frage.

4. Warum hatte ich wieder einen Rückfall in meine alten Gefühle von Verlust und Schmerz?

Jedes Mal, wenn wir eine Lernaufgabe vermasseln, fallen wir wieder zurück, um uns das Ganze noch einmal anzusehen. So lange und so oft, bis wir es begriffen haben und die Prüfung meistern. Ich nenne es sinnigerweise den Jojo-Stil. Also, meistere deine Prüfungen, und das geht nur durch Erkennen - Anschauen - Vertrauen - Loslassen.

Allerdings sehe ich dieses Vermasseln aus heutiger Sicht nicht tragisch, denn ich wusste damals nicht einmal, dass es sich um eine Lernaufgabe handelte. Ab dem Zeitpunkt, an dem wir uns unsere Baustellen bewusst ansehen, werden die Prüfungen auch herausfordernder. Es ist wie in der Schule: Niemand kann, nachdem er die Grundschule absolviert hat, sofort danach Abitur machen. Man wächst mit seinen Aufgaben, und diese nehmen mit zunehmendem Wissen und Erfahrungen an Herausforderungen zu.

Phase 4: Loslassen von Begierde (zum Beispiel sexuell)

Prüfung: Dein Partner sucht einen anderen Partner

Diese Prüfung hatte ich gleich darauf mit Anjas Aussage: „Ich habe einen Neuen, einen Spanier!“ Ich blieb ruhig, aber innerlich war ich wütend, verletzt und fühlte mich verraten. Ich hasste den Typ, obwohl ich ihn nicht einmal kannte. Und ich war wütend auf Anja, denn offensichtlich war es für sie ein Leichtes gewesen, einfach den Schalter umzulegen und eine neue Beziehung zu beginnen. Ich fühlte mich betrogen. Als wären die letzten gemeinsamen Monate nur ein Schauspiel gewesen, in dem ich der dumme Narr gewesen war, den man ausgenutzt und danach gebraucht weggeworfen hatte. Die Vorstellung, ein anderer Mann würde mit Anja schlafen, war derart schrecklich, dass ich mir dieses Szenario nicht vorstellen wollte. Ich merkte, wie sich meine Wut und meine negativen Gefühle meldeten. Ich wollte in diesem Moment zurückschießen, ihr Dinge an den Kopf werfen, die sie ebenfalls verletzen würden. Ich wusste zu diesem Zeitpunkt noch nichts von den typischen Verhaltensweisen des Egos. Auch wusste ich nicht, dass hinter dem Gesagten eine Herausforderung ihres Egos stand – Liebe tut weh, also tu mir weh, Martin. Aber interessanterweise blieb ich äußerlich ruhig. Ich versuchte, mir nichts anmerken zu lassen. Auch verzichtete ich darauf, ebenfalls mit irgendwelchen fiktiven Frauen zu prahlen, denn es entsprach ja nicht der Wahrheit. In diesem Moment hatte ich meine Wut unter Kontrolle und tat genau das Richtige. Ich spiegelte ihren Egoangriff „Los, tu mir weh, denn Liebe tut weh", nicht zurück. Ich versuchte, gleichgültig zu wirken, ihr nicht diese Genugtuung zu geben, die ihr Ego erwartete. Es war mehr instinktiv, denn, wie gesagt, wusste ich zu diesem Zeitpunkt noch nichts vom Ego und den Ur-Ängsten. Aber ich hörte in diesem Moment auf meine Intuition.

Phase 5: Loslassen von negativen und positiven Emotionen

Prüfung: Dein Partner ruft an

Nun sind wir an dem Punkt angelangt, bis zu dem du meinen Weg bereits kennst. Während ich in dieser Phase steckte, lernte ich die Schwingungsebenen des Bewusst-Seins kennen, die Verhaltensweisen des Ego-Verstandes und die archetypischen Ängste. Ich war während dieser Zeit zu einer eigenartigen Gefühlsneutralität gekommen. Dafür ist es nötig, die Gefühle nicht zu unterdrücken oder zu verbergen, sondern sie herauszulassen. Weine, wenn dir danach ist. Geh in den Wald und schrei aus Leibeskräften deine Wut heraus. Was mir persönlich geholfen hat, war immer wieder in Gedanken in die Wirklichkeit zu gehen. Und meine Wirklichkeit war: Es ist eine Lernaufgabe meines Lebens. Ich soll mir hier etwas anschauen und daraus lernen.

Ich begann damit, mir die Kehrseite der Medaille anzusehen. Ich versuchte, meine negativen Gefühle aus einer anderen Sichtweise zu betrachten. Warum war ich sauer und wütend? Weil ich nicht bekam, was ich wollte. Wie ein kleines Kind – ich will, ich will, ich will. Meine negativen Gefühle wie Wut, Ärger, Verletztheit und Verzweiflung lösten sich langsam auf und waren irgendwann weitgehend verschwunden, aber auch alle positiven Emotionen waren in dieser Zeit nicht mehr existent.

Dieser Prozess ist im Nachhinein betrachtet logisch. Es ist ein Neuausrichten des Emotionalkörpers, so, als würde man einen Reset-Knopf drücken, um die Grundprogrammierung, die Basis wieder herzustellen. Alle Gefühlserfahrungen meines Lebens, ob negativ oder positiv, wurden ins Gleichgewicht gebracht. Es ist anfangs ein eigenartiges Gefühl, und man hat Angst, es zuzulassen. Denn wenn man keine Gefühle mehr hat, wie könnte man dann jemals wieder mit jemandem gemeinsam glücklich werden? Mein Ego wehrte sich dagegen, denn in dem Moment, in dem eine emotionale Neutralität erreicht ist, haben auch die alten Ängste keine Macht mehr. Die Waffen des Egos, meine alten Ängste, hatten viel an ihrer Schlagkraft eingebüßt. Ego konnte mich nicht mehr so leicht kontrollieren und verletzen.

- Ego will uns selbst und andere kontrollieren.
- Ego will uns davor schützen, bestimmte Ängste zu heilen.
- Ego hält uns auf.
- Ego will den Status quo aufrechterhalten und kämpft gegen jede Art von Veränderung.
- Ego arbeitet am Fortbestand des Egos.

Es ist wirklich vergleichbar mit dem Re-Booten eines Computers, dessen Betriebssystem fehlerhaft läuft. Und wenn das System wieder hergestellt ist, dann sind die fehlerhaften Programme nicht mehr in der Lage, die Funktionen zu stören. Diese Gefühlsneutralität ist eine wichtige Phase, denn sie führt uns an den Anfang zurück – zu der Basis unserer Emotionen. Ab hier ist der Weg frei, um Selbstliebe und Gleichmut zu lernen.

Anjas Telefonanruf kam, wie bereits erwähnt, genau zum richtigen Zeitpunkt (es gibt keine Zufälle). Als ob sie gewusst hätte, dass ich meine Aufgabe gemeistert hatte und nun prüfen wollte, ob ich so weit war, in die nächste Phase einzutreten. Es ist eine Positionsbestimmung auf Seelenebene – wo stehst du, wo stehe ich – die völlig aus dem Unterbewusstsein heraus abgespielt wird. Interessant an diesem Anruf war aber auch: Ich war auf einer Geburtstagsfeier und mein Handy auf lautlos geschaltet in meiner Jackentasche, die über der Stuhllehne hing. Ich blickte den ganzen Abend kein einziges Mal auf mein Handy. Bis ich, einem inneren Impuls folgend, unbewusst in meine Jacke griff, mein Handy herausholte und auf das

Display schaute. Wie gesagt, es war auf lautlos geschaltet – kein Klingelton, kein Vibrieren. Aber genau in dem Moment, in dem ich das Handy in der Hand hatte, stand auf dem Display „Eingehender Anruf“ und darunter Anjas Nummer. Zufall?

☆☆☆

Dualseelen

Um die Dualität wahrhaft zu erfahren, ist das Erleben des Getrenntseins unvermeidlich.

Bei meinen weiteren Recherchen und Meditationen stieß ich auf eine neue Information, die mein bisheriges Wissen über Seelenpartner noch einmal erweiterte. Bisher dachte ich, dass Seelenpartner und Dualseele nur verschiedene Begriffe sind, die Seelen mit einer gemeinsamen Lernaufgabe beschreiben. Aber das ist nicht alles. Du musst dir deine Seele als eine Wesenheit vorstellen, die in den verschiedenen Inkarnationen durch Erfahrung und Entwicklung reift. Diesen Reifeprozess kann man in verschiedene Zyklen einteilen, wobei für jeden einzelnen Zyklus eine Vielzahl von Inkarnationen notwendig sind, um die nächste Reife zu erlangen.

Es gibt fünf Seelenalter:

- die Säuglingsseele,
- die Kinderseele,
- die junge Seele,
- die reife Seele,
- die alte Seele.

Hier greift auch wieder das kosmische Prinzip der Analogie – wie oben, so unten – wie im Kleinen, so im Großen, ähnlich den einzelnen Entwicklungsschritten in unserem Leben. Als Säugling sind wir ohne die Unterstützung unsere Eltern völlig hilflos. Wir erkennen unsere Umgebung nicht richtig und erforschen die Welt mit einer gewissen Portion Neugier und Angst. Wir machen Erfahrungen, ohne diese vorher zu bewerten oder davor zurückzuschrecken. Trotzdem brauchen wir ständig ein Gefühl von Geborgenheit und Schutz.

Säuglingsseele

So ist es auch bei einer Seele, die zum ersten Mal auf der Erde inkarniert. Sie ist fasziniert von den neuen Eindrücken und erlebt alles wie im Traum. Gleichzeitig erschrecken und ängstigen sie diese niederen Schwingungen, wird jedoch voller Neugier davon angezogen.

In der Regel ist sie daran zu erkennen, dass sie meist unselbstständig ist und einen sehr schutzbedürftigen Eindruck macht. Sie ist, genau wie unsere Säuglinge auch, auf die Hilfe anderer angewiesen, weil sie noch keine Ahnung und keinen Vergleich hat, was es mit dem Menschsein auf sich hat.

Genau wir wir als menschliche Neugeborene hat die Säuglingsseele keinerlei Erinnerung daran, wer und was sie ist und fühlt sich in eine Welt hinausgestoßen, die sie nicht kennt und die ihr Angst macht.

Aus diesem Grund inkarniert sie meistens in eine Familie, die sie von ganzem Herzen liebt und ihr Schutz und Geborgenheit gibt, wodurch sie nach und nach ihre Angst und Unsicherheit verliert. Sie braucht das Gefühl, dass ihre Familie ihr den Rücken stärkt und sie diese neue Welt nicht alleine erkunden muss.

Wenn sie nach einer Zeit Vertrauen gefasst und ihre Schritte in die Selbstständigkeit getan hat, kommt sie in das Seelenalter der Kinderseele.

Kinderseele

Alle Leben als Kinderseele dienen einer erwachenden Neugier und Selbstständigkeit.

Die Kinderseele grübelt zwar immer noch, warum sie aus der Quelle gefallen zu sein scheint, findet aber dennoch immer mehr Gefallen daran, sich in der neuen Welt zu erfahren. Genau wie unsere Kinder zeigt sie Interesse an der Welt, ist überaus neugierig und will nichts verpassen. Sie ist überall dabei, stellt Fragen über Fragen, möchte alles verstehen und saugt alle Informationen in sich auf. Diese kann sie zwar nicht selbstständig verarbeiten, nimmt sie jedoch als absolute Wahrheit an.

Die Kinerseele ist jedoch noch nicht in der Lage, für das, was sie tut, Verantwortung zu übernehmen sowie die Tragweite ihrer Handlungen zu erfassen.

Junge Seele

Kein anderer Zyklus dauer so lange und wird so oft wiederholt wie der der jungen Seele. Hat die Seele diese Bewusstseinsstufe erreicht, geht sie, sinnbildlich gesprochen, auf Wanderschaft. So wie unser Kinder das Elternhaus verlassen und hinaus in die Welt ziehen, probiert die junge Seele alle Facetten des Lebens aus und macht in ihrer Sturm- und Drangzeit unweigerlich Fehler, weil ihr die Erfahrung und die nötige Reife fehlen.

Die junge Seele zeichnet sich dadurch aus, dass sie für alles, was ihr widerfährt, immer anderen die Schuld in die Schuhe schiebt, denn sie ist noch nicht in der Lage, für das, was sie tut, Verantwortung zu übernehmen und spielt gerne mit allen Möglichkeiten.

Aber es kommt der Zeitpunkt, an dem sie ganz bewusst beginnt, ihre Kräfte zu messen. So liebevoll sie sein kann, so lieblos kann sie sich auch geben, und sie denkt, wie auch unsere Teenager, dass sie alles besser weiß und kann. Sie will allen beweisen, wie toll und außergewöhnlich sie ist, und ist bereit, notfalls mit Gewalt dieses mühsam erarbeitete Image zu erhalten.

Gleichzeitig ist sie jedoch von einer tiefen Unsicherheit geprägt und kann in ein tiefes Trauma stürzen, wenn sie ihre Scheinwelt erkennt und diese zusammenzubrechen droht. Diese Phase ist geprägt von Selbstzweifel und Unsicherheit, genau wie bei unseren Heranwachsenden, die noch nicht wissen, ob sie Fisch oder Fleisch sind.

Die junge Seele zeichnet eine tiefe Unruhe aus, und sie hat zumindest schon eine Ahnung, dass es da mehr geben muss...

Reife Seele

Die reife Seele hinterfragt die Erfahrungen als junge Seele noch einmal und verarbeitet diese innerlich. Die Erfahrungen, die sie in diesem Zyklus sammelt, will sie jetzt auch annehmen und verstehen. Auf dieser Bewusstseinsstufe angelangt, erfolgt eine Innenschau.

Zum allerersten Mal stellt sie sich die Frage: „Wer bin

ich?“ Um dieser Frage nachgehen zu können, braucht sie ein gesichertes Umfeld. Wie sie überhaupt anfängt, sich für das Schicksal anderer zu interessieren. Auf Grund ihres erwachenden Bewusstseins ist eine reife Seele immer auf der Suche nach der Wahrheit. Zweifel und Sehnsucht lassen sie alles hinterfragen.

Wahrheit, Werte und Gerechtigkeit bekommen für sie einen hohen Stellenwert, und sie möchte sich und andere besser verstehen. Oft zieht sie sich in die Einsamkeit zurück, um Zeit für sich und ihre Gefühle zu haben.

Die reife Seele zeichnet sich durch ihren Mut aus, auch wenn sie insgeheim viele Tränen vergießt ob all der schmerzhaften Erfahrungen, die sie ja zum ersten Mal erlebt. Am Ende dieses Zyklus hat sie sich selbst gefunden und ist bereit, ihre wahre Mitte zu suchen.

Alte Seele

In diesem Bewusstseinszustand wird der Seele zum ersten Mal deutlich, dass sie auf körperlicher Ebene, also als Mensch, alleine ist. Sie ist eine Welt für sich. Die Sehnsucht nach mehr, die sie schon als reife Seele verspürt hat, verhilft ihr nun zusammen mit der Erkenntnis, alleine zu sein, ihr Bewusstsein zu erweitern.

Eine alte Seele ruft intuitiv nach Hilfe. In ihrer Erkenntnis, vollkommen alleine zu sein, wendet sie sich an die höheren Ebenen und ruft somit die Geistige Welt, die nur zu gerne bereit ist, ihr zu helfen. Und damit wächst ihre Fähigkeit, intuitiv, telepathisch, ja sogar hellseherisch zu sein.

Ein ganz besonderes Merkmal einer alten Seele ist, dass sie viele Talente haben. Unbewusst schöpft sie ihre Begabungen aus all ihren Inkarnationen, was sich als Multitalent widerspiegelt. Sie weiß nun, dass sie ein Geist- oder Lichtwesen ist, begreift den Sinn und Zweck ihres Erdendaseins und gelangt so zu einem tiefen inneren Frieden.

Was die alte Seele am Ende ihres Bewusstseinsstadiums ausmacht, ist ihre umwerfende Herzensliebe.

Als alte Seele schließt sich der Kreis. Man hat alle Erfahrungen gemacht, aber viel wichtiger ist, dass man es geschafft hat, sich Schritt für Schritt der Quelle wieder anzunähern, um dann in der Quelle zu bleiben. Der Inkarnationszyklus ist damit beendet. Alles Karma ist aufgelöst, und sie hat ihre Meisterschaft erlangt. Wie lange eine Seele dafür braucht, ist schwer einzuschätzen. Tatsache ist jedenfalls, dass Zeit keine Rolle spielt. Sie hat alle Zeit des Himmels.

Das sind also die Bewusstseinsstufen, die eine Seele erlangen möchte. Jede einzelne Stufe beinhaltet immer mehrere Inkarnationen, und zwar so lange, bis das Bewusstseinsstadium erreicht ist.

Alle Seelen, die derzeit auf der Erde sind, waren schon viele Male inkarniert. Bei jeder neuen Inkarnation durchlaufen wir unsere persönliche Seelenentwicklung noch einmal wie im Zeitraffer – die Phase der Babyseele, der Kinderseele, der jungen Seele usw. – und entwickeln uns so weit, wie wir in unserer letzten Inkarnation gekommen sind, und darüber hinaus.

So durchlaufen wir verschiedene Phasen von persönlichen Krisen und leidvollen Erfahrungen in unserem Leben, die, wenn wir nach innen schauen, gelöst werden können, denn unsere Seele hat alle diese Erfahrungen bereits gemacht. Die Lösung muss von uns nur abgerufen werden.

Bevor eine Seele jedoch in die Dualität inkarnieren kann, findet eine Teilung statt, das heißt, sie teilt sich in männliche und weibliche Anteile auf, denn in der Dualität herrschen die Gegensätze von Hell und Dunkel, Kalt und Heiß, Liebe und Hass, Männlich und Weiblich.

Die Anteile können durchaus gemeinsam, jedoch auch getrennt voneinander inkarnieren. Das kommt jeweils auf die Aufgaben an, die sie sich für die jeweiligen Inkarnationen gestellt haben. So ist es möglich, dass ein Seelenanteil auf der Erde inkarniert und der andere bleibt in der Geistigen Welt, um den anderen Teil zu unterstützen oder selbst hinzuzulernen.

Auch wenn beide Anteile gemeinsam auf der Erde inkarnieren, heißt das nicht automatisch, dass sie sich dort auch begegnen müssen. Dies ist wiederum abhängig von den gestellten Aufgaben.

Ebenfalls ist eine gleichzeitige Inkarnation in verschiedenen Welten möglich.

Haben beide Seelenanteile die Bewusstseinsstufe der alten Seele und ihre Meisterschaft erlangt, findet die Rückverschmelzung der Seelenanteile statt.

Jetzt konnte ich mir die damalige Aussage von Michael erklären.

...eure Seelen sind sehr alt und weise, wobei deine Seele die ältere ist.

Das Wort „Alt“ gibt nicht das Alter in einer Zeitrechnung an, sondern den Reifegrad, die Erfahrungen, die unsere Seelen bereits gemacht haben. Und offensichtlich habe ich die eine oder andere Inkarnation mehr hinter mir als Anja. Wer weiß, wie oft wir uns schon in anderen Leben über den Weg gelaufen sind und welche Erfahrungen wir gemeinsam gemacht haben. So, wie ich das verstehe, waren unsere Seelen weit genug in ihrer Entwicklung, sodass eine Rückverschmelzung möglich wäre. Aber vorher stupsten wir uns beide gegenseitig immer wieder an, damit wir beide dieses Ziel, die Seelen-Meisterschaft, erreichen würden.

☆☆☆

Die Phasen des Loslassens
(Phase 6)

Gott, gib mir die Gelassenheit, Dinge hinzunehmen, die ich nicht ändern kann, den Mut, Dinge zu ändern, die ich ändern kann, und die Weisheit, das eine vom anderen zu unterscheiden.

Reinhold Niebuhr

Nachdem ich diese neuen Erkenntnisse verarbeitet und in der letzten Phase des Loslassens diese eigenartige Gefühlsneutralität erreicht hatte, musste ich nicht lange warten, bis ich erneut vor die nächste Aufgabe gestellt wurde.

Phase 6: Loslassen von Gleichgültigkeit und Lernen von Gleichmut

Prüfung:

Du läufst deinem Partner unvorbereitet über den Weg

Ich war wieder einmal in der Firmenzentrale, und mir ging es sehr gut. Die Tatsache, dass Anja nur einen Steinwurf weit von mir entfernt in ihrem Büro sitzen würde, belastete mich nicht weiter. Ich regte mich über nichts mehr auf, und ich erwartete auch nicht, sie heute zu sehen. Ich war überzeugt davon, dass ich mein Ego mittlerweile unter Kontrolle hatte und die Egoangriffe aus Angst und negativen Gefühlen der Vergangenheit angehörten. Es war mir alles irgendwie gleichgültig geworden. Meine Kollegen redeten unentwegt über ihre kleinen Probleme, die nach meiner Meinung nur mit der materiellen Welt und ihrem Ego zu tun hatten. Ich dachte ständig nur: „Mann, Leute, wacht endlich auf!“

Kurz nach der Mittagspause ging ich mit einem Kollegen eine Zigarette rauchen. Ich war Anja in der Kantine nicht begegnet und dachte, dass es auch nicht mehr passieren würde. Aber da hatte ich wohl die Rechnung ohne den Wirt gemacht. Kaum war ich aus der Kantine raus, lief sie mir, vom Lager her kommend, über den Weg. Ich sah in ihrem Gesicht, dass sie genauso überrascht war wie ich. Nach einer kurzen Begrüßung gingen wir zu einer Sitzecke im Empfangsbereich der Firma und nahmen Platz. Zu Beginn war es ein normaler Informationsaustausch, wobei wir stark in die spirituellen Themen und unsere Sichtweise derselben abtauchten. Bis zu dem Moment, an dem wir unser Egospiel starteten. Sie fragte mich nach meiner Schwester, die schwanger war, als wir noch zusammen waren, und ob sie das Baby schon bekommen hätte. Ich sagte Ja und meinte, dass es ein supersüßes Baby wäre. Und dann ging es los:

Anja: Meine Hormone spielen im Moment auch verrückt. Ich glaube, meine biologische Uhr tickt immer lauter!

Ich: Dann musst du nur noch den richtigen Mann dafür finden.

Anja: Den habe ich eventuell schon gefunden. Schauen wir mal. Du kennst ja meine Auswahlkriterien. Abgesehen davon, Auswahl hätte ich genug.

Ich blieb ruhig und gleichgültig bei dieser Anspielung.

Anja hingegen setzte noch eins drauf, denn offensichtlich wollte sie unbedingt eine negative Reaktion bei mir hervorrufen. Sie versuchte mich unentwegt mit ihren Aussagen über andere Männer zu provozieren. Ich blieb äußerlich weiterhin ruhig, aber innerlich brachte es mich langsam auf die Palme. Meine Gleichgültigkeit wurde auf eine harte Probe gestellt. Zum krönende Abschluss servierte sie mir noch die Aussage: „Aber das ist im Moment nicht alles, denn ich habe Sex, wann ich will."

Frage jetzt bitte nicht, welche Gedanken mir in dieser Situation durch den Kopf gingen. Tatsache war, dass ich äußerlich immer noch ruhig blieb und nur sagte: „Ist doch schön für dich, hab Spaß am Leben, Anja!", und lächelte dabei. So, als ob mich das alles nicht berühren würde. Sie setzte ihre Attacken fort, als würde ihr mein Verhalten nicht die nötige Befriedigung bringen. (Liebe tut weh – komm Martin, tu mir endlich weh.)

Dann meinte sie: „Und bei dir? Mit deiner neuen spirituellen Sichtweise des Lebens wirst du es schwer haben, eine Frau zu finden, die zu dir passt", worauf ich nur antwortete: „Da mache ich mir keine Sorgen, das überlasse ich meiner Führung und meinem Seelenplan." In diesem Moment war die Luft raus aus dem Gespräch, wir redeten noch etwas über die derzeitige Situation in der Firma und verabschiedeten uns dann voneinander. Ich gab ihr einen Kuss auf die Wange und ging.

Sie hatte mich provoziert, und ich war nicht darauf eingegangen. Ich freute mich darüber, als ob ich einen Sieg errungen hätte. So nach dem Motto: „Siehst du, Anja, ich habe dich losgelassen und deine Egospiele durchschaut." Ich hatte das Gefühl von Triumph! Meine Gleichgültigkeit gegenüber dem Gesagten hatte mich zu diesem Triumph gebracht. Mein Wissen hatte mich in die Lage versetzt, Anja die Stirn zu bieten. Sie hatte zwar aus allen Rohren gefeuert, aber ich war standhaft geblieben. Ich hatte mich selbst so gut unter Kontrolle, dass ihr Egospiel keinen Erfolg bei mir hatte, und fühlte mich als Sieger.

Nur cirka eine Stunde später, als ich auf der Autobahn nach Hause fuhr, wurde mir langsam klar, dass ich schon wieder auf ein Egospiel hereingefallen war. Zwar nicht auf das von Anja, aber dafür auf mein eigenes. Warum empfand ich Triumph? War ich der Sieger? Vergleiche mein Verhalten einmal mit folgenden egotypischen Verhaltensweisen.

- Ego macht uns zu etwas Besonderem, jemandem, der besser ist als andere.
- Ego ermutigt uns dazu, anderen immer voraus sein zu wollen.
- Ego will, dass wir versuchen, Vergeltung zu üben.
- Ego will, dass wir gewinnen, beherrschen und unterwerfen.
- Ego versucht, andere zu bezwingen.
- Ego will uns selbst und andere kontrollieren.

Unser Partner ist immer unser perfektes Spiegelbild. Mit ihrem Verhalten zeigte sie mir unbewusst, dass ich wieder ein neues Egospiel spielte. Ich wollte gewinnen, nutzte dafür die Waffe „Gleichgültigkeit" und hatte mich unter Kontrolle. Wieder einmal hatte eine Positionsbestimmung auf Seelenebene stattgefunden, und mir wurde dabei der Spiegel vorgehalten. Aber wenn hinter Gleichgültigkeit eine egotypische Verhaltensweise steckte, was wäre dann die Alternative? Wie wäre es möglich, gelassen zu bleiben, ohne gleichgültig zu sein? Um das zu beantworten, werde ich dir eine kleine, sehr alte Geschichte aus China erzählen. Sie hat mir geholfen den Unterschied zwischen Gleichgültigkeit und Gleichmut zu verstehen.

Der chinesische Bauer

In einem Dorf in China lebte ein Bauer, der hatte ein Pferd. Und weil er der einzige Bauer im Dorf war, der ein Pferd hatte, sagten die Leute im Dorf: „Oh, so ein schönes Pferd, hat der ein Glück." Und der Bauer antwortete: „Wer weiß!"

Eines Tages, eines ganz normalen Tages, keiner weiß weshalb, brach das Pferd des Bauern aus seiner Koppel aus und lief weg. Der Bauer sah es noch davongaloppieren, aber er konnte es nicht mehr einfangen. Am Abend standen die Leute des Dorfes am Zaun der leeren Koppel, manche grinsten ein bisschen schadenfreudig, und sagten: „Oh, der arme Bauer, jetzt ist sein einziges Pferd weggelaufen. Jetzt hat er kein Pferd mehr, der Arme." Der Bauer hörte das wohl und murmelte nur: „Wer weiß!"

Einige Tage später sah man morgens auf der Koppel des Bauern das schöne Pferd, wie es mit einer wilden Stute im Spiel hin und herjagte; sie war ihm aus den Bergen gefolgt. Groß war der Neid der Nachbarn, die sagten: „Oh, was hat der doch für ein Glück, der Bauer." Aber der Bauer sagte nur: „Wer weiß!"

Eines schönen Tages im Sommer stieg der einzige Sohn des Bauern auf das Pferd, um es zu reiten. Schnell war er nicht mehr alleine, das halbe Dorf schaute zu, wie er stolz auf dem schönen Pferd ritt. „Ah, hat der es gut!" Aber plötzlich schreckte das Pferd, bäumte sich auf, und der Sohn, der einzige Sohn des Bauern, fiel hinunter und brach sich das Bein in viele kleine Stücke, bis zur Hüfte. Und die Nachbarn schrien auf und sagten: „Oh, der arme Bauer. Sein einziger Sohn! Ob er jemals wieder wird richtig gehen können? So ein Pech!" Aber der Bauer sagte nur: „Wer weiß!"

Einige Zeit später schreckte das ganze Dorf aus dem Schlaf, als gegen Morgen ein wildes Getrappel durch die Straßen lief. Die Soldaten des Herrschers kamen in das Dorf geritten und holten alle Jungen und Männer aus dem Bett, um sie mitzunehmen in den Krieg. Der Sohn des Bauern konnte nicht mitgehen. Und so mancher saß daheim und sagte: „Was hat der für ein Glück!" Aber der Bauer murmelte nur gleichmütig und gelassen: „Wer weiß!"

Gleichmut und Gelassenheit können uns helfen, Ängste und das Hadern mit unserem Schicksal zu vermeiden oder zu überwinden. Wahre Gelassenheit im Leben bedeutet, dass unsere Seele nichts mehr verletzen kann. Wir gehen ausgeglichen und gelassen durchs Leben und können genauso ausgeglichen auf unser gesamtes Umfeld einwirken. Wenn wir Ruhe, Frieden und Gelassenheit im Außen suchen, durch materiellen Besitz oder durch das Verändern anderer Menschen oder äußerer Umstände, bemühen wir uns vergeblich. Wahre Gelassenheit und Gleichmut findest du nur im Inneren. Wenn keine Angst herrscht, kann dich auch keine äußere Begebenheit berühren und deine Emotionen negativ beeinflussen. Gelassenheit und Gleichmut gegenüber dem Leben zu haben heißt, andere so zu lassen, wie sie sind. Sie auch nicht zu verurteilen für ihre Ansichten, ihre Art zu leben oder ihr Tun.

Auch das Loslösen von Besitz beziehungsweise die Bindung an die materiellen Besitztümer ist ein wichtiger Faktor, um ohne Furcht durchs Leben zu gehen. Wenn du dich wahrhaft an einen Besitz bindest und meinst, du könntest ohne diese Dinge nicht leben, lebst du in ständiger Angst und Unfreiheit. Wenn wir das kosmische Prinzip von Ursache und Wirkung nehmen und uns vor den unvermeidlichen Ursachen fürchten, die unsere Handlungen zurückwerfen, dann hilft uns Gleichmut dabei, Auswirkungen, die wir nicht verändern können, leichter hinzunehmen und gelassen zu bleiben. Gleichmut bedeutet seelische Ausgeglichenheit – mit dir selbst nicht zu hadern, sondern vertrauensvoll alles loszulassen, was dich daran hindert, frei zu sein. Hier liegt der Unterscheid zwischen Gleichgültigkeit und Gleichmut, denn Gleichmut erlaubt es uns, Dinge zu tun, ohne auf uns selbst Rücksicht zu nehmen. Einfach ausgedrückt: nicht zurückschlagen, aber auch nicht nachgeben. Zurückschlagen oder Weglaufen ist einfach, denn das sind Teile unseres Überlebensinstinktes in der Dualität. Aber stehenbleiben, vielleicht geschlagen werden und trotzdem nicht aufzugeben, erfordert ungeheueren Mut und ein starkes Selbstwertgefühl. Voraussetzungen für die Entwicklung von Gleichmut und Gelassenheit gegenüber dem Leben sind.

- Überwinden von Minderwertigkeitsgefühlen.
- Toleranz und Aufgeschlossenheit.
- Die Fähigkeit, zu vergeben und zu vergessen.
- Furcht vor Verlust von Menschen und materiellen Dingen.
- Immer Wort halten, selbst in kleinen Dingen.
- Egospiele erkennen.
- Bewusst auf Spiegelungen im Umfeld achten.
- Loslassen von allen Ängsten und Zweifeln.
- Vertrauen in den eigenen Seelenplan.

Diese Phase des Loslassens zieht sich wie ein roter Faden durch den gesamten Prozess des Bewusstwerdens. Wenn du das erkannt hast, kannst du bewusst die Entscheidung treffen, diesen Weg zu gehen. Dann entwickelt sich langsam, aber stetig eine innere Gelassenheit in deinem Leben. Das geht nicht von heute auf morgen. Gleichmut zu entwickeln ist wie ein Hauptfach in der Schule, das dich von der ersten Klasse bis zum Abitur begleitet. Es ist ein Prozess, dessen Wirkung sich nach und nach bei dir ausbildet. Dennoch ist das Wissen darum wichtig, denn du kannst nun bewusst damit umgehen. Das Wissen ist da, jetzt geh los, und mache deine dazugehörigen Erfahrungen. Hier noch ein schönes Zitat zum Thema Gleichmut:

Es kommt darauf an, wie der Mensch sich bei einem Ereignis einstellt, wie er sich zum Beispiel den Tod vorstellt. Dem einen ist der Tod ein schreckliches Gespenst, dem anderen das Tor zum ewigen Leben, zur Befreiung der Seele. Die Art der Gesinnung und der Einstellung des Menschen zu einem Ereignis ist für die Wirkung des Ereignisses maßgebend. Ein Unglück kann zum Beispiel einen Menschen tagelang betrüben; ein anderer Mensch aber geht mit innerer Ruhe und Gleichmut darüber hinweg, oder er überwindet doch sehr leicht die Wirkungen. Ein Misserfolg, ein Leid oder eine Sünde kann einen Menschen zu Tode unglücklich machen, während der Weise dieselben mit Gleichmut und gar mit Dankbarkeit annimmt und überwindet. Er begrüßt und gebraucht sie als Leiter, um daraus emporzusteigen zum Heiligtum der Wahrheit und der Erlösung.

Zitat aus *„Wie kann man helfen“* von Iranschähr

Nachdem ich das bewusst verstanden hatte, wurde ich erneut geprüft. Anja rief mich völlig überraschend an und bat mich um einen Rat. Ich gab ihr den Rat, wobei ich nicht mehr mit Gleichgültigkeit agierte. Es ging dabei um ihre Mutter, die im Krankenhaus lag. Gleichgültigkeit wäre also hier definitiv die falsche Reaktion gewesen. Ich gab während des Telefonats die Kontrolle über mich weitgehend ab. Sie unternahm zwar immer noch Egoangriffe, aber dieses Mal verstand ich sie nicht mehr als Angriff, sondern reagierte natürlich und selbstverständlich auf ihre Fragen und Anspielungen mit innerer Gelassenheit und Gleichmut.

☆☆☆

Die sieben Gesetze des Lebens

Es gibt sieben Prinzipien der Wahrheit. Derjenige, der sie kennt und versteht, besitzt den magischen Schlüssel des Meisters, durch dessen Berührung alle Tore des Tempels sich öffnen.

Das Kybalion

An dieser Stelle meiner Entwicklung beschäftigte ich mich erneut mit den Gesetzen des Lebens, denn als ich sie zu Beginn meiner Recherchen gelesen hatte, verstand ich sie ehrlich gesagt nicht ganz. Ich las also erneut das Buch "Der magische Schlüssel des Kybalion" von Laura und Andrew Sherman. Dieses Mal war es anders, denn ich begriff die Prinzipien mit jedem Wort mehr. Man könnte sagen, dass ich endlich in der Lage war, diese Prinzipien bewusst zu verstehen. Solltest du dich mit dem Verständnis schwer tun, sage ich nur eins dazu: Hab Geduld, denn wenn dein Bewusstsein die nötige Reife hat, wird dir beim Lesen der sieben Gesetze ein Licht nach dem anderen aufgehen. Zur zeitlichen Orientierung - ich benötigte für das vollständige bewusste Begreifen dieser Gesetzmäßigkeiten mehrere Monate. Hab also bitte Geduld mit dir, wenn du sie nicht sofort bewusst verstehst.

Das erste Gesetz – Das Prinzip der Mentalität

Das All ist Geist, das Universum ist geistig – von diesem Prinzip leiten sich alle anderen Prinzipien ab. Es ist ein Axiom.

Alles ist im Geist miteinander verbunden, alles, was im Kosmos existiert. Es ist die Kraft des Denkens. Alles, was wir sind, alles, was wir erreicht haben, jeder Krieg und jede Gräueltat, jede Idee und Erfindung, jedes Geschenk oder jeder Akt der Liebe beginnt mit einem Gedanken. Dabei sind die Gedanken an sich neutral, ohne Wertung. Denn durch die Beweggründe des Denkenden bekommen sie erst ihre Wertung. So liegt es in der Macht des Denkenden, ob seine Bewertung positiver oder negativer Natur ist. Es ist auch wichtig, wie stark seine Gedanken sind und wie bewusst er diese aussendet. Durch dieses Prinzip ist es Menschen mit sehr hohem Bewusstsein möglich, Materie mit ihren Gedanken zu bewegen (Gläser schieben, Löffel biegen). Wichtig dabei ist, dass auch destruktive Gedanken Materie beeinflussen können. Wir erschaffen durch unsere Gedanken und Worte unsere Realität. Deshalb ist es wichtig, eine eigene Meinung zu haben und nicht aus Bequemlichkeit oder Angst vor Ablehnung vorgefertigte, allgemeingültige Meinungen zu übernehmen, mit dem Strom der Masse mitzuschwimmen und sich dann auch noch zu wundern, dass die Welt schlecht ist. Wir alle haben die Macht der Gedanken und können durch das Öffnen unseres Geistes eine Veränderung einleiten und diese positiv gestalten.

In einem Satz:

Wir sind Schöpferwesen, denn alles und jeder ist All-Ein.

Das zweite Gesetz – Das Prinzip der Polarität

Alles ist zweifach, alles ist polar, alles hat zwei Gegensätze.

Unser gesamtes Leben ist bestimmt von Gegensätzen. Tag und Nacht, Licht und Dunkelheit, nah und fern, tief und flach, oben und unten, innen und außen, Mann und Frau – diese Liste ließe sich unendlich fortsetzen. Allerdings können diese sogenannten Gegensätze niemals getrennt voneinander stehen, sondern sind immer im Zusammenhang zueinander zu sehen. Ohne Nacht gäbe es keinen Tag, ohne Oben kein Unten, ohne Nah kein Fern. Was also, oberflächlich betrachtet, unvereinbar erscheint, ist eigentlich das Gleiche, nur graduell gesehen verschieden. Es kommt darauf an, aus welcher Perspektive wir es betrachten. Es sind nur zwei Extreme derselben Sache.

Wenn du in Richtung Osten um die Welt reist, wirst du irgendwann an einen Punkt gelangen, an dem du dich westlich deines Ausgangspunktes befindest. Wenn du weit genug nach Norden reist, wirst du irgendwann automatisch Richtung Süden unterwegs sein. Genauso sind Hitze und Kälte identisch, denn sie sind nur zwei Extreme des gleichen Spektrums. In Wirklichkeit gibt es keine Gegensätze, sondern nur Realität, die sich zu verändern scheint, je nachdem, wie wir sie wahrnehmen beziehungsweise aus welcher Perspektive wir diese Realität betrachten. Es ist ein Erfahrungsraum, der uns erlaubt, die Grauschattierungen zwischen den scheinbaren Gegensätzen zu erfahren. Wir wüssten nicht, wie Sauer schmeckt, wenn wir kein Süß kennen würden, kein Mild ohne Scharf – kein Weich ohne Hart – kein Klein ohne Groß – kein Leise ohne Laut kein Gut, ohne Böse.

Alle diese Begriffe sind nur subjektive Wahrnehmungen derselben Sache. Sie verlieren an Bedeutung, wenn ein bewertetes Ereignis mit einem bewussteren Verständnis betrachtet wird. Denn es gibt keine Gegensätze, sondern nur Realität. Und je nachdem, wie wir die Realität wahrnehmen, verändert sich diese. Ein scheinbar negatives Ereignis der Vergangenheit mag aus heutiger Sicht ganz anders bewertet werden. Die Wahrheit hinter diesem Prinzip ist die Fähigkeit, mit Offenheit, Toleranz, Flexibilität und einem aufnahmefähigen Bewusstsein durchs Leben zu gehen, anstatt stur, mit Angst und unbewusster Denkweise uns und anderen Leid zu bereiten. Es sind die beiden berühmten Seiten einer Medaille. Es kommt nur auf die Sichtweise an, denn Aufgeschlossenheit und Liebe führen immer zu Glück. Gefühle lassen sich verändern – willst du ein Gefühl verändern, dann konzentriere dich auf den gegenseitigen Pol von dem, was du unterdrücken willst. Wenn du dich bewusst auf den positiven Pol einer Eigenschaft ausrichtest, wird der negative Pol automatisch schwächer. Die Aufgabe von uns Menschen ist es, diesen Erfahrungsraum der vermeintlichen Gegensätze zu erfahren und durch bewusstes Handeln die Polarität zu meistern.

In einem Satz:
Wenn wir uns als gut erkennen wollen, geht das nur, wenn wir andere als schlecht einstufen.

Das dritte Gesetz – Das Prinzip der Analogie

Wie oben, so unten – wie unten, so oben – dieser berühmte Satz stammt von Hermes Trismegistos. Nach ihm wird die Welt in drei verschiedene, aber gleichzeitig einander entsprechende Ebenen unterschieden: die physische, die mentale und die spirituelle Ebene. Der Unterschied zwischen den drei Ebenen ist die Geschwindigkeit der Energieschwingung.

Auf der physischen Ebene schwingt die Energie langsam und manifestiert sich in fester Materie. Aber auch auf der physischen Ebene gibt es Schwingungsunterschiede. Als Beispiel hierfür können wir das Wasser nehmen. Innerhalb der physischen Ebene, also der Materie, kann es verschiedene Aggregatzustände annehmen. Wird die Energieschwingung langsamer, wird Wasser zu Eis. Wird die Schwingung schneller, entsteht Wasserdampf.

Ebenso gibt es in der mentalen Ebene diese unterschiedlichen Schwingungsformen – von Mineral, Pflanze, Elementar und Tier bis zum menschlichen Geist.

Dieses Prinzip erlaubt es uns, etwas zu verstehen, was eigentlich unverständlich bleiben müsste, da wir keinen Zugang dazu haben.

Denn nach diesem Prinzip gelten auf allen Ebenen der Energieschwingung die gleichen sieben Gesetze des Lebens: Mentalität, Analogie, Schwingung, Polarität, Rhythmus, Kausalität und Geschlecht.

Wie oben, so unten – wie unten, so oben.

Wie im Großen, so im Kleinen.

Wie im Makrokosmos, so im Mikrokosmos.

Durch das Prinzip der Analogie lassen sich stets Schlüsse vom Bekannten zum Unbekannten ziehen. So ist es uns möglich, die verschieden Spiegelungen zu erkennen, die uns in unserem Leben begegnen. Die Verhältnisse im Außen entsprechen immer denen des Individuums - das Umfeld spiegelt sich im Menschen und umgekehrt. Wie innen, so außen - wie außen, so innen.

Somit ist die Wahrheit dieses Prinzips, dass nicht im Umfeld (im Außen), sondern im Menschen selbst (im Innen) die Lösung aller Probleme liegt.

In einem Satz:

Wir sind ein Spiegelbild unserer Welt, und unsere Welt ist ein Spiegelbild von uns.

Das vierte Gesetz – Das Prinzip der Schwingung

Nichts ruht, alles ist in Bewegung und Schwingung – dieses Prinzip wird auch das "Gesetz der Anziehung" oder auch "Resonanzgesetz" genannt. Alles ist Energie, die schwingt – selbst dieses Buch, das du gerade liest, ist eine langsame Energieschwingung, die sich unsichtbar und unfühlbar in Materie manifestiert. Es ist kein lebloses Objekt, sondern von sich bewegenden Atomen erfüllt. So, wie für unsere Augen ein rasant drehendes Rad bewegungslos erscheinen kann. Dieses Prinzip der Schwingung ist unserer Wissenschaft seit Albert Einstein bekannt, denn seine berühmte Formel $E=mc^2$ beweist die Äquivalenz von Energie und Materie.

Und durch diese ständige Bewegung ist alles in Veränderung, „alles fließt". Wie das Wasser eines Flusses – wenn du zweimal hintereinander in denselben Fluss springst, ist es zwar immer noch der gleiche Fluss, aber das Wasser um dich herum ist bereits ein anderes als beim ersten Mal. Alles verändert sich ständig, nichts bleibt, wie es ist, nichts hält ewig. Alles bewegt sich und schwingt. Diese Gesetzmäßigkeit steht im Gegensatz zu unserer materiellen Wahrnehmung, denn wir möchten etwas Festes, weil wir uns nach Vertrautheit und Sicherheit sehnen. Dadurch, dass die Menschen dieses Prinzip nicht als Wahrheit erkennen, sondern aus Furcht vor Verlust festhalten möchten, werden sie zum Spielball der sich ständig verändernden Materie. Sie ziehen unbewusst die für sie negativen Veränderungen an und gehen durch ihre Gedanken und Worte des Festhaltens und des Verlusts der sich verändernden Materie entgegen. Durch ihre Gedanken wird eine Schwingung ausgesendet, und ein gesprochenes Wort verstärkt diese Schwingung, denn sie gibt dem Gedanken Form und Ausdruck.

In der Bibel heißt es bei Johannes 1,1: „Am Anfang war das Wort!" Worte verstärken die Vibrationen und erleichtern dem Gedanken den Weg in die physische Welt der Materie. Durch die sich ständig verändernde, fließende Materie zieht diese Schwingung der Gedanken die Materie an, und sie manifestiert sich. Diese Menschen gehen dann mit dieser negativ behafteten Schwingung in „Resonanz". Gleiches zieht Gleiches an!

Die psychische Welt wird vom Geist erschaffen, dessen Gedanken und Worte sich in Materie umformen, denn

Materie ist ständig schwingende Energie, die sich durch unser Bewusstsein manifestiert. Hier tritt das Prinzip der Schwingung in Übereinstimmung mit dem Prinzip der Analogie „Wie innen, so außen". Oder, anders ausgedrückt: „Die Umwelt ist ein Spiegel deiner selbst." Wir haben das bei uns, mit dem wir in Resonanz gehen. Somit ist es hierbei möglich, durch positive Gedanken, Worte und Sichtweisen des Lebens in eine positive Resonanz zu den Schwingungen der Materie zu gehen. Wir können positiv „wünschen" und „schöpfen". Aber es ist notwendig, an seine Wünsche zu glauben und diese nicht durch Zweifel zunichte zu machen. Glaube an deine Wünsche so, als wären sie bereits erfüllt.

In einem Satz:
Wir bekommen immer das zurück, was wir aussenden.

Das fünfte Gesetz – Das Prinzip des Rhythmus

Der Ausschlag des Pendels nach rechts ist das Maß für den Ausschlag des Pendels nach links. Der Rhythmus gleicht aus.

Das Leben und das gesamte Universum folgen einem präzisen Rhythmus. Alles bewegt sich in Zyklen, die eng mit dem Prinzip der Polarität und dem Prinzip der Schwingung zusammenhängen. Der Rhythmus unseres Lebens, unser „Auf und Ab des Lebens", entsteht zwischen den festgelegten Polen, die wir durch unsere Wahrnehmung der Polaritäten festlegen. Die Pendelbewegung bewegt sich immer zwischen den beiden Extremen hin und her.

Es ist wie in den bereits erwähnten Gegensätzen – auf die Nacht folgt der Tag auf den Winter folgt der Sommer – das Schwingen des Pendels ist überall offensichtlich. Es gibt somit keine absolute Ruhe. Dieses Prinzip ist die Ursache für das manchmal sehr verwirrende Aufeinanderfolgen von Stimmungen, Gefühlen und anderen störenden, sowie erfreulichen Veränderungen in unserem Leben. Alles verkehrt sich zu gegebener Zeit ins Gegenteil. Es ist auch nicht möglich, diese Pendelbewegung entlang des Polaritätsspektrums abzuschaffen oder sie nur noch auf eine Seite zu ziehen. Dennoch ist es möglich, den Pendelrhythmus nicht mehr so stark ausschlagen zu lassen. Dieses gelingt, indem wir unseren negativen und belastenden Gefühlen keine Einflussnahme mehr gestatten.

Durch Gelassenheit und Gleichmut lässt sich eine ausgewogene „Zentriertheit" erreichen. So sind wir in der Lage, belastende Situationen zu überstehen und negative Emotionen zu minimieren. Wir sollten bewusst darauf achten, was wir in jeder uns wichtigen Situation aussenden, denn es kommt immer eine Reaktion auf das, was wir auslösen. Wenn immer wir Neues in unser Leben holen, sollten wir versuchen, etwas anderes dafür loszulassen. Denn die Wahrheit hinter dem Prinzip des Rhythmus ist es, dass unsere Gefühle, unsere Gedanken, unser gesamtes Leben einem Rhythmus, einem Zyklus, unterliegen - wie Ebbe und Flut. Unsere Begeisterung wird somit immer wieder auch von Niedergeschlagenheit eingeholt, so, wie Zeiten des Mutes durch Zeiten von Angst ausgeglichen werden. Der Ausschlag in die eine Richtung bestimmt den Ausschlag in die andere Richtung. Indem wir dieses Prinzip bewusst erkennen, können wir vermeiden, dass die Ausschläge zu stark werden. Unser Wille ist diesem Prinzip zwar bis zu einem gewissen Grad überlegen, trotzdem ist dieses Prinzip nicht auf-, oder anzuhalten. Es geht darum, diese Rhythmen auszuhalten und zu steuern. Je bewusster uns dieses Prinzip wird, desto leichter können wir es meistern.

In einem Satz:
Je mehr du um etwas kämpfst, desto mehr musst du bereit sein, es zu verlieren.

Das sechste Gesetz – Das Prinzip von Ursache und Wirkung

Dieses Prinzip habe ich bereits im Kapitel „Das karmische Band" erläutert. Aber zugunsten einer kompletten Darstellung der sieben Gesetze in diesem Kapitel erkläre ich es noch einmal in kurzen Worten.

Jede Ursache hat eine Wirkung, jede Wirkung eine Ursache.

Es gibt keine Zufälle! „Zufall" ist ein Begriff, den wir verwenden, wenn wir die Ursache nicht erkennen oder wahrnehmen können. Das Fallen eines Würfels ist genauso wenig von Zufall bestimmt, denn die Ursachen für eine bestimmte Augenzahl wird bestimmt durch die ursprüngliche Position des Würfels, den Schwung des Wurfes, die Oberfläche, auf die der Würfel auftrifft usw. Unzählige kleine, für uns nicht erkennbare Ursachen führen letztendlich dazu, dass eine bestimmte Augenzahl oben liegt. Denn alles unterliegt Gesetzmäßigkeiten, einer Ordnung. (Griechisch: Kosmos = Ordnung.) Es kommt letztendlich darauf an, die Ursache der eigenen Handlungsweise, der eigenen Gedanken und Worte, nicht im Außen zu suchen. Uns nicht mit anderen Menschen zu vergleichen, denn sonst werden wir zu einem Fußball der Interessen und Wünsche dieser Menschen. Jeder tritt einmal hin. Wir müssen selbstbestimmt handeln und unseren eigenen Träumen und Wünschen folgen. Wir sollten in unserem Leben selbstbewusst die Ursache sein, um die Wirkung zu erhalten, die wir haben wollen.

In einem Satz:
Nichts passiert zufällig.

Das siebte Gesetz – Das Prinzip des Geschlechts

Geschlecht ist in allem; alles hat sein männliches und weibliches Prinzip in sich.

Dieses Prinzip ist die Weiterführung des zweiten Prinzips – „Polarität – alles ist polar, alles hat seine zwei Gegensätze“. Dabei sind allerdings nicht die typischen männlichen und weiblichen Verhaltensweisen gemeint, auch nicht die unterschiedlichen körperlichen Merkmale oder die Sexualität. Denn was wir als Sexualität kennen, ist nur eine von vielen Manifestationen des Geschlechtsprinzips in der materiellen Welt. Es geht hierbei um bestimmte Energieschwingungen, die uns genauso bestimmen und beeinflussen wie das Universum.

Wie bereits im Kapitel „Dualseelen“ beschrieben, waren der Geist und die Seele ursprünglich eins. Die Trennung ist eine Schwächung des ursprünglichen androgynen Wesens.

In der griechischen Mythologie findet man folgende Worte: „...als nun die Menschen so zerteilt waren, sehnte sich jeder Halbmensch nach Vereinigung mit seiner anderen Hälfte. Sie umfingen sich mit den Armen und umschlangen sich, voll Verlangen, wieder zusammenzuwachsen, und fingen an zu sterben vor Hunger und Untätigkeit, weil sie nichts ohne einander tun wollten."

Diese Ureinheit, die wir Menschen anstreben – von sexueller Begierde bis zum Rückverschmelzen der Seelenanteile – ist der Grund unserer Reise in die Dualität. Alle Erfahrungen, wie emotionale Unausgeglichenheit, Leidenschaften, freudige, wie auch tragische Erfahrungen sind die Wirkungen, die aus der Teilung entstanden sind. Die Wahrheit hinter diesem Prinzip ist die unheilbare Sehnsucht, die durch die Trennung des Menschen von Gott entstanden ist. Es fordert uns auf, die (anziehende) weibliche Energie mit der (schöpferischen) männlichen Energie zu verbinden. Wir tragen diese beiden Energien in uns. So ist es unsere Aufgabe, die männlichen Energien zu nutzen, um geistig aktiv zu werden, und die weiblichen Energien, um durch diese Aktivitäten etwas Geistiges zu erzeugen. Nur beide Energien zusammen helfen uns dabei, spirituell zu wachsen. Das weibliche Prinzip nimmt Energie auf, während das männliche Energie gibt. Das weibliche ist durch kreative Gedanken in der Lage, neue Konzepte, Ideen und Phantasien zu erzeugen. Aber ohne das männliche, das durch das "Wollen", getrieben wird, würden diese kreativen Gedanken in der Materie nicht manifestiert werden. Erst das perfekte Zusammenspiel der beiden Geschlechtsprinzipien versetzt uns in die Lage, wahrhaft und bewusst zu schöpfen.

In einem Satz:
Man muss die Eigenarten des anderen Geschlechts nicht verstehen lernen, man muss nur sich selbst verstehen lernen.

Zusammengefasst und simpel ausgedrückt, bedeuten die Gesetze des Lebens:

Alles, was du Gottes Geschöpfen antust,
mit Gedanken, Worten und Taten,
ob Gutes oder Schlechtes,
ob Mensch, Tier oder Natur,
kommt irgendwann als Gutes oder Schlechtes
zu dir zurück.

☆☆☆

Die Phasen des Loslassens
(Phase 7-10)

Sobald die Ego-Inflation einsetzt, ist die Spiritualität nicht länger ein Hilfsmittel zur positiven Veränderung, sondern wird zur Waffe, zu einem Werkzeug, mit dem man seinen Eigendünkel auspolstert.

Harry R. Moody, *Sinnkrisen in der Mitte des Lebens*

Was mir zu diesem Zeitpunkt noch nicht klar gewesen war ist, dass mein Ego seine Strategie verändert hatte. Das Wissen um die kosmischen Gesetze des Lebens, meine gesammelten Erkenntnisse und meine spirituellen Erfahrungen während meiner weiteren Meditationen sprachen eine eindeutige Sprache. Zweifel waren nicht mehr vorhanden. Es ist wie das Zitat „Wenn man alle logischen Lösungen eines Problems eliminiert, muss die unlogische, obwohl eigentlich unmöglich, unweigerlich die Wahrheit sein.“ Ich verfolgte bewusst meinen Weg, und mein Leben verwandelte sich zu einer Schnipseljagd - ich folgte den Zeichen. Ich achtete auf die Spiegelungen in meinem Umfeld und fragte mich dann, was ich daraus lernen sollte. So weit ist das gut, denn ich lernte jeden Tag neue Erkenntnisse über unsere Welt und unser zwischenmenschliches Miteinander kennen. Ich hatte dieses gesamte Wissen als Wahrheit akzeptiert, und mein Ego-Verstand war nun bereit, sich darauf einzulassen.

So dachte ich zumindest.

Phase 7: Loslassen von vorgefassten Meinungen

Prüfung: Nichts ist, wie es scheint

Nadine und Claus überrumpelten mich mit der Idee, einige Tage auf Mallorca zu verbringen. Sie sagten nur, dass ich an dem und dem Tag Urlaub beantragen sollte, denn da würde unser Flieger gehen. Erst war ich nicht begeistert davon, denn wir hatten Februar, und um diese Jahreszeit war dort normalerweise überhaupt nichts los. Außerdem war ich kurz vor der Trennung von Anja mit ihr auf Mallorca gewesen. Irgendwie hatte ich keine Lust dazu. Aber ich dachte dann: „Nichts passiert zufällig", hörte auf zu kämpfen und ließ es zu. Da ich mich auch um nichts kümmern musste, war die ganze Geschichte überaus stressfrei für mich. Alles war organisiert, vom Zugtransfer zum Flughafen bis zum Shuttleservice zum Hotel. Ich ging den anderen beiden einfach hinterher. Schon am ersten Tag bereute ich es kein bisschen, mich darauf eingelassen zu haben. Denn als wir in Deutschland in den Flieger stiegen, hatten wir minus zwölf Grad. Als wir wieder ausstiegen, waren es achtzehn Grad plus. Wie geil war das denn! Ich verbrachte den gesamten Nachmittag auf einer Liege am Pool und tankte Sonne.

An den Abenden gingen wir in eine Bar, nicht weit vom Hotel entfernt. Es war wirklich richtig was los, das hatte ich nicht erwartet. Am zweiten Abend, wir hatten bereits andere in unserem Alter kennengelernt, waren wir wieder in der Bar, und die Stimmung war ausgelassen und fröhlich. Ich beobachtete die Menschen um mich herum und erkannte die Egospiele, die sie in ihrem Miteinander an den Tag legten. Egal wobei, ob beim Flirten, beim Tanzen oder bei Gesprächen. Egospiele finden permanent um uns herum statt, ständig und überall. Ich genoss mein Wissen und bewertete die einzelnen Menschen, die sich mit mir unterhielten. Es gab mir ein Gefühl von Macht und Überlegenheit. Ich wusste etwas über das Leben, das die noch nicht bewusst erwachten Menschen in meiner Umgebung nicht wussten.

An unserem Tisch tanzte ständig eine Kleine herum, die zwar süß war, aber offensichtlich zu viel getrunken hatte. Sie war extrem offen und flirtete mit jedem in Reichweite. Ich beachtete sie nicht weiter, denn mein Urteil war bereits gefallen. Die Kleine benimmt sich wie eine Schlampe! Irgendwann am Abend verzog sich Klaus ins Hotel, und Nadine hatte einen netten Typ kennengelernt, mit dem sie sich angeregt unterhielt. Ich redete mit den Leuten an unserem Tisch über alles Mögliche, und wir hatten Spaß. Dann zog mich diese kleine „Schlampe" auf die Tanzfläche und begann, mich anzumachen. Was soll ich sagen – es war einfach nicht mein Ding. Mir war in diesem Moment klar, das es ein Leichtes wäre, heute Nacht noch Sex zu haben, allerdings war sie betrunken, sodass ich dabei nicht wirklich Spaß gehabt hätte. Aus dem Alter, in dem ich eine Frau abfüllen musste, um sie ins Bett zu bekommen, war ich wirklich raus.

Als ich an den Tisch zurückkehrte, war dieser leer. Alle waren plötzlich verschwunden. Toll. Ich entschied mich daraufhin, ins Hotel zu gehen. Als ich die Bar verließ, traf ich die kleine „Schlampe" wieder. Als ich vorbeilaufen wollte, fragte sie mich nach einer Zigarette. Nun war alles klar, nichts passiert zufällig. Allerdings fragte ich mich ernsthaft, was ich in dieser Situation und mit der kleinen Schnapsdrossel lernen sollte. Ich gab ihr eine Zigarette und bemerkte, dass sie in der Kälte der Nacht zitterte. Verdammt, irgendwie tat sie mir leid. Ich zog meine Lederjacke aus und legte sie ihr über die Schultern, worauf sie mich mit großen Augen anschaute. Daraufhin fragte ich sie, wo ihr Hotel sei, denn es wurde Zeit, sich schlafen zu legen. Sie sagte, dass sie auf Mallorca studieren würde und mit dem Bus nach Hause fahren wolle. „Wann fährt denn dein Bus?“ „Um halb sechs morgens“, antwortete sie. Ich sah auf meine Uhr – es war gerade mal ein Uhr.

In dem Moment kamen ein paar Leute von unserem Tisch aus der Bar und sahen uns gemeinsam auf dem Bordstein sitzen. Und was als Nächstes abging, war ein fantastisches Beispiel, wie Männer von ihrem Sexualtrieb gesteuert werden. Einer der Jungs setzte sich neben sie und sagte dann „Hey, der Typ da neben dir ist ein super Kumpel und schwer in Ordnung. Du kannst ihm vertrauen.“ Dann stand er auf und flüsterte mir im Vorbeigehen ins Ohr: „Viel Spaß, mach sie weg!“ Was war denn das für eine Ansage? Bester Kumpel? Wir kannten uns gerade mal zwei Stunden. Meinte er doch tatsächlich, ich würde seine Hilfe brauchen, um eine Frau ins Bett zu kriegen? Noch dazu eine Betrunkene? Das sollte wohl ein Scherz sein. Unter Sex stelle ich mir etwas anderes vor. Mir war aber schlagartig klar, dass ich die Kleine nicht bis um halb sechs Uhr morgens sich selbst überlassen konnte. Das

Verhalten der anderen Typen war eindeutig – sie war leicht zu bekommendes Freiwild. Mist, was sollte ich jetzt mit dem Mädel machen? Ich überlegte kurz und sagte dann, dass sie mitkommen könne, denn sie sollte dringend ihren Rausch ausschlafen.

Als wir unterwegs waren, fragte sie mich, warum ich so nett zu ihr wäre. Ich sagte nur: „Das weiß ich selbst nicht“, worauf sie mir mitteilte, dass sie heute schon mit einem Typen geschlafen hätte. Und ob ich das tatsächlich will! Langsam nervte es, dass jeder nur an Sex dachte, deshalb sagte ich: „Hör zu, ich will nicht mit dir ins Bett, OK? Was will ich mit einer Tussi, die betrunken ist?“ Ich nahm sie daraufhin mit ins Hotel, aber da ich mir ein Zimmer mit Claus teilte, war das keine Option. Ich schmuggelte sie durch die Hotellobby ins Hallenbad, und sie legte sich auf eine der Liegen neben dem Schwimmbecken. Sie zitterte immer noch, deshalb legte ich meine Jacke über sie und setzte mich auf eine Liege in der Nähe. Sie sah mich an und sagte mit einem Lächeln: „Danke!“ So, jetzt saß ich da und hatte die Tante an der Backe, während ich in der Schwimmhalle des Hotels saß. Was sollte ich denn hier bitte lernen, liebe Freunde in der Geistigen Welt? Wie man barmherziger Samariter spielt, oder was? Ich legte mich dann ebenfalls hin und bewertete die Erlebnisse der letzten halben Stunde. Das Verhalten des anderen Mannes war natürlich ein Egospiel vom Feinsten.

- Ego erlaubt uns, etwas zu tun, das wir tun wollen, von dem wir aber genau wissen, dass es unrecht ist.

- Ego will, dass wir uns gehen lassen.
  Auch die Tatsache, dass er versucht hatte, mir zu helfen, Sex zu bekommen, war ein Egospiel.
- Ego will, dass wir gewinnen, beherrschen und unterwerfen.
- Ego versucht, andere zu bezwingen.
- Ego will uns selbst und andere kontrollieren.
- Ego verschafft uns Aufmerksamkeit.
- Ego ermutigt uns dazu, uns oder andere zum Opfer zu machen.

Irgendwie war ich sauer auf den Kerl. Ich dachte wieder mal: „Wacht endlich auf, Leute! Das Leben könnte so schön sein, wenn ihr einfach mal eure Spiele sein lassen würdet!" Ich dachte noch kurz darüber nach, wie ich in der jetzigen Situation gehandelt hätte, als ich noch nicht in einem bewussteren Umgang mit meiner Umgebung durch die Gegend lief. Ich wusste es ehrlich gesagt nicht, denn ob ich noch vor einem Jahr mit der Kleinen in dieser Situation geschlafen hätte, konnte ich nicht beantworten. Allerdings stand das jetzt völlig außer Frage. Was war hier der Test? Dass ich kein Arsch mehr bin, der nur an sein eigenes Vergnügen denkt? Irgendwie war ich stolz auf mich, denn ich hatte die Situation nicht ausgenutzt. Ich dachte noch etwas darüber nach, und schlief dann irgendwann ein.

Am nächsten Morgen setzte ich die Kleine vor dem Frühstücksraum ab und organisierte etwas zum Essen und Trinken. Sie war wieder nüchtern. Nach dem Frühstück begegneten uns Nadine und Claus, die in die Stadt zum Shoppen gehen wollten, woraufhin ich das Mädel ins Hotelzimmer brachte, damit sie sich frisch machen konnte. Im Aufzug musterte sie mich ständig. Ich erkannte es in ihren Augen, oder vielleicht war es auch meine Intuition, denn ich sagte: „Verlieb dich nicht in mich!“ Sie senkte den Blick, drehte den Kopf auf die Seite und antwortete: „Zu spät!“

Nachdem sie aus dem Bad kam, unterhielten wir uns über die gestrige Nacht. Sie wusste selbst nicht, warum sie derart die Kontrolle verloren hatte. Je mehr sie mir von sich erzählte, desto mehr stellte sich mein erster Eindruck (Schlampe) als falsch heraus. Sie war Deutsche, die in Palma studierte, und interessanterweise hatte sie in dem Jahr auf der Insel noch nie mit einem Mann geschlafen. Sie wollte keine One-Night-Stands mit irgendwelchen Touristen. Sie wusste auch nicht, was da gestern alles passiert war. Die gesamte Situation erinnerte mich an meine beiden Amnesieabende unter Droge. Sexuell hochaktiv und gedanklich nicht auf dem Laufenden. Da wurde mir klar, dass ich gestern Abend wieder einmal auf mein Ego gehört hatte. Ich bewertete eine andere Person, steckte sie in eine Schublade, ohne sie wirklich zu kennen, und achtete nur auf Äußerlichkeiten.

- Ego macht uns zu etwas Besonderem, jemandem, der besser ist als andere.
- Ego zeigt uns, dass wir immer recht haben.
- Ego will, dass wir gewinnen, beherrschen und unterwerfen.

- Ego ermutigt uns dazu, uns oder andere zum Opfer zu machen.
- Ego will etwas beweisen.
- Ego zeigt unsere Überlegenheit oder Unterlegenheit.
- Ego arbeitet am Fortbestand des Egos.

Schlimmer noch, ich war der Meinung, dass ich stolz auf mein Handeln von letzter Nacht sein müsste. Dabei wurde ich nur in diese Situation geführt. Ich war tatsächlich der Meinung, dass ich durch mein spirituelles Wissen und meine Beobachtungsgabe besser wäre als andere. Von dem Moment an war mir klar, dass es gleichgültig ist, welche beeindruckenden spirituellen Erfahrungen ich auch gemacht hatte, denn mein Ego versuchte wieder, sich einzuschleichen und das Lob für die Fortschritte meiner Seele für sich zu beanspruchen. Und diese Reaktion kommt immer wieder aufs Neue. Immer wenn ich mir aufgrund meiner spirituellen „Erfolge“ selbst auf die Schultern klopfte oder meinte, besser und schneller voranzukommen als andere, dann bestimmte Ego wieder mal mein Denken.

In Wirklichkeit ist jeder Entwicklungsschritt beim Bewusstwerden ein Geschenk, das wir für unser Vertrauen und unser Loslassen bekommen. Aber das Ego stellt es so dar, als wäre es sein Verdienst. Ego verliert den Kampf, und dann erklärt es sich als Sieger. In dem Moment, in dem wir glauben, die Entwicklung selbst herbeigeführt zu haben, hat das Ego seine Finger im Spiel. Immer wenn wir einen anderen Menschen bewerten, bewerten wir ihn mit unseren eigenen Ansichten und Verhaltensmustern. Wir nehmen unsere Sichtweise der Dinge und legen sie wie eine Schablone für Richtig und Falsch über diesen Menschen. Und wenn wir das tun, bewerten wir nicht nur ihn, sondern auch uns selbst. Wir stufen uns als besser ein. Als jemanden, der Recht hat. Ego arbeitet am Fortbestand des Egos. Allerdings war das auch ein gutes Zeichen, denn offensichtlich hatte mein Ego keine andere Wahl mehr, als auf diese Art vorzugehen. Die Versuche, mich in meiner Entwicklung mit Furcht zu stören, waren gescheitert. Die Ego-Inflation hatte eingesetzt.

Nachdem ich wieder zu Hause war, versuchte ich die Erlebnisse irgendwie zu verarbeiten, allerdings sagte ich dir bereits, dass das Wissen alleine nichts nützt ohne die dazu gehörigen Erfahrungen. Nur dann haben wir die Möglichkeit, unsere Erkenntnisse bewusst zu erfahren und daraus zu lernen. Wir wissen zum Beispiel, dass man Krokodilfleisch essen kann. Aber man kann nicht beurteilen, ob es einem schmeckt, wenn man es noch nie probiert hat. Das Erfahren des Wissens macht uns erst zum wahren Wissenden. Deshalb musste ich mir in der Folgezeit noch viele Situationen anschauen, in denen ich meinem Ego mit meinem Eigenlob auf den Leim ging. Wie heißt es so schön – Eigenlob stinkt! Denn nichts ist, wie es auf den ersten Blick scheint.

Phase 8: Loslassen von Stolz

<u>Prüfung: Der erste eigene Schritt</u>

Als ich überraschend zu einer Besprechung in die Firma musste, war mit klar, dass ich eine nächste Begegnung mit Anja haben würde. Ich versuchte nicht, diese Begegnung herbeizuführen, denn die Besprechung dauerte nur cirka eine halbe Stunde, und ich würde lange vor der Mittagspause wieder verschwunden sein. Aber es gibt keine Zufälle. Ich saß mit meinem Chef in einem Besprechungsraum, dessen Glastür mit einer Jalousie versehen war. Und genau in dieser halben Stunde lief Anja an diesem Besprechungszimmer vorbei und sah mich. Ich bemerkte sie nicht, aber als wir fertig waren, fand ich folgende SMS auf meinem Handy: „Melde dich doch mal nach deiner Besprechung :)." Ich hatte Zeit und antwortete nur mit: „Kaffee? :)" Sofort kam die Antwort „Ja, ich laufe los."

Nun denn, die nächste Standortbestimmung zwischen unseren Seelen konnte losgehen. Wir unterhielten uns über alles Mögliche, was die Firma und unsere spirituellen Erkenntnisse betraf, aber dieses Mal war es anders. Wir starteten keine Egospiele. Wir unterhielten uns auch über ihre Mutter, die ihre Operation gut überstanden hatte und sich auf dem Weg der Besserung befand. Anja sagte nur, dass ihre Mutter einen sturen Dickschädel hätte, so wie alle im Sternzeichen Widder. „Genauso wie du, Martin!" „Ich und stur?", antwortete ich.

Ich wollte gerade weiter darauf eingehen, aber wir wurden mitten im Gespräch immer wieder gestört – Kollegen liefen dauernd vorbei, und wir mussten unser Gespräch ständig unterbrechen. Als dann noch ein Kollege von mir, der nach mir seinen Besprechungstermin hatte, vorbeilief, war das Gespräch beendet, denn er stellte sich zu uns und sagte: „Hallo, wie geht es dir? Störe ich?" Ich antwortete wahrheitsgemäß: „Mir geht's gut, und ja, du störst!“ Woraufhin er sich trotzdem zu uns setzte. Anja sah mich kurz an und sagte dann, dass sie eh wieder an die Arbeit müsse. Als wir uns verabschiedeten, meinte ich: „Ich bin heute Abend hier im Hotel und morgen auch noch einmal in der Firma.“ Ganz ehrlich – keine Ahnung, warum ich das gesagt habe. Diese Info sprudelte einfach heraus, ohne dass ich mir vorher Gedanken darüber gemacht hatte. Ich fand es schade, mich nicht weiter mit ihr unterhalten zu können, aber die Situation war beinahe so, als sollten wir gestört werden.

Mit einem Gefühl von „unerledigt und zu kurz“ verließ ich die Firma und fuhr zu einem Mitarbeiter, wobei ich den gesamten Nachmittag über den Drang verspürte, sie anzurufen, aber ständig zu mir sagte: „Nein, du musst sie loslassen, sie muss auf dich zugehen. Sie ist diejenige mit der Angst vor der Liebe. Wenn du jetzt anrufst, dann wird es nur so aussehen, als würdest du ihr wieder hinterherlaufen!“

Am Abend telefonierte ich mit Claus, und ich sagte ihm, dass ich den ständigen Wunsch hätte, Anja anzurufen, um sie nach einem Treffen zu fragen. Aber sie musste doch auf mich zukommen! Ich kämpfte regelrecht dagegen an. Claus sagte nur: „Mann, bist du stur. Anja hat sich in den letzten Monaten immer wieder bei dir gemeldet. Und immer ging es von ihr aus. Jetzt wird es, glaube ich, Zeit, dass du mal einen Schritt auf sie zugehst. Du bist zu stolz, Martin!“ War ich stolz? Hatte ich einen sturen Dickschädel? Anja hatte am Vormittag das Gleiche zu mir gesagt.

Zwei Aussagen zur selben Sache - eindeutigere Hinweise konnte man mir nicht geben. Am Anfang meines Loslass-Prozesses war meine Devise: Ruf sie auf keinen Fall an. Lauf ihr nicht hinterher. Sollte ich nun diese Regel, die mir mittlerweile in Fleisch und Blut übergegangen war, brechen? Ich verglich mein "stures" Verhalten mit den egotypischen Verhaltensweisen.

- Ego zeigt uns, dass wir immer Recht haben.
- Ego will uns selbst und andere kontrollieren.
- Ego verschafft uns Ausreden.
- Ego versucht, Chancen und Begabungen zu verbergen.
- Ego arbeitet am Fortbestand des Egos.

Und wieder hatte mein Ego, meine Ich-Sucht, sich eingeschlichen und versuchte, mich zu kontrollieren. Ich hatte Angst vor dem, was Anja sagen würde, und zweifelte daran, dass sie das Gespräch vom Morgen fortsetzen wollte. Ich war zu stolz, ihr zu sagen, dass ich sie gerne sehen wollte. Argggg... Martin-Ego, du Mistkerl!

Ich rief sie an und fragte nach einem Treffen. Vielleicht Abendzuessen oder etwas trinken zu gehen, einfach um das Gespräch fortzuführen, worauf sie antwortete, dass sie zwar erst noch woanders hin müsste, aber wenn sie auf dem Rückweg wäre, würde sie sich melden. Interessant war noch folgende SMS, die ich nur ein paar Minuten nach dem Gespräch von ihr bekam: „Zwei Dumme, ein Gedanke. :)“

Phase 9: Loslassen von Erwartungen

Prüfung: Dein Partner meldet sich nicht

Ich war nervös, denn es war lange her, dass wir uns privat getroffen hatten. Bisher waren wir uns immer nur in der Firma über den Weg gelaufen oder hatten miteinander telefoniert. Ich ging duschen und machte mich zum Weggehen fertig. Das Abendessen ließ ich ausfallen, denn wir würden ja dann später essen gehen. Aber sie meldete sich nicht. Die Zeit verstrich, und ich tigerte durch mein Hotelzimmer und versuchte, mich mit einer sinnvollen Beschäftigung abzulenken. Aber weder Fernsehen, Arbeiten noch Lesen war möglich.

Es war dann bereits nach zehn Uhr, als ich langsam richtig sauer wurde. Ich hatte nichts gegessen, weshalb mein Hunger meine Laune noch weiter drückte. Ich legte mich ins Bett und versuchte zu schlafen. Aber das ging auch nicht. Mist – was treibt sie denn so lange? Irgendwann bin ich dann doch mehr schlecht als recht eingeschlafen.

Es war bereits nach halb eins, als folgende SMS kam: „Sorry, ist leider zu spät geworden. Sollen wir morgen Mittag in der Stadt etwas essen? :)“ Ich war richtig genervt – hätte sie nicht schon früher Bescheid sagen können? Jetzt war es kurz vor ein Uhr nachts, ich hatte Hunger und konnte nicht schlafen. Dieses dämliche Stück! In meiner Wut antwortete ich: „Heute Mittag bin ich schon wieder weg!“ Die Betonung lag herbei auf „Heute“. Nachdem ich mich langsam wieder beruhigt hatte, erkannte ich, dass ich wieder einmal drauf und dran war, meine Gelassenheit abzugeben, um eine vorgefasste Meinung zu haben. Ich wusste ja nicht, warum sie sich nicht gemeldet hatte. Also schrieb ich noch eine SMS: „Bin Morgen aber bei einem Mitarbeiter in der Nähe, was ist mit morgen Abend?“ Auf diese Nachricht bekam ich dann keine Antwort mehr. Ich legte mich hin und versuchte zu verstehen, was passiert war. Ich hatte meinen Stolz losgelassen, und somit die Prüfung bestanden. Ich hatte ja sogar eine Bestätigung erhalten, dass sie sich auch mit mir treffen wollte (zwei Dumme, ein Gedanke :)). Und trotzdem war ich wieder in einer negativen Situation. Was sollte ich mir denn dieses Mal anschauen? Ich verstand es nicht, denn ich vermisste sie, und wollte einfach mal wieder mit ihr reden. Irgendwann schlief ich dann endlich ein. Am nächsten Tag wartete ich den gesamten Vormittag auf eine Nachricht von Anja, aber diese kam nicht. „Noch einmal werde ich sie nicht anrufen!“, sagte ich mir ständig. Aber ich überwand erneut meinen Stolz und rief sie um die Mittagszeit an und fragte, ob sie abends Zeit hätte. Sie sagte zu und freute sich darauf, worauf wir ein Treffen bei unserem alten Chinesen vereinbarten.

Es war ein toller Abend. Wir unterhielten uns ungezwungen und verbrachten knapp zwei Stunden zusammen. Als ich danach nach Hause fuhr, fühlte ich mich überaus wohl. Was ich mir in der Situation vom vorhergehenden Abend anschauen sollte, blieb mir aber nach wie vor verborgen. Aber es war mir egal, denn indem ich meinen Stolz losgelassen hatte, war es mir vergönnt gewesen, einen superschönen Abend mit meiner Traumfrau zu verbringen. Zumal ich wusste, dass sie mich in genau einer Woche wieder anrufen würde. Denn da hatte ich Geburtstag.

Du kannst dir jetzt sicherlich denken, was passiert ist – sie meldete sich nicht! Kein Anruf, keine SMS, keine Karte, keine Brieftaube, nichts! Ich war den ganzen Tag gut gelaunt und am Abend mit meinen Freunden unterwegs, aber als ich dann nachts nach Hause kam, war ich sauer auf sie. Ich brauchte cirka eine Stunde, um dahinterzukommen, was das Leben mir mit dieser Nummer sagen wollte. Ich hatte Erwartungen an Anja. Hallo Ego!

- Ego will Erwartungen erfüllt bekommen.
- Ego zeigt uns, dass wir immer Recht haben.
- Ego will uns selbst und andere kontrollieren.
- Ego will uns glauben machen, wir wären nicht mehr als unser Körper.
- Ego verschafft uns Aufmerksamkeit.
- Ego zeigt unsere Überlegenheit oder Unterlegenheit.

Ich hatte immer noch Erwartungen an diese Frau. Ist es zu viel verlangt, seinem Exfreund zum Geburtstag zu gratulieren. Arggg... der Prozess, einen Menschen in Liebe loszulassen, ist echt schwer. Aber im Endeffekt war es nur eine Wiederholung meiner vermasselten Prüfung, nur dieses Mal tat es noch mehr weh. Du erinnerst dich - ich erwartete in diesem Hotelzimmer sitzend, dass Anja sich meldete, nachdem ich meinen Stolz losgelassen hatte. Und diese Prüfung hatte ich voll vergeigt. Wenn wir eine

Prüfung besonders schnell und gut bestehen, dann werden wir sofort zur nächsten Prüfung geführt. Stolz losgelassen - Erwartung nicht losgelassen. Alles auf Anfang: Stolz losgelassen – Essen – und dann eine Woche später die erneute, und dieses Mal volle Konfrontation mit der Lernaufgabe: Erwartungen!

Liebe kämpft nicht, Liebe will nicht, Liebe braucht nicht, Liebe ist! ...so, wie du bist!

Phase 10: Loslassen von äußeren Einflüssen und alten Programmierungen der materiellen Welt

Prüfung: Im Vertrauen bleiben

Jetzt wurde es eng, denn in dieser Phase hatte ich ernsthafte Zweifel, ob ich mich überhaupt auf dem richtigen Weg befand. Warum sollte ich die wahre Liebe suchen, wenn sie nur Schmerz und Enttäuschung für mich bereithielt? Aber ich wusste, genau dieser Schmerz sollte mir verdeutlichen, dass ich diese Frau noch immer nicht vollständig losgelassen hatte. Ich war noch immer in der Abhängigkeit, zwar bei weitem nicht mehr so stark wie am Beginn meiner Reise, aber ich stand noch immer mit einem Fuß in meiner offenen Gefängniszelle. Und die Mauern dieses Gefängnisses waren meine Verlustängste und die Gitterstäbe meine Zweifel. Entweder sie hatte es einfach vergessen oder mir absichtlich nicht gratuliert, unbewusst durch ihre Angst vor der Liebe blockiert, um eine negative Reaktion von mir zu bekommen. (Tu mir weh Martin, denn Liebe tut weh!)

Ein (noch schlafender) Freund setzte hier noch einmal den Hebel an, damit die Wunde sich nicht zu schnell schließen konnte und ich mir alles ganz genau anschauen musste. Er sagte nur: „Du hängst immer noch an ihr. Du hast dich da in etwas verrannt. Vergiss sie endlich und such dir eine andere!" Die Meinung meines Freundes war klar. Ich begriff, dass es mir einfach egal sein sollte, was andere Menschen über mich dachten. Es war mein Leben, meine Liebe, mein Weg. Warum achtete ich früher immer darauf, was andere für eine Meinung von mir hatten? Warum orientierte ich mich früher an den Meinungen anderer? Es konnte mir doch egal sein, was die Menschen über mich und meine Art, mit meinem Leben umzugehen, dachten. Sie waren nicht ich. Sie hatten nicht das Gleiche erlebt wie ich. Sie waren nicht an denselben Orten, an denen ich gewesen war, und hatten nicht durch meine Augen geblickt. Warum sollte ich also weiterhin auf die Meinungen anderer Menschen achten? Es war mein Leben, das ich führen musste, und nicht das ihre.

- Ego will uns glauben machen, wir wären nicht mehr als unser Körper.
- Ego verschafft uns Ausreden.
- Ego versucht, Chancen und Begabungen zu verbergen.
- Ego verbirgt unsere Macht, unsere Aufgabe und unsere Identität.
- Ego will uns davor schützen, bestimmte Ängste zu heilen.

- Ego lässt uns unzulänglich, schwach und getrennt fühlen.
- Ego hält uns auf.
- Ego lenkt uns ab.
- Ego arbeitet am Fortbestand des Egos.

Wie dem auch sei, das Ganze war auf jeden Fall wieder einmal das perfekte Beispiel, wie unser Umfeld uns auf unsere Aufgaben hinweist. Wieder einmal hatte zwischen Anja und mir eine Standortbestimmung auf Seelenebene stattgefunden, aber dieses Mal ohne jeglichen Kontakt in der materiellen Welt. Ich hatte plötzlich zu 100 Prozent begriffen, dass es nicht das Ziel war, Anja zurückzubekommen, sondern allein das Heilen meiner Verlustangst. Alles andere war nicht wichtig. Würde ich mich selbst heilen, dann würde ich Anja durch das Karma, das uns beide verbindet, das karmische Band, mit heilen. Also machte ich nichts, ich schickte ihr keine SMS oder dergleichen. Ich ließ die negativen Gefühle vorbeiziehen und konzentrierte mich auf die Wirklichkeit, denn es war alles eine Lernaufgabe für meine Seele.

Auch mein Gefühl der Enttäuschung war innerhalb kürzester Zeit verflogen. Ich blieb weiterhin in der Loslass-Energie – keine Verzweiflung mehr, keine Abhängigkeit, keine Gleichgültigkeit, keinen verletzten Stolz und auch keine Erwartungen. Ich fühlte mich richtig gut. Nur Vertrauen in meinen Seelenplan und Gleichmut und Gelassenheit gegenüber den Dingen, die da noch kommen würden.

An diesem Tag hatte ich zum ersten Mal ein Gefühl dafür, wie sich wahre, bedingungslose Liebe anfühlt. Ohne Ängste und Zweifel. Nur vollständig im Vertrauen und Loslassen. Es war ein wundervolles Gefühl. Als würde ich in der Mitte meines Selbst in hundertprozentiger Balance stehen. Und es gibt nur ein Wort, um dieses Gefühl richtig zu beschreiben: Freiheit.

☆☆☆

Symptome

So einsam und dunkel dein Weg auch sein mag, tröste dich mit dem Wissen, dass alle Menschen diesen Weg gehen müssen. Und für die Nachfolgenden kannst du ein Leuchtfeuer deiner Erfahrung entzünden.

Während dieser ganzen Zeit, in der ich durch die einzelnen Phasen des Loslassens ging, erkannte ich Symptome an mir, die ich anfangs nicht verstand. Nachdem ich Freunden davon erzählte, bestätigen sie mir dieselben Symptome bei sich selbst. Wir verglichen unsere Erfahrungen während des Transmutationsprozesses zu einem höheren Bewusstsein, und ich erkannte, dass diese Anzeichen auch bei jedem anderen Menschen auftraten, der sich in dieser Entwicklung befand.

Da sind zum einen Schmerzen in Schultern, Rücken, Nacken und manchmal auch Knie und Ellenbogen. Diese sind Auswirkungen der Veränderungen in unserer DNA. Denn die Materie, also unser Körper, muss diesem Prozess der Schwingungserhöhung folgen. Der Geist, also unser Bewusstsein, steigt in der Schwingung, und da der Geist den Körper beherrscht, folgt dieser automatisch. Allerdings sind diese leichten Schmerzen nicht von Dauer und gehen wieder vorbei.

Des Weiteren treten während dieses Prozesses sehr ungewöhnliche Schlafmuster auf. Du wirst mitten in der Nacht wach, meist zwischen zwei und vier Uhr früh, und hast den Kopf voller Ideen und Bilder, die geradezu danach schreien, aufgeschrieben oder notiert zu werden. Ich persönlich hatte immer mein Notizbuch neben dem Bett liegen, und was ich da in den frühen Morgenstunden alles aufschrieb, war der schiere Wahnsinn. Es ist beinahe so, als würde man nachts im Traum etwas lernen, und wenn einem der Unterricht zu viel wird, wacht man auf. Sollte es bei dir genauso sein, mach dir keine Sorgen, denn das ist ein ganz normaler Prozess. Ich hatte einmal vier Nächte in Folge nicht geschlafen. Es war so, als würde ich bewusst mitbekommen, dass ich schlafe. Es war nicht so, als ob ich mich schlaflos hin und her gewälzt hätte, sondern war am nächsten Tag sogar immer topfit und ausgeruht, obwohl ich mich an alles, an jeden Gedanken der letzten Nacht, erinnern konnte.

In manchen Nächten sind auch sehr intensive Träume möglich. In meinem bisherigen Leben war es so, dass ich mich fast nie an meine Träume erinnern konnte. Während des Aufstiegsprozesses träumte ich aber sehr viel wirres Zeug. Es wird aber besser, je mehr man sich entwickelt, und hört irgendwann wieder auf. Also, keine Panik!

Ein weiteres Symptom des Transmutationsprozesses ist, plötzlich eine innere Traurigkeit zu fühlen, obwohl dafür kein ersichtlicher Grund vorhanden ist. Es fühlt sich an, als würdest du dein Auto verkaufen, das du viele Jahre gefahren bist, oder aus einer Wohnung ausziehen, in der du jahrelang gewohnt hast. Dir ist klar, dass etwas Besseres nachkommt, aber du blickst noch einmal voller Erinnerungen zurück und verabschiedest dich dann mit einem Gefühl von Traurigkeit und bittersüßem Schmerz. Dieses

Gefühl ist ein Zeichen dafür, dass du innerlich deine Vergangenheit aufarbeitest. Du lässt dein altes Leben los und beginnst ein neues Abenteuer. Dieses Gefühl von Traurigkeit kann dich zu jedem Zeitpunkt des Tages heimsuchen, aber es ist ebenfalls nur vorübergehend, bis du alle alten Energien aufgelöst hast. Manchmal kommt es vor, dass du in diesem Prozess ohne ersichtlichen Grund anfängst zu weinen. Das ist jetzt kein Witz! Wenn das passiert, dann versuche, nicht dagegen anzukämpfen, denn dadurch können die Verhaftungen an dein altes Leben „herausfließen".

Wenn du vermehrt Selbstgespräche führst, dann tu das. Manchmal wirst du dich dabei erwischen, wie du die letzte Viertelstunde in Gedanken oder verbal mit dir selbst gesprochen hast. Du wirst deshalb nicht verrückt. Es ist wie eine Vorbereitung auf die Dinge, die in Zukunft auf dich zukommen. Denn diese Selbstgespräche sind nur der Anfang von einer Kommunikation auf einer viel höheren Ebene des Geistes. Lass es zu und sieh es als Training für spätere mediale Erfahrungen, oder um in Zukunft deiner Intuition besser folgen zu können.

Ein weiteres Symptom, das ich dir bereits beschrieben habe, ist der Verlust von negativen und positiven Gefühlen – der Verlust deiner Leidenschaften. Denke an den Vergleich mit dem Computerneustart, denn dieser Prozess ist wichtig, um dann wieder mit einer neuen, positiveren Gefühlswelt deine Welt neu zu entdecken.

Berufliche Veränderungen oder Wechsel in der Karriere sind ein sehr weit verbreitetes Symptom, denn während du dich selbst veränderst, verändert sich auch dein gesamtes Umfeld. Bleib ruhig und gelassen, wenn du nicht sofort den Beruf oder die Firma findest, der/die deiner Bestimmung entspricht, beziehungsweise in dem/der du dich wohlfühlst. Oder wenn deine Kollegen um dich herum die Firma verlassen. Es ist ein Übergangsstadium.

Auch das Gefühl, "ungeerdet" zu sein, ist ein typisches Symptom, das ich bei allen meinen Freunden und bei mir während dieses Bewusstseinsprozesses beobachten konnte. Es fühlt sich an, als würde man nicht mehr mit seinen beiden Beinen auf dem Boen stehen. Es ist normal, denn wie bereits erwähnt, hinkt dein physischer Körper deinem Bewusstsein in der Entwicklung hinterher. Was mir persönlich sehr geholfen hat, waren Spaziergänge in der Natur. Manchmal bin ich kilometerweit durch den Wald gelaufen. Oder setz dich einfach auf eine Bank im Park und versuche abzuschalten. Dadurch bekommt dein Körper die Gelegenheit, sich den neuen Energien anzupassen.

Eines der unangenehmsten Symptome des Aufstiegsprozesses ist das Gefühl von Einsamkeit. Du versuchst, dich von Gruppen oder größeren Menschenmengen fernzuhalten. Auch fühlst du dich allein, selbst wenn du in Gesellschaft mit anderen bist. Dabei kann ein Gefühl von Furcht entstehen, weil dir die zwischenmenschlichen Beziehungen plötzlich kompliziert und schwer vorkommen. Es ist aber völlig normal, denn du merkst, wie nicht erwachte Menschen versuchen, dir Energie zu entziehen. Deshalb wählst du vorübergehend die Einsamkeit. Es ist ein notwendiger Prozess, der dir dabei hilft, zügig in deiner

Entwicklung voranzuschreiten. Irgendwann bist du dann in der Lage, die unbewussten Versuche von Mitmenschen, deine Energie zu stehlen, zu unterbinden.

Auch ein vorübergehendes Gefühl des Getrenntseins von deiner Familie ist ein sehr typisches Symptom, denn die Verbindung zu deiner biologischen Familie ist alte Energie, altes Karma. Während du langsam dein Karma aufarbeitest, ist es ein natürlicher Prozess, dass du auch deine alten familiären Fesseln löst. Obwohl es so aussieht, als würdest du dich von deiner Familie entfernen, ist dies nur eine kurze Übergangszeit. Die Beziehung wird auf einer neuen, höheren Ebene erneuert und bekommt eine andere, liebevollere Bedeutung für dich. Und das ohne karmische Verstickungen.

Das problematischste Symptom und gleichzeitig eine der größten Herausforderungen ist das Gefühl, alles auf dieser Erde, in diesem Leben, erfüllt zu haben und zurück in die Geistige Welt zu wollen. Es ist schwierig zu erklären, aber wenn man sich aus den karmischen Verstrickungen dieses Lebens befreit hat, dann bekommt man ein Gefühl von Heimweh. Du weißt, dass du eine unsterbliche Seele bist, die diesen Körper beseelt hat, um sich selbst in der Dualität zu erfahren. Wenn du dir deiner wahren Herkunft wieder bewusst bist, kommt dir die Materie zuerst schwer und träge vor. Du bist es Leid, den Gegebenheiten in dieser Realität, dem Spiel an sich, weiter zu folgen. Nun musst du eine Entscheidung treffen, denn theoretisch könntest du diese Inkarnation beenden. Verstehe mich jetzt nicht falsch, du denkst dabei keineswegs an Selbstmord, sondern entscheidest dich in dieser Phase bewusst, dieses Leben mit deinem neuen Wissen und deinen neuen Erfahrungen zu erforschen. Du erkennst langsam, dass du den nicht erwachten Menschen deine Hilfe anbieten möchtest, sodass sie von deinen Erfahrungen profitieren können. Außerdem hast du das Gefühl, dass dieses neue Leben noch eine Vielzahl an Wundern für dich bereithält, die du unbedingt erfahren möchtest. Du bist dann bereit, deine weiteren Aufgaben auf dieser Erde zu absolvieren. Wenn du dieses Symptom verspürst, dann wird es dir anfangs schwerfallen, dich mit den „alten" Problemen deiner Mitmenschen auseinanderzusetzen. Aber es ist nur vorübergehend schwierig, denn wie bei allem im Leben lernen wir, indem wir Erfahrungen machen und damit umgehen. Du wirst es auch lernen und kannst so auf dein gesamtes Umfeld positiv einwirken.

Dein Umfeld wird deine Veränderungen nicht verstehen, denn es ist wie eine Metamorphose von einer Raupe zum Schmetterling. Alle anderen Raupen werden sagen: „Der spinnt" (sich in einen Kokon ein). Aber gehe deinen Weg weiter, denn vergiss nicht – diese Prozesse müssen alle Menschen aufgrund der Schwingungserhöhung in den kommenden Jahren früher oder später durchmachen.

☆☆☆

Die Phasen des Loslassens
(Phase 11-13)

Liebe ist Freiheit von Bindungen. Wo Bindungen bestehen, existiert Angst.

Krishnamurti, *Das Licht in dir*

Im Laufe meines Weges hatte ich meine spirituellen Fähigkeiten weiter erforscht und bereits vor Monaten ein Channeling-Seminar besucht. Dieses Seminar gab mir das entsprechende Wissen, um meinen Weg in dieser Hinsicht weiter zu erforschen. Und zufälligerweise brachte mich ein anderer Teilnehmer mit einer Frau zusammen, die die Aura von Menschen sehen und lesen konnte. Bevor ich „Nein" sagen konnte, bekam ich dann Unterricht im Auralesen. Dazu muss man sie aber erst einmal sehen können. Ich bin begabt, konnte zu diesem Zeitpunkt aber noch nicht alle Schichten und Farben der Aura erkennen. Channeling und Aurasehen zu lernen ist wie Auto fahren zu lernen. Beim ersten Mal würgen wir den Motor ab. Dann fahren wir mehr schlecht als recht los und müssen uns auf alles konzentrieren – Lenken, Gasgeben, Kuppeln, Schalten usw. Irgendwann werden wir sicherer, die Prozesse werden automatischer. Wenn wir dann genügend Erfahrung haben, fahren wir Auto, ohne darüber nachzudenken. Alles läuft wie selbstverständlich ab –wir lenken, kuppeln und schalten gleichzeitig, während wir Radio hören, mit unserem Beifahrer reden oder rauchen. Es ist alles eine Sache der Übung. Aber es ist nur möglich, wenn man im Unterbewusstsein keine Angst davor hat. Bei den Versuchen, die Aura wahrzunehmen, kam ich über einen bestimmten Punkt nicht hinaus. Es war wie ein Schutzschalter, der immer, wenn ich tiefer hineinschauen wollte, heraussprang und meinen Blick wieder in die Materie holte. Meine Lehrerin sagte daraufhin: „Du hast noch vor irgendetwas Angst. Du kannst dich noch nicht hundertprozentig fallenlassen. Du hast Angst, dich darauf einzulassen, weil du dann etwas verlieren könntest." Ich hatte also immer noch Verlustangst. Schwach und im Unterbewusstsein zwar, aber noch nicht vollständig aufgelöst.

Das Gefühl von Freiheit, dieses wundervolle Gefühl von Liebe, war deshalb leider kein Dauerzustand. Doch ab diesem Zeitpunkt wusste ich, wofür ich das alles machte, warum ich diesen Weg gehen musste. Nein, ab diesem Zeitpunkt war es kein Muss, sondern ein Wollen. Ich wollte diesen Weg weitergehen. In der Woche nach meinem Geburtstag wurde ich noch des Öfteren mit Menschen konfrontiert, die mir gute Ratschläge geben wollten, Anja endlich hinter mir zu lassen. „Sie ist abgehauen, vergiss sie!" „Sie hat dir nicht einmal zum Geburtstag gratuliert!" und „Sie ist es nicht wert!" waren nur einige der „guten" Ratschläge, die ich zu hören bekam. Ich blieb dabei gelassen, denn ich wusste nun zwei Dinge: Sie war es wert, und ich war es mir selbst wert. Wahre Liebe kennt keine Bedingungen, das wusste ich in der Theorie schon länger, aber jetzt hatte ich die entsprechende Erfahrung dazu gemacht. Ich war mir der wahren Liebe bewusst geworden, die nicht nehmen, sondern ohne die Erwartung einer

Gegenleistung geben will. Diese Liebe muss nicht vergeben, weil es nichts zu vergeben gibt. Das ist für einen egogesteuerten Verstand, der in unserer Gesellschaft aus Machtkampf und Gier geschult wurde, schwer zu begreifen. Wir erwarten automatisch, dass wir etwas bekommen, wenn wir etwas hergeben. Wir geben nur, weil wir eine Gegenleistung erwarten. Aber Erwartung ist ein Werkzeug der Ich-Sucht, des Egos. So sind wir alle programmiert.

Wie immer, wenn ich erneut eine meiner Prüfungen erfüllt hatte, ließ eine weitere Aufgabe nicht lange auf sich warten.

Phase 11: Den Mut haben zuzulassen, dass die Gefühle sich ändern

Prüfung: Du bist bereit, deinen Partner endgültig gehen zu lassen

Gerade einmal eine Woche nach meinem Geburtstag lief ich Anja in der Firma wieder über den Weg. Natürlich wieder zufällig! Ich konnte echt nichts dafür! Wir unterhielten uns nur kurz auf dem Flur. Sie sagte nur, dass sie wahrscheinlich auf der jährlich stattfindenden Firmenveranstaltung in München dabei sein würde. Ich nahm die Infos mit Gleichmut und Gelassenheit entgegen und machte auch keine Anspielungen auf meinen Geburtstag. Was soll ich sagen: Sie war meine Traumfrau, meine Seelenpartnerin, meine Dualseele. Ich fühlte mich einfach wohl in ihrer Nähe. Aber ich verspürte anhand der Tatsache, dass wir nicht mehr zusammen waren, kein negatives Gefühl mehr, kein Gefühl von Verlust. Aber liebte ich sie wirklich noch immer? Ich wollte mir diese Frage nicht stellen, denn dann wäre mein gesamter Weg, den ich bis hierher gegangen war, umsonst gewesen. Ich wollte nicht wahrhaben, dass ich sie eventuell nicht mehr lieben würde.

Knapp zehn Tage später war ich auf der Firmenveranstaltung in München, und ich sah Anja aus dem Auto aussteigen. Sie sah wundervoll aus. Als wir den großen Veranstaltungssaal betraten, überließ ich meinen Mitarbeitern die Platzwahl, und als ich mich setzte und in Richtung Bühne sah, saß Anja genau in Blickrichtung. Wenn ich die Präsentationen den ganzen Tag über verfolgen wollte, blickte ich automatisch von schräg hinten auf ihren wunderbaren Hals und ihr süßes Profil. Ich dachte nur: Na toll, auch das noch! Ich wollte meine Mitarbeiter schon bitten, einen anderen Platz zu suchen, aber was hätte ich sagen sollen? Lasst uns woanders hinsetzen, denn meine Seelenpartnerin sitzt genau in Blickrichtung? Abgesehen davon, war der Platz perfekt. Es gab keinen Grund für einen Umzug. Mist, es gibt wirklich keine Zufälle. Jetzt hatte ich also den ganzen Tag Zeit, mir die Geschichte mit unserer Liebe noch einmal genau anzuschauen. Was empfand ich dabei, wenn ich sie sah? Ich fühlte mich gut. Ich vermisste sie nicht, und ich wollte nicht unbedingt in ihrer Nähe sein, gleichzeitig zog es mich aber zu ihr. Es war ein eigenartiges Gefühl, das ich nicht kannte. Es war verwirrend, denn wenn ich nicht mehr mit ihr zusammen war, und mir ging es gut, war es dann noch Liebe? Vielleicht war es nur noch Freundschaft?

Ich machte eine Ego-Analyse dieses verwirrenden Gefühls und der Frage, ob ich sie noch liebte. Denn mich überkam so eine Art Angst, ich könnte zu weit gegangen sein mit meiner fixen Idee, sie in Liebe loszulassen.

Du hast es sicher schon erkannt:

- Ego lässt uns schuldig fühlen, sodass wir uns nicht verändern müssen.
- Ego verschafft uns Ausreden.
- Ego will Erwartungen erfüllt bekommen.
- Ego versucht, Chancen und Begabungen zu verbergen.
- Ego verbirgt unsere Macht, unsere Aufgabe und unsere Identität.
- Ego will uns davor schützen, bestimmte Ängste zu heilen.
- Ego lässt uns unzulänglich, schwach und getrennt fühlen.
- Ego lenkt uns ab.
- Ego will den Status quo aufrechterhalten und kämpft gegen jede Art von Veränderung.
- Ego blockiert Liebe und Intimität.
- Ego arbeitet am Fortbestand des Egos.

„Oh, liebes Ego, warum gehst du nicht endlich in Rente? Setzt dich auf die Veranda in einen Schaukelstuhl, und siehst dir einfach die Show an? Geh in Rente, es wird Zeit!“

Für diese Phase des Loslassens brauchst du Mut. Den Mut zu erkennen, dass die Gefühle sich geändert haben könnten, den Mut, zuzugeben, dass deine Liebe doch nicht so stark war, wie du immer gedacht hattest, und den Mut zuzulassen, dass der Partner für immer aus deinem Herzen verschwinden könnte. Nicht festhalten –loslassen! Sei mutig und lass deine Verhaftungen an die geliebte Person los. Lass die Liebe selbst los. Schau dir die Möglichkeit, dass du deinen Partner nicht mehr liebst, genau an. Wie die Kehrseite einer Medaille. Solltest du dich davor fürchten, was du dann erkennen wirst, bist du noch immer verbunden mit der Liebe unter Bedingungen. Der bedingten Liebe des Ego. Schau es dir an. Wenn du das nicht kannst, dann hast du noch immer Erwartungen und Bedingungen an den Partner und die Liebe selbst. Dann bleibst du in der Angst und im Ego gefangen. Du bleibst weiterhin in deiner offenen Gefängniszelle und traust dich nicht hinauszugehen, weil du fürchtest, die Liebe zu verlieren.

Phase 12: Loslassen von Bewertungen

Prüfung: Dein Partner meldet sich nicht mehr

In den Pausen der Veranstaltung liefen wir uns ständig über den Weg, wobei ich den Eindruck hatte, niemals unbeobachtet zu sein. Ständig blickte irgendein Kollege oder Chef in unsere Richtung. Als ob sie eifersüchtig wären oder Anja für sich haben wollten. Aber es wäre verständlich, denn sie sah wirklich umwerfend aus. Ich dachte nur: „Wenn die wüssten...“

Bei einem dieser Pausentreffen vereinbarten wir, eventuell abends noch in München wegzugehen, um freier zu reden. Ich erzählte ihr von meinen Seminaren, die Aura sehen zu lernen usw. Sie fragte mich, ob ich mir ihre Aura auch schon angesehen hatte, was ich verneinte. Ich wollte es nicht, denn mir war bewusst, dass es ohne ihre Zustimmung nicht richtig wäre. In der Aura eines Menschen kann man seine Blockaden und Emotionen erkennen, wenn man sie deuten kann. Und das war und ist ungefragt nicht richtig und wäre Machtmissbrauch.

Im Laufe des Nachmittags begann ich dann, ein Experiment zu starten, denn ich wollte herausfinden, ob wir noch immer eine mentale Verbindung hatten. Also schaute ich Anja an und strich in Gedanken über ihren Nacken. Tatsächlich fasste sie sich nur Sekunden danach mit ihrer Hand seitlich an ihren Hals. Mir aber wurde schlagartig bewusst, dass ich hier meine Fähigkeiten und unsere Verbindung missbrauchte, weshalb ich darauf verzichtete, weitere Experimente zu machen. Ich spielte an diesem Nachmittag auch mit dem Gedanken, mir die Aura meines Chefs, der auf der Bühne eine sehr gute Show machte, anzusehen. Aber auch hier entschied ich mich dagegen, denn es wäre nicht richtig gewesen. Meine Regel hierbei war und ist: niemals ohne Erlaubnis.

Nachdem die Veranstaltung inklusive Abendprogramm offiziell beendet war, trafen wir uns vor dem Hotel, um den weiteren Abend zu besprechen. Anja schien aber blockiert zu sein und meinte ständig, sie sollte sich heute wirklich benehmen, denn sie durfte nicht negativ auffallen. Nachdem wir etwas herumdiskutiert hatten, ging ich mit einigen Kollegen alleine los, und sie blieb im Hotel. Ich bewertete das Ganze nicht. Wenn sie nicht wollte, dann eben nicht.

Am nächsten Tag sah ich sie noch kurz beim Frühstück und fuhr dann nach Hause. Allerdings hatte ich wieder dieses Gefühl von „unerledigt“.

Am folgenden Tag rief ich sie an und fragte, ob sie Lust hätte, wieder einmal essen zu gehen, denn ich wäre in der kommenden Woche bei ihr in der Nähe in einem Hotel. Sie sagte nicht zu, meinte aber, dass es gut wäre, wenn sie es schon wüsste, dann könnte sie es einplanen.

In der besagten Woche sendete ich ihr dann eine SMS: „Hi, wie sieht es aus, hast du morgen Abend Lust und Zeit?“ Ich bekam darauf keinerlei Antwort mehr. Was war denn jetzt los? Den gesamten Zeitraum seit unserer Trennung war sie immer offen für ein Gespräch mit mir und hatte meist den Kontakt selbst hergestellt, und jetzt bekam ich nicht einmal mehr eine Antwort. Sehr komisch. Ich fragte mich warum, deshalb stellte ich verschiede Thesen auf.

These 1

Anja hatte wahrscheinlich Angst, dass unserer alte „Affäre“ bekannt wurde. Vielleicht würden dadurch ihr Ansehen und ihre Karriere gefährdet. Außerdem war sie jetzt von wohlhabenden und einflussreichen Männern umgeben. Warum sollte sie sich mit einer Führungskraft aus der unteren Führungsebene verabreden? Sichtlich genoss sie die Flirtspiele mit diesen Männern. Ich dagegen war ein kleines Licht in der Firma. Diese These erinnerte mich an meine

Blockade, als wir uns kennengelernt hatten. Ich wollte damals auch nichts mehr mit jemandem aus der Firma anfangen, weil ich fürchtete, meine Karriere zu gefährden.

- Ego verspricht uns Sicherheit.

These 2

Die Gefühle für mich waren immer noch stark, stärker, als sie (ihr Ego) es zugeben wollte. Deshalb zog sie sich vollständig zurück, um mit diesen Gefühlen nicht konfrontiert zu werden. (Liebe tut weh – also liebe nicht.) Zumal sie bei einer erneuten Beziehung zu mir allen ihren Freunden und Bekannten erklären müsste, warum. Denn ich ging davon aus, dass ihre Freunde und sie selbst nach dieser Drogengeschichte kein gutes Haar mehr an mir gelassen hatten. Wie sollte sie das dann erklären? Sie würde ihr Gesicht verlieren.

- Ego verschafft uns Ausreden.

These 3

Ich hatte mich verändert, das wusste ich. Ich war nicht mehr derselbe wie damals, als wir zusammen waren. Damals war ich impulsiver und härter zu meinem Umfeld. Vielleicht wollte sie den egogetränkten Martin sehen, denn ich war ihr im Moment nicht ganz geheuer. Ich konnte die Aura sehen – womöglich fürchtete sie sich auch davor, dass ich bei ihr ungefragt „nachschaue“ und etwas sehen könnte, was sie nicht will.

- Ego will uns glauben machen, wir wären nicht mehr als unser Körper.

These 4

Ich war ihr zu weit auf die Pelle gerückt, und sie fürchtete, ich würde wieder anfangen zu klammern.

These 5

Wir hatten unsere gemeinsame Lernaufgabe erfüllt, und es waren keine weiteren Spiegelungen mehr notwendig, um die Phasen des Loslassens zu erforschen. Somit würden wir uns nicht noch einmal begegnen oder Kontakt zueinander bekommen.

Vielleicht war es auch eine Kombination aus allen fünf Thesen. Ich wusste nicht, wie ich die Situation und ihr Verhalten bewerten sollte. Und dann ging mir ein Licht auf. Warum bewertete ich ihr Verhalten? Sieh nach innen, Martin. Was ist mit deinem Verhalten? Ich bewertete einen anderen Menschen, ohne die Hintergründe oder das Warum zu kennen. Ich (mein Ego) bewertete wieder im Außen. Verdammt, warum ging ich meinem Ego immer wieder auf den Leim? Damit ich es lernte, deshalb! Mein Versuch, Anjas Verhalten zu analysieren, war eine Bewertung. Die egotypischen Verhaltesweisen, die dahinter standen, waren:

- Ego zeigt uns, dass wir immer Recht haben.
- Ego will uns selbst und andere kontrollieren.

- Ego lässt uns schuldig fühlen, sodass wir uns nicht verändern müssen.
- Ego verschafft uns Ausreden.
- Ego will Erwartungen erfüllt bekommen.
- Ego verspricht uns Sicherheit.
- Ego ermutigt uns dazu, uns oder andere zum Opfer zu machen.
- Ego will etwas beweisen.
- Ego versucht, uns selbst, andere, oder Gott anzugreifen.
- Ego will uns davor schützen, bestimmte Ängste zu heilen.
- Ego lässt uns unzulänglich, schwach und getrennt fühlen.
- Ego zeigt unsere Überlegenheit oder Unterlegenheit.

Ich sah die Situation wieder aus einer falschen Sichtweise, denn ich bewertete unser gemeinsames Umfeld und zog Schlussfolgerungen. Aber in Wahrheit konnte ich ganz gelassen bleiben, denn ich war nicht schlechter als die „hohen" Herren in Anjas Arbeitsumfeld, aber auch nicht besser. In Wahrheit war ich es wert, geliebt zu werden, knüpfte aber an diese Liebe keinerlei Bedingungen. In Wahrheit wusste ich die Ursache meines Verhaltens während der Drogenabende, warum sollte ich also versuchen, etwas zu beweisen? In Wahrheit hatte ich mich zum Positiven verändert. Zu einem Mann, der fähig ist, die wahre Liebe zu empfinden. In Wahrheit war ich ihr nicht auf die Pelle gerückt, sondern einfach meinen Wünschen gefolgt. Und in Wahrheit war die Tatsache, dass sie sich nicht mehr meldete, nur ein weiterer Spiegel, um mein Egoverhalten zu erkennen. Ich hatte Bewertungen abgegeben. Die Wahrheit war, ich mochte mich so, wie ich war. Ich war glücklich mit meinem Leben und hatte Spaß daran, jeden Tag aufs Neue den Zeichen zu folgen und das Leben zu erfahren. Ich war zufrieden mit dem, was ich in diesem Moment war – ich hatte in diesem Moment erfahren, was Selbstliebe ist. Liebe dich selbst, und es ist egal, wen du heiratest. Die Selbstliebe lässt sich am besten in folgendem Zyklus umschreiben:

Ich bin, was ich erlebe.
Ich erlebe, was ich denke.
Ich denke, was ich fühle.
Ich fühle, was ich glaube.
Ich glaube, was ich will.
Ich will, was ich liebe.
Ich liebe, was ich bin.

Phase 13: Versuchung, loslassen

<u>Prüfung: Ein anderer Mensch tritt in dein Leben.</u>

Am darauffolgenden Sonntag kam ich einer Einladung für eine Fotoausstellung nach, auf der Bilder von einer guten Freundin ausgestellt waren. Als ich ankam, wurde ich herzlich von meiner Bekannten empfangen, und sie stellte mir ihre Freundin vor. Sie hieß Mona. Nachdem ich mir eine Zeit lang die ausgestellten Bilder angesehen hatte, setzten wir uns nach draußen in die Sonne. Dort kam ich mit Mona ins Gespräch und stellte fest, dass sie ein überaus sympathisches Wesen hatte. Als sie sich verabschiedete, lief ich ihr nach und fragte nach ihrer Telefonnummer und ob ich mich mal bei ihr melden dürfte. Es war wie ein Programm, das durch die vergangenen Erfahrungen meines alten Single-Ichs abgespielt wurde. Ich klingelte sie an, und somit hatte sie auch meine Telefonnummer. Am Montagabend bekam ich dann eine SMS von ihr. Der Inhalt unseres SMS-Kontaktes ist hier nicht wichtig, aber mir wurde an diesem Abend klar, dass ich ein Abenteuer in Erwägung zog, aus dem sich dann eine Beziehung entwickeln könnte. War ich so weit?

In den darauf folgenden Tagen dachte ich mehrfach darüber nach, ob Anja noch immer eine Rolle für mich spielte. Ich hatte sie wirklich losgelassen und war nicht mehr unglücklich darüber, dass sie nicht mehr Teil meines Lebens war. Aber ich liebte sie immer noch. Wie könnte ich mich dann vollständig auf eine andere Frau einlassen? Es ging nicht, außerdem wäre es Mona gegenüber nicht fair gewesen, denn in meinem Herzen war noch nicht Platz für eine andere Partnerin. Zumindest nicht für eine liebevolle Partnerschaft mit jemand anderem. Ich wäre nur wieder meiner alten Angst gefolgt, nicht allein sein zu wollen. Aber damit wäre ich aus falschen Gründen mit jemandem zusammen, und nicht aus richtigen allein.

In dieser Phase ist eine ganz große Ego-Falle versteckt. Denn hier kommst du in eine emotionale Dreiecksbeziehung, die Intimität, Liebe und das Weitergehen verhindert. Es wäre ein Dilemma, sich zwischen zwei Menschen entscheiden zu müssen. Entscheide dich für die Wahrheit – deine Gefühle sind frei, deshalb lass beide los. Wenn du so weit bist, wird dein wahrer Partner, wer auch immer das ist, zu dir kommen und die Qualitäten beider Menschen mitbringen. Vertraue auf deinen eigenen Seelenplan. Versuche nicht, es zu erzwingen, sondern lass deine Hand offen, um zu sehen, welcher Vogel (Partner) darauf landet.

☆☆☆

Die wahre Liebe

Die wahre Liebe IST einfach – ohne Wertung.
Nicht gut, nicht schlecht – nicht klein, nicht groß.
Sie ist ein losgelassenes Gefühl von unendlichem Vertrauen.

Ich hatte zu diesem Zeitpunkt die einzelnen Phasen des Loslassens durchlebt, und meine Erfahrungen verhalfen mir zu einem vertrauensvollen Umgang mit meinem Umfeld. Alles ging leichter von der Hand. So, als würde alles, was ich in diesem Moment brauchte, für mich bereitstehen. Egal, ob es Zeit für die Arbeit war, Hilfe durch Freunde usw. Ich hatte erfahren, was Selbstliebe ist und verspürte dieses wundervolle Gefühl von wahrer Liebe zum Leben und zu anderen Menschen, das ich nur mit Freiheit von allen Zwängen beschreiben kann. Aber dieses Gefühl war nicht von Dauer gewesen, und ich konnte es auch nicht erklären. Verdammt, ich war wieder am Anfang. Damals wollte ich meinem Verstand die Liebe erklären. Mit der Frage „Was ist Liebe?“ hatte alles begonnen, und nun war ich hier und hatte diese wunderbaren Erfahrungen gemacht, dennoch konnte ich mir diese Gefühle nicht vollständig erklären. Wie funktioniert es wirklich?

Meine Formel der Liebe „Loslassen und Vertrauen“ hatte mich bis hierher geführt, aber wie konnte ich dieses Gefühl der wahren Liebe meinem Verstand, meinem Ego, verständlich vermitteln? Ich hatte mein Ego mittlerweile einigermaßen im Griff, da ich ständig eine Egoanalyse meines Verhaltens durchführte. Es war aber anstrengend, dauernd auf die Spiegelung meines Egoverhaltens zu achten. Irgendetwas fehlte noch, denn immer wieder sein Ego zu analysieren, nachdem das Kind in den Brunnen gefallen war, konnte nicht das endgültige Ziel sein. Dieses erlebte Gefühl von wahrer Liebe und Freiheit war das Gegenteil von Kontrolle. Aber ich kontrollierte mich selbst, und zwar wieder und wieder. Es war so, als würde ich ständig auf mich selbst aufpassen, damit ich (mein Ego) keinen Unfug trieb. Deshalb war mir klar, dass noch irgendein Puzzlestück fehlte, um die „wahre Liebe“ wirklich zu verstehen. Aber aufgeben war wie immer keine Option...

...also, wo geht die Reise hin?

Endgültiges Loslassen des Egos

Prüfung: Geduld und Spucke? Das dauert offensichtlich länger

Ich hatte irgendetwas übersehen, denn ich verstand das Prinzip, das dahinterstand, noch nicht ganz. Oder sagen wir lieber: Es war mir noch nicht bewusst. Was mir aber dabei half, war das von Kenneth S. Leong:

Echte Liebe bedeutet den Tod des Egos, des falschen Selbst. Hier treffen sich Zen und christliche Liebe. Liebe ist nur möglich, wenn man seinen Geist nicht an irgendetwas hängt, und das bedeutet, dass das Ego verschwindet.

Den Tod des Egos, des falschen Selbst? Bisher war es immer so, dass ich meine egotypischen Verhaltensweisen im Nachhinein analysierte, um dadurch zu lernen. Dieser Weg, diese Erfahrungen waren wichtig, aber es konnte nicht ewig so weitergehen. Irgendwann musste das Ganze auch ein Ende finden. Theoretisch zumindest, denn man kann das Ego nicht einfach von jetzt auf gleich aussperren. Es ist ja mein programmiertes Ich in der Dualität. Programmiert durch meine beschränkten Sichtweisen und meine alten Erfahrungen. Also, wie tötet man das Ego, ohne anzugreifen? Ich kramte seit langem mal wieder mein kleines Notizbuch heraus und versuchte, meinen derzeitigen Umgang mit meinen egotypischen Verhaltensweisen bildhaft darzustellen. Aber vorher begann ich ein kleines gedankliches Experiment.

Was ist das Ego eigentlich genau? Aus Sicht des Egos – unserer beschränkten materiellen Sichtweise – ist die Seele nicht fassbar, sie existiert nicht. Aber genau das Gegenteil ist der Fall. Denn aus Sicht der Seele, unseres wahren Ichs, das sich hier in der Dualität erfahren möchte, ist das Ego ein falsches Selbst. Es ist wie ein Spiegel, es kommt nur darauf an, auf welcher Seite man sich befindet. Auf der Seite des Egos oder auf der des wahren Selbst.

Das Ego (das falsche Ich) hat die Kontrolle in der materiellen Welt übernommen, da wir ohne Wissen und Erfahrung, also quasi mit leerer Festplatte, einem leeren Informationsspeicher, geboren werden. Und dann beginnen wir, unsere Festplatte zu füllen – durch Wissen und Erfahrungen, was zum Beispiel heiß und kalt ist. Wir machen Erfahrungen über Hell und Dunkel, Gut und Böse,

Freude und Leid, Liebe und Hass, Gesundheit und Krankheit usw. Und durch diese Erfahrungen formt sich unsere Ego-Persönlichkeit in diesem Leben. Der Ego-Verstand versucht nun, dieses Leben zu kontrollieren. Er will überleben und ist bereit, beinahe alles zu tun, damit unserem Körper, also alles, was Ego glaubt zu sein, nichts zustößt. Dem Ego ist nicht bewusst, dass es noch viel mehr gibt als das, was es bereits erfahren hat. Denn es versucht, in einer Welt zu überleben, die auf Kampf und Ellenbogenmentalität beruht. Es muss Geld verdienen, um nicht zu hungern oder zu frieren. Es muss sich in einem ständigen Kampf ums Überleben behaupten, da es nichts anderes kennt. Und deshalb ist seine derzeitige Überzeugung nur ein Programm, das auf eine leere Festplatte aufgespielt wurde. Und das siehst du (Ego) als einzige Wahrheit an.

Es ist ganz einfach: Stell dir vor, du wärst nicht in die Familie, in das Umfeld hineingeboren, in dem du aufgewachsen bist. Stell dir vor, du wärst zum Beispiel in Israel oder Japan auf die Welt gekommen. Meinst du ernsthaft, dass du dann derselbe Mensch wärst wie jetzt? Mit den gleichen Erfahrungen? Wohl kaum, denn du hättest völlig andere Erfahrungen gemacht, ein anderes Wertesystem durch Gesellschaft und Elternhaus mitbekommen und eine komplett andere Sichtweise auf die Welt als jetzt. Unser Ego formt sich aus den Erfahrungen unseres Lebens und meint, es hätte alleine recht. Seine mitgenommen Erfahrungen werden als einzige Wahrheit festgelegt. Und das nur, weil du dein wahres Selbst vergessen hast.

Damit du allerdings verstehst, warum dieses Vergessen trotzdem so wichtig ist, werde ich dir nun das Ganze aus der Sicht deines wahren Selbst, deines Geistes und deiner Seele aufzeigen, wenn sie nichts vergessen würden. Stell dir deine Seele vor, die bereits Erfahrungen aus hunderten Inkarnationen gemacht hat. Und noch dazu das Wissen um die geistige Heimat, das Jenseits, Paradies, oder wie immer du es auch nennen magst, mitbringt. Du wirst geboren und weißt alles, was nötig ist. Du kennst den Umgang mit anderen Menschen, sprichst alle Sprachen, die du in allen deinen Leben gelernt hast, und bist in der Lage, durch dein Wissen und deine Erfahrung das komplette Umfeld sofort zu erkennen und richtig darauf zu reagieren. Wie solltest du dann noch etwas lernen?

Solltest du, deine Seele (dein wahres Ich), nun aber nur das Wissen aus der Geistigen Welt mitbringen, ohne die Erfahrungen aus deinen vorangegangenen Inkarnationen, dann würde das Ganze anders aussehen. Du wüsstest nichts von Leid, Schmerz, Angst, oder Bewertungen. Du würdest mit dem Wissen aus deiner geistigen Heimat wahrscheinlich wie ein neugieriges Kind durch die Gegend laufen und alles, wirklich alles, ausprobieren. Du kennst kein Geld und keine Kleidung. Bezahlen, was ist das? Kenne ich nicht. Essen? Ah, so muss ich diesem Körper also E-nergie zuführen. Angst? Wie funktioniert das? Probleme? Was ist denn das – etwas zu essen? Sex? Kommt nach der Fünf, oder? Für dein wahres Selbst, das das gesamte Wissen um seine geistige Heimat, ohne Erfahrung der materiellen Welt, mitbringt, wäre es hier auf der Erde so, als müsstest du wieder mit Fell bekleidet Mammuts jagen, während du nicht verstehst, warum deine Mitmenschen um dich herum so überaus dämliche Rituale abhalten. Du würdest alles ohne die subjektive Wahrnehmung von Gut und Böse erfahren.

Unsere kleinen und großen Probleme existieren nur, weil wir aufgrund unserer Programmierung in positive und negative Erfahrungen unterscheiden. Im Moment und unter Einfluss des Egos bist du von dem Wunsch getrieben, dass alles in deinem Leben schön ist. Du möchtest glücklich und reich sein und geliebt werden. Das ist dein Ziel, deshalb kämpfst du jeden Tag für dieses Glück. Du kämpfst darum, irgendwann das Gefühl zu haben, dass alles in deinem Leben schön ist. Und genau das ist dein Problem. Weil du mit diesem Ziel nur eine Möglichkeit hast, glücklich zu sein. Alles muss so sein, wie du es als „Glück" ansiehst. Wenn es nicht so ist, kannst du dein Leben und deine Partnerschaft auch nicht als „schön" oder „glücklich" empfinden. Materielle Dinge und Ereignisse können nicht wirklich schön oder nicht schön sein, sie können von dir nur so empfunden werden. Alle Dinge, die du, objektiv betrachtest, als Glück ansiehst, wurden irgendwann von dir (deinem Ego) als Glück definiert. Du siehst es als Bedingung an, mit welchen Dingen, Menschen oder Situationen die Welt schön und glücklich ist. Und du vergisst dabei, dass es deine persönliche Festlegung ist, wann die Welt und dein Leben schön und glücklich sind.

Wenn du jetzt denkst, dass du etwas verlierst, wenn du dein derzeitiges Leben als glücklich definierst, quasi –

wenn ich nur das Gefühl habe, dass es schön ist, dann ist es doch weniger, als wenn es wirklich schön ist - dann frage ich dich, wo darin der Unterschied liegt. Wenn du etwas als wirklich schön wahrnimmst, dann ist es trotzdem nur eine subjektive Wahrnehmung. Dein Ziel ist es, glücklich zu sein. Du kannst aber nur das Gefühl haben, glücklich zu sein. Mehr geht nicht. Wenn du also glücklich sein willst, dann kann das nur bedeuten, dass du es so wahrnehmen willst. Es hat in Wirklichkeit nichts zu bedeuten, ob etwas so ist, dass du es als schön bewerten kannst. Es geht nur darum, es jetzt als schön zu empfingen, egal, wie es ist. Es gibt dann keine Bedingungen, die erfüllt werden müssen, damit du etwas als schön empfinden kannst. Es ist deine subjektive Wahrnehmung, und diese hängt alleine von dir ab. Von dir und deinen persönlichen Standpunkten.

Alle Wahrheiten, an die wir uns klammern, hängen von unserem persönlichen Standpunkt ab!

Und diese festgelegten Standpunkte werden während unseres Lebens immer wieder einer Prüfung unterzogen. Wenn wir an unserem Standpunkt festhalten, findet keine Entwicklung statt. Wir entwickeln uns nur weiter, wenn wir immer wieder aufs Neue unsere Standpunkte hinterfragen und bereit sind, diese zu ändern.

Deswegen ist es so wichtig, dass wir unser wahres Selbst komplett vergessen, wenn wir einen neuen Körper beseelen. Nur so können wir tief in die einzelnen Erfahrungen eintauchen, die nötig sind, um uns zu entwickeln.

Du (die Seele) muss erst einmal Dunkelheit kennenlernen, um das Licht zu erkennen. Du wüsstest auch nicht, wie die Farbe Weiß aussieht, wenn du nicht die Farbe Schwarz kennen würdest. Wir müssen erst Dunkelheit kennenlernen, um das Licht angemessen würdigen zu können. Du kannst nichts als gut erkennen, wenn du kein Schlecht kennengelernt hast. Deshalb inkarnieren wir in diesem „Erfahrungsraum" der Materie, denn so können wir uns selbst erfahren. Das ist unser wahres Selbst, wir haben es nur vergessen. Und das mit voller Absicht.

Ausgehend von diesem Wissen betrachtete ich mich jedes Mal, wenn ich in meinen Ego-Spiegel blickte, aus der gedanklichen Sicht meines wahren Selbst. Ich blickte durch meine Analyse der egotypischen Verhaltensweisen aus der Wirklichkeit auf mein falsches Ich und versuchte, es zu erziehen. Aber trotzdem schaute ich nur in einen Spiegel. Ich blieb auf der Egoseite des Spiegels und sah mir nur die Spiegelungen der Egospiele meines falschen Ichs an, nachdem oder während sie stattfanden. Ich konnte immer nur bewusst reagieren, aber nicht bewusst agieren. Man könnte auch sagen: Ich blickte in den Spiegel meiner Seele. Allerdings von der falschen Seite.

Ego - mein falsches Selbst	Seele
Ego typische Verhaltensweisen	Mein wahres Selbst
Werden gespiegelt.	
Kann nur beobachtet werden,	
bzw. darauf reagiert werden.	
Nach dem Prinzip von	
Ursache und Wirkung	
Kommt das zurück,	
was wir aussenden.	

Wenn ich aber dauerhaft von der Seite meines wahren Selbst in diesen Spiegel blicken würde, würde ich auch nur mein wahres Selbst sehen können.

Seele - mein wahres Selbst	Ego - das falsche Selbst
Aus dieser Perspektive	Das Ego hat keine Macht mehr
Betrachtet, wird nur das	
Gespiegelt, was unser wahres	Negative Spiegelungen hören
Selbst aussendet	auf, solange wir uns auf der
Vertrauen ins Leben und das	anderen Seite, auf der Seite
Wissen um den eigenen	unseres wahren Selbst
Seelenplan	befinden.
Es kann frei agiert werden.	
Losgelöst und ohne Angst.	

Kein Ego mehr, sondern nur die Wirklichkeit. Dass ich eine unsterbliche Seele bin, die hier auf der Erde ist, um sich selbst zu erfahren und dabei wie ein Kind Spaß dabei haben kann. Einfach mal seiner Intuition folgen, denn dann wird es bestimmt spannend. Ich würde keine Angst kennen und alles Materielle bereitwillig loslassen können, wenn es nötig wäre, denn was sollte ich damit anfangen, wenn mein Abenteuer hier endete? Ich würde alles loslassen können, was mich auf meiner Abenteuerreise behindert, und wäre gleichzeitig im Vertrauen, dass alles, was ich brauche, für mich bereitsteht, da ich mir ja einen super Plan erstellt hatte, bevor ich hierher kam. Es kann nichts schiefgehen. Gar nichts. Und wenn ich dann hier auf der Erde sterben sollte, endet nur wieder eine weitere Inkarnation, eine Erfahrungsreise, ein Abenteuer in der Dichte der Dualität. Und diese Erfahrung hat mich auf meinem Weg zur Seelenmeisterschaft weitergebracht.

Im Klartext: Um das Ego komplett loszulassen, müssen wir durch den Spiegel hindurch auf die andere Seite treten, vom Wissen her aber in der Wirklichkeit bleiben. Also nicht nur glauben, sondern die Gewissheit haben, dass es so ist.

Gewissheit bedarf keines Glaubens und keiner Überzeugung. Gewissheit ist Wissen mit Erfahrung.

Das Wissen um eine Wirklichkeit, in der uns zu 100 Prozent klar ist, wer wir wirklich sind – ein geistiges Wesen, das diesen Körper dazu nutzt, um sich selbst besser zu erfahren. Uns kann überhaupt nichts passieren, denn wenn unser derzeitiger Körper seine Funktionen einstellt, werden wir wieder in die Realität zurückkehren. So können wir unseren Herzenswünschen folgen, unsere Arbeit als wertvolle Erfahrung ansehen und immer unser Bestes geben, denn der Preis für diese Erfahrungen ist der Seelenaufstieg. Unser derzeitiger Körper ist wie ein Avatar, ein Gefährt, eine Möglichkeit, uns selbst in einer anderen Welt, in einer anderen Realität, in einer anderen Dimension zu erfahren. Das ist unser Leben aus Sicht unserer unsterblichen Seele. Das ist die Wirklichkeit, in der Angst nicht existiert. Wovor sollten wir aus dieser Sichtweise heraus noch Angst haben? Vor dem Tod? Wir sind doch unsterblich! Dieses Leben ist nur eine weitere Möglichkeit, uns selbst zu erkennen. Und was bleibt, wenn keine Angst mehr existiert? Wenn wir alle Ängste und Zweifel losgelassen haben? Nur die Liebe. Wahre, bedingungslose Liebe. Das Lebenselixier, die Essenz unserer Seele, unseres wahren Selbst. Liebe kämpft nicht, Liebe braucht nicht, Liebe will nicht, Liebe ist – so, wie du bist. Liebe ist ein Seinszustand. Ein Seinszustand jenseits von allen Abhängigkeiten und Vorbehalten. Die wahre Liebe IST einfach – ohne Wertung. Nicht gut, nicht schlecht – nicht klein, nicht groß. Sie ist ein losgelassenes Gefühl von unendlichem Vertrauen.

Wenn wir uns in diesem Leben mit unserem Ego identifizieren, was wir natürlich alle immer noch tun, denn wir kennen bisher nur diese begrenzte Sichtweise, dann würde es bedeuten, dass, wenn wir jemanden oder etwas festhalten, wir uns weigern, weiterzugehen. Es wäre so, als würden wir immer wieder die gleiche Seite eines Buches lesen. Und selbst wenn diese Seite in dem Buch deines Lebens noch so gut ist, irgendwann solltest du weiterlesen. Denn auf Dauer wird es doch langweilig, immer wieder denselben Text zu lesen. Aber aus unserer begrenzten Sichtweise des Egos wollen wir nicht umblättern. Dabei hält unser Buch des Lebens, unser Seelenplan, den wir uns selbst zurechtgelegt haben, vielleicht ein noch viel spannenderes Kapitel für uns bereit.

Sei doch einmal neugierig darauf, was sonst noch alles in deinem selbst gemachten Plan steht. Vertraue darauf, dass du dir selbst kein Drama aufgeschrieben hast, bevor du inkarniert bist. Und wenn, dann ist es nur, damit du diese Erfahrungen machst, um zu wachsen. Und mit dieser Herangehensweise ist es dir möglich, in wahrer Liebe einem geliebten Menschen alles zu geben, und du bist dennoch in der Lage, diesen Menschen in Liebe gehen zu lassen. Wenn du aber auf dein Ego (dein falsches Ich) hörst, wenn du meinst, nur mit einem ganz bestimmten Partner glücklich zu sein. Du sagst dann: „Ich bin aber nur mit ihr/ihm glücklich, und es geht mir doch schlecht, wenn wir nicht zusammen sind." Somit machst du deinen Partner für dein Glücklichsein verantwortlich, und leider auch für dein Unglücklichsein. Das ist reine Abhängigkeit, woraus sich dann Egospiele entwickeln. Gib die Kontrolle über dein Leben, und vor allem über das Leben anderer ab, und vertraue auf deinen eigenen, selbst erstellten

Reiseplan. Die einzelnen Stationen dieser Reise wirst du sowieso erreichen, allerdings geht es freiwillig schneller, leichter und ist weniger mit Schmerz verbunden. Außerdem muss das, was du freiwillig loslässt, nicht zwangsläufig aus deinem Leben verschwinden, wenn du aber daran festhältst, wird es dir auf jeden Fall genommen. Und dann tut es richtig weh. Lass einfach los und vertraue. Höre auf zu kämpfen, und lass zu.

Solltest du dich nun fragen, wie Anja in diese ganze Sache passt, dann sage ich dir gerne, was ich nun ihr gegenüber fühle, nachdem ich diese Erkenntnis über die wahre Liebe als Wahrheit erkannt habe: Ich liebe sie, daran besteht überhaupt kein Zweifel. Sie ist die Frau, die bisher am besten zu mir und meinem derzeitigen Leben gepasst hat. Ich liebe sie wahrhaft und bedingungslos, und genau aus diesem Grund lasse ich sie in Liebe gehen, damit sie ihren eigenen Weg erkunden kann. Es ist nicht wichtig, ob sie nun für immer aus meinem derzeitigen Leben verschwindet oder wir uns wieder über den Weg laufen, denn ich respektiere ihre Entscheidungen frei und ohne Wertung. Sie hat mir gezeigt, was wahre Liebe ist, daher werden wir immer miteinander verbunden bleiben.

Um es noch klarer auszudrücken: Ich wünsche mir durchaus, dass wir gemeinsam in dieser Inkarnation unsere gemeinsamen Erfahrungen machen, dass wir dieses Leben gemeinsam verbringen. Denn mit ihr war es, als wenn ich bereits wieder in der Wirklichkeit wäre, im Paradies. Ich mache aber nicht mein Glücklichsein davon abhängig. Was ich mir wahrhaftig wünsche ist, dass Anja glücklich ist. Ich wünsche mir, dass sie den richtigen Partner findet, der ihr alles geben kann, was sie sich wünscht. Ich wünsche ihr ein glückliches und erfülltes Leben in Liebe und Vertrauen. Ich liebe sie, und genau deshalb gebe ich sie frei. Denn die Liebe will frei sein.

Sie bekommt keine Luft, wenn sie an Bedingungen geknüpft ist. Durch Bedingungen wird die Liebe klein und verschwindet.

Liebe will frei sein.

Sie ist stark genug, alle Widrigkeiten zu überwinden, wenn ihre Freiheit nicht beschnitten wird. Liebe will sich frei entfalten und immer weiter wachsen, in einem andauernden Sog des Loslassens und der ständigen Wärme des Vertrauens.

Oder noch klarer – hier mein letzter Eintrag in mein Notizbuch:

Liebe Anja,

ich liebe dich, wie du bist, und für das, was du tust, um auf deine ganz besondere Art die Welt um dich herum zu erkunden. Ich kenne deinen eigenen Seelenplan nicht, welche Prüfungen du dir vorgenommen hast, und mit wem du diese Prüfungen meistern möchtest, ist mir ebenfalls unbekannt. Die Zeit, die du dir für deine einzelnen Prüfungen nehmen willst, will und kann ich nicht bestimmen, denn es obliegt alleine deinem freien Willen.

Dich festhalten zu wollen würde bedeuten, deine Seele zu fesseln. Aber damit würde ich dir deine Freiheit nehmen, deine Entwicklung einschränken und dir die Luft zum Atmen nehmen. Du, deine Seele, ist ein Teil von mir, und ich bin ein Teil von dir, denn wir sind zwei in einem Ganzen. Mehr noch, wir sind nicht allein, sondern All-ein. Ich urteile darum nicht über dich, denn würde ich dir dein Recht auf eine eigene Entwicklung nicht zugestehen, dann würde ich mir selbst auch meine nicht zugestehen.

Die Einheit ist unser Zuhause, aber dennoch lasse ich dich hinausziehen in die Welt, getrennt und frei, um dich selbst zu erfahren. Durch deine Erfahrungen werde auch ich erfahren. Denn wenn die beiden Hälften wieder vereint sind, vereinen sich auch unsere Erfahrungen.

Du hast das Recht, deinen Weg mit schnellem Schritt zu gehen oder innezuhalten, um dich selbst zu finden. Ich stelle nicht in frage, was du für dich selbst als richtig und falsch erachtest. Wenn du tatenlos im Leben stehst, werde ich dich nicht zum Weitergehen zwingen, denn niemand außer dir kann erkennen, ob an deinem Stand (d)ein Licht nötig ist, um für andere zu leuchten. Denn allein durch dein Dasein erhellst du die Finsternis.

Ich wäre enttäuscht, wenn du nicht der Mensch wärst, der du sein möchtest, sondern der, den ich oder andere erwarten. Ich akzeptiere und ehre alle deine Entscheidungen, die du triffst, um deine persönlichen Lektionen im Leben zu lernen. Ich habe nicht dein Leben gelebt, nicht deine Erfahrungen gemacht, nicht durch deine Ohren gehört und nicht durch deine Augen gesehen, wie könnte ich mir dann anmaßen zu bestimmen, was für dich das Richtige ist.

Dein und mein wahres Selbst ist der Göttlichkeit gleich, denn wir alle sind Teile des Einen. Durch uns, durch unsere Erfahrungen, erfährt er sich selbst in uns. Er sieht, ohne zu bewerten, er hört, ohne zu urteilen, er weiß, ohne zu belehren, er liebt, ohne zu erwarten. Warum sollten wir es ihm nicht gleichtun, denn wir sind doch Teil des Einen?

Durch dein Handeln im Leben und deine Liebe zum Leben bist du Vorbild für alle Liebenden. Wie könnte ich diese Liebe in Frage stellen? Ich bin für dich das beste Ich, das ich sein kann, und ich verstehe die göttliche Wahrheit des Lebens immer ein bisschen besser. Ich werde immer glücklicher durch die Freude der wahren, bedingungslosen Liebe.

Ich danke dir für diesen Weg!
Den Weg der wahren Liebe.

Ich gehe nun in der Absicht, diesen Weg weiterzugehen, um auch dieses Mal meine Theorie, mein Wissen, wie ich mein Ego, mein falsches Ich, endgültig loslasse, in die Praxis umzusetzen. Denn nur durch das Erfahren des Wissens werden wir zum wahren Wissenden. Jede negative Erfahrung ist eine positive.

Ich weiß auch, dass viele Menschen diesen Weg nicht verstehen werden, denn sie glauben noch immer, dass die materielle Welt, die Welt von Geld, Macht, Reichtum und erfüllter materieller Wünsche der Weg ist, um glücklich zu sein. Ich lasse sie in ihrem Glauben, denn sie können es nicht verstehen. Nicht so lange sie sich nicht ihre Ängste bewusst gemacht haben. Zu wahrhaftigem Glück ist es nicht nötig, ein teueres Auto zu fahren oder seinen Mitmenschen die eigene Macht und Stärke zu demonstrieren. Auch die Kontrolle und das Bewerten von anderen Menschen ist nicht notwendig. Wenn überhaupt, dann bewerte ich nur mich selbst. Denn wahre Stärke kommt von innen! Wenn ich wahrhaft im Gleichgewicht mit mir selbst bin, dann ist auch die Welt um mich herum im Gleichgewicht. Dann kommen all diese materiellen Dinge von ganz allein zu mir. Ich muss nicht mehr um sie kämpfen, ich lasse sie zu.

Und dafür ist es notwenig, meine Egoinflation weiter voranzutreiben, sodass mein Ego, mein falsches Selbst, letztendlich verschwindet.

Na schön, Ego, mein falsches Selbst, das seine Herrschaft so vehement verteidigt - auf in die nächste Runde!

Mal sehen wo die Reise hingeht...

☆☆☆

Gebt mir einen Hebel

Wenn die Macht der Liebe die Liebe zur Macht übersteigt, erst dann wird die Welt endlich wissen, was Frieden heißt.

Jimi Hendrix

Was sagt man dazu?

Ich habe mir selbst, meinem Verstand, die wahre Liebe erklärt und nebenbei für mich persönlich eine Erklärung für den Sinn meines Lebens hier auf der Erde gefunden.

Mit dem Bewusstwerden, dem „Erwachen“, hatte alles angefangen, und seitdem bin ich in meinem Bewusst-Sein gewachsen. Diesen Weg des Bewusstwerdens zu gehen ist nicht leicht, im Gegenteil, denn die Aufgaben werden herausfordernder. Dennoch gibt er uns die Möglichkeit, uns auf die Aufgaben, die vor uns liegen, vorzubereiten. Es ist vergleichbar mit der Schule. Du weißt, wann eine Prüfung ansteht, und kannst dich darauf vorbereiten. Wenn du nicht lernst, wirst du nicht in die nächst höhere Klasse versetzt und musst eine Ehrenrunde drehen. Aber die einzelnen Prüfungen, die einzelnen Situationen werden dir nicht abgenommen, sondern du musst da durch. Du musst lernen und Erfahrungen sammeln, um deine nächste Prüfung zu bestehen.

Hierzu ist es notwendig, sich der kosmischen Gesetze bewusst zu werden. Allen voran das Prinzip von Ursache und Wirkung. Aber nicht nur wissen, sondern auch anwenden, denn dadurch kann sich dein Bewusst-Sein entfalten (Ent-Falten), und du erkennst bei zunehmender Entwicklung die egotypischen Verhaltensweisen bei anderen und bei dir selbst. Du bist dann in der Lage, die negativen Spiegelungen in deinem Umfeld als Aufgabe zu erkennen und loszulassen.

Erkennen – Anschauen – Vertrauen – Loslassen.

Aber um das zu können, um unser Ego, unser falsches Ich zu transformieren, müssen wir uns mit ihm konfrontieren. Damit ist aber nicht "Krieg gegen das Ego" gemeint, sondern

Nicht angreifen, aber auch nicht zurückweichen!

Wichtig dabei ist: Kehre nur vor deiner eigenen Tür. Versuche niemals, andere Menschen so zu verändern, dass sie sich so verhalten, wie du es willst, sondern verändere dich selbst zum Positiven. Dann verändert sich auch dein Umfeld zum Positiven. Wie innen, so außen – wie oben, so unten – wie im Kleinen, so im Großen. Kennst du das Zitat: „Gebt mit einen Hebel, der lang genug ist, und ich bewege die Welt.“? DU SELBST bist dieser Hebel! Niemand sonst. Kein Objekt, keine Maschine, keine Technologie, kein anderer Mensch. NUR DU SELBST HAST ES IN DER HAND!

Damit aber etwas Neues in deinem Leben entstehen kann, muss das Alte erst gehen. Dieser Prozess ist teilweise überaus schmerzhaft, und du hast Angst, dem Fluss des Lebens zu vertrauen, denn es bleibt kein Stein auf dem anderen. Vergleiche es mit der Renovierung eines Hauses. Erst einmal entsteht eine Baustelle mit Lärm, Staub und vermeintlichem Chaos. Und zeitweise stellst du in frage, ob es die richtige Entscheidung war, diesen Umbau zu beginnen. Dennoch weißt du immer, dass am Ende dieser Renovierung alles schöner, neuer und besser ist als zuvor. So ist es auch in deinem Leben, und vor allem in deinem Prozess der Bewusstwerdung. Je weiter du gehst, desto mehr wirst du dir auch deines eigenen Seelenplans bewusst. Frage dich, was du wirklich willst. In einem Job weiterarbeiten, der dir keinerlei Befriedigung verschafft? Oder in einer Beziehung bleiben, in der du nicht glücklich bist?

Gehe in dich und versuche, deine wahren Herzenswünsche und Talente zu entdecken. Hast du schon einmal überlegt, ein Buch zu schreiben? Oder machst du gerne Musik? Fotografierst du gerne? Hast du schon einmal ernsthaft darüber nachgedacht, dich selbstständig zu machen, hast dich aber nicht getraut, den Gedanken weiter zu verfolgen? Hast du eine Idee für einen Film oder ein Kinderbuch? Oder eine Erfindung? Oder ein neues Gesundheitssystem? Was sind deine Herzenswünsche, was würde dich glücklich machen? Egal, was! Und sag jetzt bitte nicht: Geld! Überlege dir stattdessen, welche besonderen Talente und Fähigkeiten du gerne einsetzt, ohne etwas dafür zu verlangen. Einfach, weil es dir Spaß macht. Das sind deine Herzenswünsche, so, wie meiner es war, ein Buch zu schreiben. Und ich hatte am Anfang keine

Ahnung, was ich da tat. Ich schrieb einfach das auf, was ich sagen wollte. Folge deinem Herzen und nicht deinem Ego-Verstand, dann wirst du das wahre Glück finden. Lass deine Ängste los und finde dich selbst. Das bewusste Erkennen deiner egotypischen Verhaltensweisen gibt dir die Möglichkeit, deinem falschen Selbst die Macht über dein Leben zu nehmen. Wenn du das Prinzip, die Werkzeuge hinter diesen Egospielen erkennst, kannst du dich daraus befreien.

Es ist wie das Märchen von Rumpelstilzchen: Das Rumpelstilzchen (dein Ego) verspricht dir Gold und Macht, allerdings verlangt es etwas dafür. Im Beispiel des Märchens ist es das Kind der Königin. In deinem Leben ist es zum Beispiel, dich in deinem Job aufzuopfern. Und es sagt: „Ach wie gut, dass niemand weiß, dass ich Rumpelstilzchen heiß!“ So lange du es nicht erkennst, dein Ego und sein typisches Verhalten nicht bewusst erkennst, hat es Macht über dich. Wenn du aber Rumpelstilzchen (das Ego) beim Namen nennen kannst und wahrhaft erkannt hast, verliert es die Macht über dich und dein Leben. Und dieses Erkennen setzt einen bewusst erwachten Geist voraus und die klare Absicht, weiterzulernen.

So lange du deinem Ego folgst, bist du nicht Herr über die Materie, sondern die Materie ist Herr über dich!

Blicke in dich hinein und erkenne dein wahres Selbst. Oder triff zumindest die Entscheidung, es zu versuchen, denn alles beginnt mit einer Entscheidung! Du hast durchaus die Möglichkeit, weiterhin unbewusst dem Verstand zu folgen, aber es ist eine Gratwanderung, denn Ego ist dein ständiger Begleiter und versucht dich von diesem Grat herunterzuschupsen. Vergiss nicht, die unangenehmen Situationen in deinem Leben sind Prüfungen, mit denen du dich konfrontieren musst. Nicht ausweichen oder davor zurückschrecken, sondern stell dich diesen Situationen. So erfüllst du die Lernaufgaben in deinem Seelenplan, und das Glück wird dir regelrecht hinterherlaufen und dich einholen. Eine spirituelle Weisheit sagt:

Wenn du deine Ängste nicht scheust,
dann hast du Erfolg!

Du hast dir vor deiner Inkarnation diese Situationen selbst in deinen Lebensplan geschrieben, du hast es nur vergessen. Erinnere dich wieder an dein wahres Ich, das hier auf der Erde ist, um zu lernen und sich zu entwickeln. Frage dich, warum du noch Angst haben solltest, angesichts des Wissens um dein wahres Selbst. Wenn du keine Angst mehr hast, kann man dich nur noch sehr schwer oder gar nicht mehr manipulieren. Wer seine Ängste losgelassen hat, steht mit absolutem Gleichgewicht im Leben, kann seine Herausforderungen annehmen und diese als das erkennen, was sie sind: Chancen, sich zu entwickeln.

Wenn du diesen Weg des Suchenden gehst, denke nicht, dass du irgendwann alles weißt oder begriffen hast, denn dieser Prozess, deine geistige und spirituelle Entwicklung, hört niemals auf. Du wirst immer wieder neue

Erkenntnisse finden und dir dieser Erkenntnisse bewusst werden. Sei immer bereit, deine eigenen Überzeugungen und Glaubensätze in frage zu stellen, denn nur so bist du in der Lage, dich zu entwickeln. Zu ent-wickeln!

Die Wahrheit findest du nicht im Außen, in der Materie, sondern nur in dir selbst. Stell Fragen und nimm nichts als absolute Wahrheit an, was dir andere Menschen, die Regierung und Medien als Wahrheit verkaufen wollen. Nimm auch nicht die Informationen in diesem Buch als absolute Wahrheit an, denn es ist meine Wahrheit. Aufgrund meiner persönlichen Erfahrungen habe ich immer wieder aufs Neue erkannt, dass ich doch noch nicht alles bewusst verstanden habe. Mit der Gewissheit, auf dem richtigen Weg zu sein, kann ich nur sagen: Ich weiß nur, dass ich nichts weiß. Auch ich werde immer wieder aufs Neue meine Standpunkte hinterfragen. Denn alle Wahrheiten, an die wir uns klammern, hängen von unserem persönlichen Standpunkt ab.

Es gibt eine Geschichte, in der Gott drei Engeln die Aufgabe gab, die Wahrheit zu verstecken. Die Engel dachten darüber nach, und nach einiger Zeit präsentierten sie Gott ihre Ideen. Dieser hörte sich die Vorschläge seiner Engel einen nach dem anderen an. Der erste Engel sagte voller Überzeugung: „Wir werden die Wahrheit auf dem höchsten Berg der Erde verstecken, dort wird sie kein Mensch jemals finden.“ Der zweite Engel nickte hochachtungsvoll und sagte dann: „Mein Platz ist besser, denn wenn wir die Wahrheit an der tiefsten Stelle des Ozeans verstecken, dann wird sie niemals gefunden.“ Der dritte Engel staunte über die kreativen Ideen seiner beiden Kollegen und sagte dann: „Ich habe einen Platz gefunden, an dem die Menschen die Wahrheit niemals finden werden, da sie erst gar nicht auf die Idee kommen, dort zu suchen!“ Die beiden anderen Engel schauten ihn irritiert an und fragten dann wie aus einem Mund: „Und wo soll dieses außergewöhnliche Versteck auf der Erde sein?“ Und der dritte Engel antwortete mit einem Schmunzeln: „Im Menschen selbst!“

Gib deine festgelegten Standpunkte über Richtig oder Falsch auf. Stell Fragen und forsche selbst nach. Geh auf die Suche, um deine ganz persönliche Wahrheit zu finden. Du hast einen freien Willen, also nutze ihn. Suche deine eigene Wahrheit.

Wenn du dann eine Wahrheit gefunden hast, scheue die materielle Welt nicht, sondern genieße die Materie, tauche darin ein, lebe in der Materie, gehe arbeiten, tanzen, lachen, weinen, spielen, flirten, essen, trinken - genieße die Materie in jedem Augenblick deines Lebens. Und wenn dieser Augenblick vorbei ist, dann lass ihn los und freue dich auf die nächste materielle Erfahrung, auf den nächsten Augenblick. Lebe nicht in der Vergangenheit, sondern in der Gegenwart. Wenn du die Materie festhältst, dann hat sie Macht über dich, aber wenn du in jedem Augenblick bereit dazu bist, alles loszulassen, dann hast du Macht über die Materie.

Lass auch deinen Partner in Liebe los, sodass er in Freiheit seinen Weg gehen kann. Auch wenn das bedeutet, dass sich eure Wege trennen werden. Danke ihm für die gemeinsame Zeit und versuche nicht, ihn festzuhalten. Lass ihn los und vertraue darauf, dass alles zu deinem Besten passiert. Um dieses „In Liebe loslassen" noch einmal bildhaft darzustellen, nehme ich noch einmal das Bild vom Vogel auf der Hand. Unter der Herrschaft des Egos versuchen wir, unseren Partner festzuhalten. Wenn ein Vogel festgehalten wird, fängt er an zu strampeln, und irgendwann kann er sich befreien. Dann bleibt die Hand aus Wut und Zorn geschlossen, oder das Ego versucht, sofort wieder einen anderen Vogel aus der Luft zu fangen und versucht wieder, ihn festzuhalten. Und das geht so lange, bis wir es verstanden haben. Sollte der erste Vogel zurückkommen wollen, wo sollte er dann landen? Die Hand ist doch zu, oder im schlimmsten Fall zappelt bereits ein anderer Vogel in der geschlossenen Hand. Wenn aber die Hand vertrauensvoll loslässt und offen bleibt, dann kann auf dieser Hand zur rechten Zeit dein wahrer Partner, wer auch immer das ist, voller Vertrauen landen und auch freiwillig sitzenbleiben. Mit Loslassen und Vertrauen.

Über den gesamten Prozess deines Bewusstwerdens, in dem du dein Ego transformierst, gibt es drei wichtige Regeln, die dir helfen, deinen Weg trotz Egoversuchen, dich abzulenken, weiterzugehen. Diese sind

Ehrlichkeit im Denken, Wahrheit im Herzen und innere Gelassenheit.

Jetzt bist du noch einmal gefordert:

Was denkst du? Bist du bereits Herr über dein Ego?

Erlaube mir an dieser Stelle eine kurze Ego-Testfrage:

Hast du am Ende dieses Buches ein Happy End mit Anja erwartet? Sei ehrlich. Ja?

Dann hattest du Erwartungen. Hallo Ego!

Die Liebe will frei sein!
Erwarte nichts und fordere nichts,
dann wirst du mehr bekommen,
als du je erhofft hast!

Ich für meinen Teil habe meine Entscheidung getroffen – ich folge meinen Herzenswünschen und meinem Seelenplan. Ich weiß nicht, ob dieses Buch jemals von Menschen außerhalb meines Umfelds gelesen wird, aber allein die Tatsache, dass du gerade diese Zeilen liest, zeigt, das ich nicht so verrückt bin, wie manche Menschen mir zu Beginn und während meines Buchprojektes einreden wollten. Ich habe aber in der Zwischenzeit auch hier meine Erfahrungen gemacht, wie ich solchen Menschen mit Gleichmut und Gelassenheit entgegentreten kann. Nicht angreifen, aber auch nicht zurückweichen! Deshalb wünsche ich dir viel Spaß mit dem (vorerst) letzten Kapitel „Eine kleine Hilfe für spirituelle Spinner“.

Eine kleine Hilfe für spirituelle Spinner

Dumm ist der, der dummes tut!

Forrest Gump

Solltest du dich davor fürchten, dass dich jemand für verrückt erklärt, wenn du die Informationen in diesem Buch für dich als Wahrheit erkennst, dann gibt es ein paar interessante Sprüche, die ich in solchen Situationen auf der Pfanne habe.

Auf den Spruch „Du bist verrückt, Martin", antworte ich gerne: „Mag sein, aber ich habe neulich erst etwas über ein paar andere Typen gelesen, die sind noch viel verrückter als ich. Da gibt es nämlich so einen Spinner, der behauptet doch tatsächlich, dass die Erde keine Scheibe ist, sondern eine Kugel.

Ein anderer setzt noch eins drauf und behauptet, dass die Erde nicht der Mittelpunkt unseres Universums ist.

Wieder ein anderer ist dann so verrückt und nimmt diese Ideen auf. „Hey, ich segele einfach mal nach Westen, mal sehen, ob ich in Indien rauskomme!" Der nächste ist mit seinem Arbeitgeber in Rom nicht mehr zufrieden, worauf er 95 Thesen aufstellt, die er an die Tür der Firmenniederlassung in Wittenberg nagelt. Dann hat er noch das Firmenhandbuch überarbeitet und für alle deutschen Investoren verständlich übersetzt. In kollektivem Größenwahn sind die 55 Menschen, die der Meinung sind, dass die Unterdrückung durch die Engländer Mist sei, worauf sie einfach eine Unabhängigkeitserklärung verfassen, obwohl ab diesem Zeitpunkt ihr Leben in Gefahr ist. Noch so jemand behauptet, eine Kutsche ohne Pferde wäre der Renner. Aber die größten Spinner von allen sind zwei Brüder, die doch tatsächlich behaupten, eine Maschine bauen zu wollen, mit der man fliegen kann. Echt bescheuert. Oder? Diese Typen sind verrückt! Deshalb bin ich für dich gerne verrückt, denn normale Menschen haben noch niemals die Welt verändert."

Und wenn jemand Beweise will, dann frage ihn, ob er seinen Partner liebt. Wenn er mit „Ja" antwortet, dann sage zu ihm: „Beweise es!"

Auch der Spruch: „Das ist nicht normal!", war schon zu hören. Einfach fragen: „Was ist denn normal?" Meist kommt dann die Antwort: „So, wie halt jeder ist!" „Bin ich jeder? Normal ist, was die Mehrheit denkt. Und das würde bedeuten, keine eigene Meinung zu haben. Stimmt es?"

Auf die Frage: „Sag mal, willst du die Welt verändern?", antwortete ich einmal: „Einen Versuch ist es wert!" „Wie soll das gehen?" Worauf ich entgegnete: „Indem ich zuerst versuche, mich selbst zu verändern!"

Wichtig bei all diesen Sprüchen ist – lächle dabei. Aber das Beste ist, diese Menschen einfach in ihrer Sichtweise zu belassen. Jeder hat ein Recht auf seine eigene Meinung. Du und ich genauso wie alle anderen. Versuche nicht, andere zu missionieren. Lass dich nicht auf ein Egospiel ein. Meiner Erfahrung nach treten ab dem Moment, in dem du dich auf deinem Weg zum höheren

Bewusstsein befindest, wie durch Zu-Fall und Anziehung Menschen in dein Leben, mit denen du dich darüber austauschen kannst, du darfst nur keine Angst haben. Eine guter Test, ob dein Gegenüber bereits aufgewacht ist, ist es, im Gespräch bei passender Gelegenheit anzumerken: „Es gibt keine Zufälle!" Du wirst überrascht sein, wie viele Menschen in deinem Umfeld genau wissen, was du meinst, denn auch sie denken, sie würden für verrückt erklärt, wenn sie sich mit ihrem Wissen outen. Hab keine Angst, wenn du das alles als Wahrheit erkennst, denn du bist nicht allein. Du bist All-ein!

Und nun noch einige Worte an diejenigen, die weiterhin in ihrem Hamsterrad aus Stolz, Wut, Besitzdenken, Hass, begrenzter Sichtweise, Kontrolle, Macht, Gier, Missgunst, Zweifeln, Schuldzuweisungen, Eifersucht und Angst sitzenbleiben wollen, anstatt durch Vergebung, das Loslassen ihrer Ängste und den Aufbau von Vertrauen zu sich selbst im Bewusst-Sein aufzuwachen, um sich auf die Suche nach ihrem persönlichen Glücklichsein und wahrer Liebe zu machen.

Ich weiß, dass ihr irgendwo da draußen seid,
ich kann euch jetzt spüren.
Ich weiß, dass ihr jetzt Angst habt,
Angst vor uns. Angst vor Veränderungen.
Wie die Zukunft wird, weiß ich nicht.
Ich bin nicht hier, um euch zu sagen
wie die Sache ausgehen wird.

Ich bin hier, um euch zu sagen, wie alles beginnen wird.
Ich werde den Menschen das zeigen,
was sie nicht sehen sollen.
Ich zeige ihnen eine Welt ohne euch.
Eine Welt ohne Kontrollen, ohne Gesetze
und ohne Regeln.
Eine Welt, in der alles möglich ist.
Wie es dann weitergeht, das liegt ganz an euch.

Schlussmonolog aus dem Film *Matrix*

Du, genau wie wir alle, hast eine Entscheidung getroffen: Der nächste Evolutionsschritt, die Erhöhung der Erde in eine andere Schwingungsebene, kommt unausweichlich auf uns zu, er findet bereits statt, er ist in unseren Genen, in unseren Seelen und in unserem Geist bereits entschieden und verankert. Und wir alle haben uns entschieden, während dieses Wandels auf der Erde zu sein, um unser Karma aufzulösen, sodass wir diesen Evolutionssprung in ein höheres Bewusstsein miterleben können. Es liegt jetzt an uns allen, an jedem Einzelnen, wie dieser Wandel stattfindet. Krieg oder Frieden? Zerstörung oder Aufbau? Lüge oder Vertrauen? Vorbehalte oder Loslassen? Angst oder Liebe? Du hast diese Entscheidung bereits getroffen, jetzt musst du sie nur noch deinem Verstand erklären. Denn die Aufgabe deines Karmas lautet immer: lieben lernen – vergeben lernen.

Die wahre Liebe wird diese Welt für immer verändern.
Willkommen in einem neuen Zeitalter!

Ich möchte mich nun von dir in Dankbarkeit und Liebe verabschieden und hoffe, dass dir dieses Buch gefallen hat, sodass du in der Geschichte deines eigenen Lebens ein neues Kapitel beginnen kannst. Ein Kapitel voller Wunder und geprägt von Freiheit, Selbstbestimmung, Liebe und Glück. Das alles wünsche ich dir von Herzen. Und denke bitte immer daran:

Vertrauen und Loslassen sind der Schlüssel zur Liebe.
Wenn du im Vertrauen bleibst und bereit bist,
alles loszulassen,
sind die wahre Liebe und das Glücklichsein
nicht nur möglich, sondern unvermeidlich!

☆☆☆

Alle Phasen des Loslassens im Überblick

- Loslassen von Verzweiflung
- Loslassen von Lügen und Geheimnissen
- Loslassen von Abhängigkeit
- Loslassen von Begierde
- Loslassen von negativen und positiven Emotionen
- Loslassen von Gleichgültigkeit
- Loslassen von vorgefassten Meinungen
- Loslassen von Stolz
- Loslassen von Erwartungen
- Loslassen von äußerer Materie
- Den Mut zuzulassen, dass das Gefühl sich ändert
- Loslassen von Bewertungen
- Loslassen der Versuchung

Das Wissen um diese Phasen alleine reicht nicht aus, denn nur das bewusste Erfahren des Wissens macht uns zum wahren Wissenden.

☆☆☆

Die egotypischen Verhaltensweisen

- Ego erlaubt uns, etwas zu tun, was wir tun wollen, aber genau wissen, dass es unrecht ist.
- Ego erlaubt uns, etwas nicht tun zu müssen, was wir nicht tun wollen.
- Ego macht uns zu etwas Besonderem, jemandem, der besser ist als andere.
- Ego ermutigt uns dazu, anderen immer voraus sein zu wollen.
- Ego zeigt uns, dass wir immer Recht haben.
- Ego will, dass wir versuchen, Vergeltung zu üben.
- Ego will, dass wir gewinnen, beherrschen und unterwerfen.
- Ego versucht, andere zu bezwingen.
- Ego will uns selbst und andere kontrollieren.
- Ego will, dass wir uns gehen lassen.
- Ego ermutigt uns zur Aufopferung.
- Ego lässt uns schuldig fühlen, sodass wir uns nicht verändern müssen.
- Ego will uns glauben machen, wir wären nicht mehr als unser Körper.
- Ego verschafft uns Ausreden.
- Ego verschafft uns Aufmerksamkeit.
- Ego versucht, unsere Strukturen durch Rollen und Aufopferung zu retten.
- Ego will Erwartungen erfüllt bekommen.
- Ego verspricht uns Sicherheit.

- Ego versucht, Chancen und Begabungen zu verbergen.
- Ego verbirgt unsere Macht, unsere Aufgabe und unsere Identität.
- Ego ermutigt uns dazu, uns oder andere zum Opfer zu machen.
- Ego will etwas beweisen.
- Ego versucht, uns selbst, andere, oder Gott anzugreifen.
- Ego will uns davor schützen, bestimmte Ängste zu heilen.
- Ego lässt uns unzulänglich, schwach und getrennt fühlen.
- Ego hält uns auf.
- Ego lenkt uns ab.
- Ego will den Status quo aufrechterhalten und kämpft gegen jede Art von Veränderung.
- Ego versucht, Schuld zu bezahlen.
- Ego zeigt unsere Überlegenheit oder Unterlegenheit.
- Ego blockiert Liebe und Intimität.
- Ego arbeitet am Fortbestand des Egos.

☆☆☆

Wegbeschreibung einer karmischen Seelenpartnerschaft

Schritt 1: Das Kennenlernen

Es passiert das, was man gemeinhin als „Liebe auf den ersten Blick“ bezeichnet. Man ist fasziniert vom anderen, und diese Begegnung hinterlässt einen Eindruck, der sehr schwer zu vergessen ist. Wenn beide sehr viele Blockaden haben, kann sich vom ersten Moment an eine problematische Kennenlernphase entwickeln.

Schritt 2: Aufeinander einlassen

Die Verbindung in dieser Zeit ist sehr intim und wunderschön, man glaubt, es gibt keinen anderen Menschen mehr auf diesem Planeten, der einem wichtiger ist. Diese Form der Liebe ist so stark, dass beide nicht realisieren können, was passiert. Sie können ihre Gefühle auch nicht richtig bewerten, denn ein solches Glücksgefühl ist noch nicht in ihrem Verstand abgespeichert. Meist ist es nicht nur eine körperliche Verbindung, sondern man etabliert eine mentale Verbindung zueinander, sodass es möglich ist, die Gefühlslage des anderen auch über große Entfernungen hinweg zu empfangen. Es entsteht eine Sucht, eine Abhängigkeit nach der Nähe des Partners.

Schritt 3: Die Verwirrungsphase

Durch die entstandenen Gefühle, die man nicht in der Lage ist einzuordnen, beginnt die Angst (die zu lösende Aufgabe) in den Vordergrund zu treten. Man bekommt

Angst vor der eigenen Courage und stellt sein bisheriges Gefühlsleben komplett auf den Prüfstand. Es entstehen innere Konflikte, die dazu führen können, an seiner eigenen Identität und seinem bisherigen Leben zu zweifeln. Dies geht meist von einer Seite der Partnerschaft aus, wobei der gesamte Prozess sich in Wechselseitigkeit hochzuschaukeln beginnt.

Schritt 4: Trennung

Meist entscheidet einer der Partner sich für eine Trennung, da er mit den aufgekommenen Gefühlen und der in den Vordergrund getretenen Angst nicht mehr zurechtkommt. Es entsteht ein starker Entzug, denn die „Droge“ Partner ist plötzlich nicht mehr verfügbar, und man leidet sehr stark unter dem Trennungsschmerz. Obwohl man instinktiv spürt, dass der Seelenpartner noch da ist, schmerzt es sehr stark, keinen physischen Kontakt mehr zu haben. Hier ist es wichtig, sich dessen bewusst zu sein, dass der Partner wie ein Pendel immer wieder zurückkommen wird. Man kann ihm nicht helfen, seine Aufgabe zu erfüllen. Das Einzige, was man tun kann ist, selbst zu lernen und seine eigene Aufgabe zu bewältigen. So kann man den Partner mitziehen.

Schritt 5: Lernen

Meistens sind alle Versuche, wieder Kontakt zum Partner herzustellen, zum Scheitern verurteilt. Obwohl man spürt, dass man seinen Seelenpartner gefunden hat, erkennt man die wahren Ursachen der Trennung nicht. Man fragt sich „Warum“ und „Wieso“ und kann den Seelenpartner höchstens „verdrängen“, aber nicht „vergessen“. Wenn man begriffen hat, oder auch nicht, beginnt der Lernprozess, und man fängt an, seine Gefühle und Gedanken umzusetzen. Meist erfolgt dieser Lernprozess in Trennung zur geliebten Seele. Ein erneutes, frühzeitiges Zusammenkommen führt dazu, dass der Lernprozess unterbrochen wird. Man gibt sich in einer solchen Phase der Illusion hin, alles wieder im Griff zu haben. Letzten Endes muss der Lernprozess aber meist getrennt voneinander durchgeführt werden. Meist haben die verschiedenen Seelenanteile eine in Verbindung stehende Aufgabe zu bewältigen, aber die Lerndauer kann unterschiedlich lange sein.

Schritt 6: Neubeginn

Wenn beide Seelenpartner ihre Aufgabe erfüllt haben, steht einem gemeinsamen Weg nichts mehr im Weg. Es kann vorkommen, dass ein Partner zu langsam oder gar nicht lernt, sodass sich der andere Partner neu orientiert und seinen Weg alleine weitergeht. Eventuell begegnet man sich, und die Seelen helfen sich gegenseitig, ihre Aufgabe zu erfüllen. Man könnte es „Auf die Sprünge helfen“ nennen.

Schritt 7: Verschmelzung

Wurden alle Lernaufgaben, die für beide Seelenanteile vorgesehen waren, erfüllt, dürfen Dualseelen auch im „richtigen Leben“ – in welcher Form auch immer – zusammenbleiben.

Danksagung

Ich möchte mich an dieser Stelle bei verschiedenen Menschen bedanken, die mich auf meinem Weg unterstützt haben. Egal, ob bewusst oder unbewusst geschehen.

Zu allererst bei meinen Eltern, die zunächst dachten, ich wäre einer Sekte beigetreten, was nach genauerer Betrachtung natürlich völliger Unsinn ist. Denn wenn man bereit ist, Fragen zu stellen und seine eigenen Glaubenssätze hinterfragt, also nichts und niemanden als volle Wahrheit und Vorbild ansieht, dann ist es nicht möglich, irgendeinem Guru oder Ähnlichem zu folgen. Der bewusste Weg beinhaltet das Ende aller Vorbilder. Nachdem sie ebenfalls erwacht sind, akzeptieren sie meinen Weg bedingungslos, und ich kann immer mit ihrer Unterstützung rechnen.

Auch meinen Freunden Nadine, Lena, Thomas, Lemming und Claus möchte ich danken, denn ohne euch hätte ich den bisherigen Weg nicht so schnell gehen können.

Auch meinen Mitarbeitern, meinem Chef Guido und meinen beiden Kollegen Günther und Jens. Ihr habt zwar nichts mitbekommen, wart aber immer eine große Hilfe.

Ebenfalls danken möchte ich Sabrina und Michael, ohne euch beide wäre ich immer noch tief im Ego.

Und natürlich danke ich Anjas Mutter, die mich damals auf das Bild eines Vogels auf einer Hand gebracht hat, das als Grundlage für die Formel der Liebe meinen gesamten Entwicklungsprozess begleitet hat.

Ein spezieller Dank, und das meine ich ernst, geht auch an die Person, die mir die Drogen ins Glas getan hat, denn durch diesen Vorfall wurde ich auf einen Weg geschubst, durch den ich die wahre Liebe gefunden habe. Ich danke diesem Menschen dafür, denn ohne ihn würde ich vielleicht Anja immer noch versuchen festzuhalten, oder wir hätten uns mit der Zeit in unseren Egospielen festgebissen. Aus der Sicht des Egos, oder nach unserer derzeit herrschenden Gesetzeslage, hat er an mir Körperverletzung begangen, doch aus Sicht meines wahren Selbst hat er meinen Seelenaufstieg beschleunigt. Frei nach Goethe: Hier wirkt die Kraft, die Böses wollte und Gutes schaffte.

Was Anja angeht: Ihr danke ich aus wahrer Liebe für ihre Hilfe, denn sie hat mein Ego herausgefordert, sodass ich es mir immer wieder anschauen konnte. Werde glücklich, Süße. Das wünsche ich dir aus tiefstem Herzen.

Ich habe durch die Spiegelungen bei all diesen Menschen die Wahrheit erkannt. Ich habe erkannt, wie das Spiel des Lebens wirklich funktioniert:

Ich habe in den ersten 35 Jahren im Spiel meines Lebens versucht, etwas zu werden. Ich wollte gut werden. Ein guter Schüler, ein guter Angestellter, ein guter Chef, ein guter Freund, ein guter Liebespartner, ein guter Sohn, ein guter Bruder, ein guter Enkel, ein guter Mensch.

Alles, was ich aus diesem Blickwinkel sah, war:

Es reicht nicht aus, was ich bin – ich muss gut werden.

Dann habe ich begriffen, dass ich das Spiel nicht verstanden hatte, denn das Spiel ist: herausfinden, was ich bereits bin.

Ich danke euch allen von ganzem Herzen für diesen Weg des Lernens und möchte euch folgende Botschaft aus der Geistigen Welt, die durch das Medium Sarina Aurelia durchgegeben wurde und in ihrem Buch „Seelenverträge, Band 5“ zu finden ist, in Dankbarkeit und Liebe weitergeben:

Öffne deine Hände, öffne dein Herz, sei im Vertrauen. Lass deine Angst los, lass alle Abhängigkeit los, du wirst die Liebe nicht verlieren. Außer, du nimmst der Liebe den Atem, dann muss sie dich wegstoßen.

Du selbst hast dein Glück in der Hand. Fordere nichts und erwarte nichts, so wirst du mehr bekommen, als du jemals erhofft hast. Die Energie des Loslassens heißt, ich greife nicht nach der Erfüllung, die Erfüllung bin ich selbst. Der Liebe laufe ich nicht nach, weil ich es mir selbst wert bin, weil ich weiß, die Liebe holt mich immer wieder ein.

Ich wünsche euch alles Glück, das ihr euch vorstellen könnt, denn:

Ich liebe euch alle!

☆☆☆

Literatur- und Quellenverzeichnis

Ayach, Leila Eleisa: Seelenverträge, Band 1
Smaragd Verlag 2010

Aurelia, Sarina: Seelenverträge, Band 5 – Die Geheimnisse, die in euch schlummern
www.Feluna-Verlag.de, e-Book 2009

Broers, Dieter: (R)Evolution 2012, Scorpio-Verlag 2009

Günther, Werner: Menschheit im Dornröschenschlaf
Erschienen im Eigenverlag: Werner Günther, PF 16, D-93342 Saal/Donau

Hühn, Susanne: Channel werden für die Lichtsprache
Schirner Verlag, 3. Auflage 2008

Kretzschmar, Ute: Der Aufstieg der Erde 2010 in die Fünfte Dimension, ch.falk-verlag. 22. Auflage März 2009

Reinhardt, Hanne: Wunderwerk Mensch,
Smaragd Verlag 2007

Sherman, Laura & Andrew: Der magische Schlüssel des Kybalion, Thiele Verlag 2009

Spezzano, Chuck: 50 Wege loszulassen und glücklich zu werden, Verlag ViaNova, 6. Auflage 2007

Stelzl, Dr. Diethard: Spirituelles Heilen in der Tradition der atlantischen Kristallchirurgen, Schirner Verlag

Ziegler, Gerd B.: Tarot für alle,
Goldmann-Arkana 2009

www.sueddeutsche.de – 28.03.2009
Interview mit James D. Murray über Beziehungsmathematik
Das Interview führte Marten Rolff

www.wikipedia.de – Stand 15.10.2009
Karma-Definition

www.wikipedia.de – Stand 19.11.2009
Borderline-Definition

Leila Eleisa Ayach

Seelenverträge - Absprachen in Liebe

152 Seiten, A5, broschiert

ISBN 978-3-941363-24-3

Wir fühlen uns oft machtlos einem Schicksal ausgeliefert, verstehen nicht, was mit uns geschieht, sind verwirrt, verzweifelt und traurig. Wir haben unsere Seelenverträge vergessen, nur: Seelenverträge – was bedeutet das?
Jeder von uns hat sich vor seiner Inkarnation auf der Erde einen Seelenplan festgelegt, in dem jede Herausforderung festgeschrieben ist, die unsere geistige Entwicklung fördert und uns auf den Weg zum Erwachen führt. Die Geistige Welt weiß um unsere Ängste und Nöte, unsere Herausforderungen, aber auch um unsere Sehnsüchte, Ziele und Wünsche, und möchte uns helfen zu verstehen, warum wir bestimmte Erfahrungen in unserem Leben machen. Letztendlich geht es darum, im Einklang mit der Schöpferkraft und dem höchsten göttlichen Plan des Lichts zu leben – und die Schöpferkraft voll und ganz im Leben wirken zu lassen.

Hanne Reinhardt

Wunderwerk Mensch - Engel des Lichts

256 Seiten, A5, broschiert

ISBN 978-3-938489-42-0

Wer oder was ist der Mensch?
Sind wir wirklich nur auf der Welt, um zu arbeiten, zu essen, zu streiten oder zu lieben? Oder verbirgt sich hinter der Fassade Mensch etwas so Großartiges, dass es uns den Atem verschlägt, wenn wir es erfahren? Die Autorin, selbst ein Channelmedium der Geistigen Welt, vermittelt behutsam eine völlig neue Sichtweise des Menschseins mit all seinen Aspekten und zeigt auf, dass alles, auch der Mensch, reine Energie ist. Zahlreiche neue Sichtweisen und Hilfen werden angeboten, wie man sich die Energien zunutze machen kann. Ebenso werden die Gesetzmäßigkeiten zwischen Himmel und Erde ausführlich erklärt. Am Ende wird allen eine ungemein tröstliche Botschaft zuteil.

Marion Musenbichler

Es gibt keine Lösung – hier ist sie!

256 Seiten, A5, broschiert - ISBN 978-3-938489-84-0

Dieses Buch berührt dein Herz und hebt dich in diesen Raum der Stille hinein. Und plötzlich geschieht alles von selbst, und nichts ist mehr so, wie es einmal war. Du musst nichts verstehen, denn die Botschaft zwischen den Zeilen streichelt ganz sanft deine Seele. Bilder und Worte werden genutzt, um direkt mit deiner emotionalen Datenbank zu kommunizieren und die Welt in dir zu erwecken. Diese sanfte Programmierung passt sich, deinem Bewusstsein entsprechend, an. Lehne dich also zurück, tue nichts, denke nicht nach und erzwinge nichts, - und alle Narben heilen. OHNE etwas zu verstehen und OHNE etwas zu tun, wird AUTOMATISCH ein Erwachungsprozess eingeleitet.

Barbara Arzmüller
Tempel der Seele
Spirituelles Wohnen
184 Seiten, A 5, broschiert
ISBN 978-3-938489-54-3

Gibt es Bereiche in Ihrem Leben, die nicht in Ordnung sind? Und gibt es Bereiche in Ihrer Wohnung, die Sie wenig oder ungern nutzen oder die notorisch unaufgeräumt sind? Das sollte Sie stutzig machen, denn nach dem alten Weisheitssatz „wie innen, so außen" spiegelt unser äußeres Umfeld unseren inneren Zustand wider! Mit Pflanzen, Steinen, Düften, Farben, Klängen u.v.m. stellt die Autorin Lösungsvorschläge für jeden einzelnen Raum eines Hauses vor, verbunden mit Tipps zur energetischen Reinigung und Aktivierung des Energieflusses im Haus. Sie haben es also in der Hand, den Grundstein für ein Leben in Fülle und Freude selbst zu legen.

Ulrike Passern
Harmonie statt Angst
336 Seiten, A5, gebunden, mit Lesebändchen,
ISBN 978-3-938489-70-3

Erzengel Emanuel erklärt aus Sicht der Geistigen Welt, wie und wodurch Ängste entstehen und welchen Einfluss sie auf den Körper ausüben können. Anhand dieser Erklärungen wird verständlich, wie wir unsere Ängste erkennen und auflösen können, damit wieder Lebensfreude in unseren Alltag einkehren kann. Ein wichtiges Kapitel widmet die Autorin dem Thema physische Krankheiten, die durch Ängste entstehen, damit die Ursache bewusst gemacht sowie be- und verarbeitet werden kann. So werden die Selbstheilungskräfte im Körper geweckt und ein weiterer Schritt in ein „neues" Leben voller Harmonie getan.
Mit einem völlig neuen Ansatz zur Raucherentwöhnung.

Hanne Reinhardt
Du bist der Meister!
Die Wunder der Neuen Energie
280 Seiten, A5, broschiert
ISBN 978-3-938489-65-9

Hanne Reinhardt enthüllt Schritt für Schritt die Lehren der Neuen Energie und vermittelt uns ungeahnte Möglichkeiten.
Zahlreiche Beispiele aus dem zwischenmenschlichen Leben, der Politik und der Religion führen uns vor Augen, was all die überlieferten und festgefahrenen Glaubenssätze und Strukturen aus uns in Wahrheit machen: Sklaven!
Aber, tröstet uns die Autorin, das Kapitel der Sklaverei und der damit verbundenen Verdummung der Menschheit ist nun endlich abgeschlossen. Die Neue Energie, die mit all ihren Segnungen JETZT hereinkommt, um der Abhängigkeit ein Ende zu machen, stellt jeden von uns vor die Wahl: Sklaverei oder Freiheit.
Wofür entscheiden Sie sich?

Sabine Skala
Herzkommunikation
Wiedervernetzung der Herzen auf Erden
264 Seiten, A 5, broschiert
ISBN 978-3-941363-15-1

Die wichtigste Kommunikation in der Neuen Zeit ist die Verständigung über unsere Herzen. Von verschiedenen Meistern und Lichtwesen aus der Lichtebene wurden nun neue Informationen rund um das Thema Herzensenergie durchgegeben. Zudem vermittelt die Geistige Welt weiteres Wissen zu den Bereichen: energetische Partnerschaft und Seelenvereinigung, Kreatives Bewusstsein, Seelengruppen, Wirkung der eigenen spirituellen Fähigkeiten, das Herznetz der Kinder, neue Berufe der Lichtarbeiter und die kleinen Lichtboten, unsere Tiere, damit wir neue Sichtweisen erlangen und auf diese Weise lernen, die kraftvolle Energie unseres Herzens zu leben und kreativ, aber auch achtsamer mit uns und der uns inne wohnenden Macht umzugehen.

Birgit Maria und Peter Niedner
Das Buch der bedingungslosen Liebe
336 Seiten, A5, gebunden, mit Leseband
ISBN 978-3-941363-03-8

„Wir reden nicht über die Liebe zwischen Mann und Frau. Nicht über die Liebe, die zwei Menschen sich begehren lässt. Wir reden über weitaus mehr. Wir reden über Gott. Wir reden darüber, wie man Gott in sein Leben integriert, wie man ihn lebt.“
Und wie dieses im Alltag ganz praktisch geschehen kann, bringen uns Metatron und Jesus in liebevollen und doch sehr eindringlichen Worten nahe:
„Und sollten dir Menschen begegnen, die nicht freundlich sind, dann lass dich nicht aus deiner Ruhe bringen, sondern wisse, auch sie sind Kinder Gottes, auch sie haben dieses leuchtende Licht in ihrem Herzen und aus bestimmten Gründen in diesem Moment gewählt, es nicht nach außen zu tragen, es nicht leben zu wollen… Aber du bist wissend. Und so schenke ihnen DEIN Leuchten.“

Julia Schuricht
Maitreya – Die sieben Lektionen der Liebe
232 Seiten, A5, broschiert
ISBN 978-3-941363-25-0

Dieses Buch enthält die geheimen Schlüssel des Einweihungswegs des Herzens. Maitreya beschreibt sie als sieben Stufen auf einer Leiter, die ineinander verwoben und nicht wirklich voneinander zu trennen sind, und gibt tiefe Einblicke in universelle Zusammenhänge des Seins und der Schöpfung sowie der Menschheitsgeschichte. Durch Erleben und Integrieren der „Lektionen der Liebe“ erlebt der Mensch, der in diesem Prozess der Meisterschaft sein Herz vollkommen öffnet, seinen Weg in die Freiheit des Seins. Eine sehr liebevolle Anleitung für den Gang ins Zentrum und die Meisterung der menschlichen Erfahrung.

Daivika

21 Stufen zur Göttlichkeit

Einweihung in die Strahlenkraft der Elemente

96 Seiten, A5, broschiert, vierfarbig

ISBN 978-3-941363-28-1

RA nimmt uns mit auf eine Einweihungsreise in die Kraft der acht Elemente. An der Hand von SANANDA wandern wir weiter auf einem neuen Weg, dem Einweihungspfad in das Bündnis der Weißen Bruder- und Schwesternschaft. In Begleitung von MEISTER KUTHUMI schreiten wir an das Lichttor, dem Eintritt in eine für uns völlig neue Welt. Geleitet über die „21 Stufen zur Göttlichkeit“ begegnen wir noch einmal den Lenkern der acht Elemente: EL MORYA, KONFUZIUS, SERAPIS BEY, HILARION, LADY NADA, SAINT GERMAIN, MAHA COHAN, MAITREYA, SANAT KUMARA. Sie alle bereiten uns vor auf unsere eigene göttliche Mission, denn am Ende dieses Weges werden wir selbst zu einer(m) göttlichen Botschafter(in) des Lichts und werden.

Elke Fahrenheim

Die Schule des Lebens von Gott

Gespräche mit den Seraphim

336 Seiten, A5, gebunden, mit Leseband

ISBN 978-3-941363-29-8

In Liebe leben – wie geht das eigentlich? Wie und wo finden wir Gott in uns? Wie können wir mit Gott sprechen? Gibt es einen Platz in unserem Inneren, von dem aus sich die Liebe vergrößern lässt? Wie verstehen wir das irdisches Leben besser? Was ist der Unterschied zwischen irdischem und göttlichem Denken? Wie kommen wir mit der göttlichen Essenz in Kontakt? Was war vor unserer Inkarnation?
Öffnen wir unser Herz für die Botschaften der Seraphim, wird es uns möglich, Gott auf eine ganz neue Weise zu erfahren und eine tragfähige Beziehung zu ihm aufzubauen. Und letztendlich bedeutet es, dass wir in eine Liebesbeziehung zu uns selbst treten.

Michaela Ghisletta

Der Wandel vom Ich zum Wir

160 Seiten, A5, broschiert

ISBN 978-3-941363-30-4

Wie oft definieren wir uns über das Außen, über unseren Beruf, welches Auto wir fahren, über unsere Wohnsituation oder wie wir aussehen? Spiegelt unser Außen wirklich unser wahres Empfinden, unser wahres Sein wider, oder ist es nur eine Illusion, die wir um uns herum aufgebaut haben?
Wie viele Menschen wissen überhaupt, wer sie sind? Weißt du es?
In diesem Buch findest du Impulse, Meditationen und Rituale, wie du besser erkennen kannst, wer du bist. Wenn wir wissen, wer wir sind, brauchen wir nicht mehr zu kämpfen, um uns zu beweisen. So entsteht Harmonie, erst in uns selbst und dann auch im Außen. Das ist die Neue Zeit. Sie beginnt jetzt!